新媒体环境下图书馆业务培训教程

图书馆信息研究与服务

穆丽红　王丽敏　主编

海洋出版社

2013年·北京

内 容 简 介

本书着重对信息服务的形式和信息服务的资源进行了详细介绍,结合网络环境和新媒体环境,对网络信息检索技术做了系统讲解,对中外网络文献资源和特种文献网络资源进行了较为全面的介绍,包括 EI、SCI、ISTP、CA 等著名的外文数据库。本书适用对象为图书馆馆员和图书馆广大读者。

图书在版编目(CIP)数据

图书馆信息研究与服务/穆丽红,王丽敏主编. —北京:海洋出版社,2013.8
新媒体环境下图书馆业务培训教程
ISBN 978-7-5027-8592-5

Ⅰ.①图… Ⅱ.①穆…②王… Ⅲ.①图书馆工作-情报服务-业务培训-教材 Ⅳ.①G251

中国版本图书馆 CIP 数据核字(2013)第 141316 号

责任编辑:杨海萍
责任印制:赵麟苏

海洋出版社 出版发行

http://www.oceanpress.com.cn
北京市海淀区大慧寺路 8 号   邮编:100081
北京旺都印务有限公司印刷   新华书店发行所经销
2013 年 8 月第 1 版   2013 年 8 月北京第 1 次印刷
开本:787mm×1092mm 1/16 印张:16.75
字数:304 千字 定价:35.00 元
发行部:62132549 邮购部:68038093 总编室:62114335
海洋版图书印、装错误可随时退换

《图书馆信息研究与服务》编委会

主　编　穆丽红　王丽敏

编　委　蔡莉静　张丽娜

编者的话

新媒体是相对于报刊、户外、广播、电视四大传统意义上的媒体而言的，被形象地称为"第五媒体"。新媒体环境的形成得益于网络环境的成熟和日新月异的计算机技术的发展。在新媒体环境下，数字期刊、数字报纸、数字电视、数字电影、数字广播、手机短信、网络、桌面视窗、触摸媒体等逐步走进了千家万户，这就使得图书馆的传统资源优势失去了往日独占鳌头的地位，因为纸质文献已不是用户查找资料、获取信息的唯一途径，作为"信息中心"的图书馆也不再是用户获取信息的首选场所，图书馆的生存与发展受到了新媒体的挑战。图书馆必须要转变观念，创新发展。

但是，不论外部环境如何变化，不论信息载体多么复杂，图书馆基础理论和基本技术仍然是支撑图书馆发展变革的基础。学习和掌握图书馆基础知识，提高为读者服务的基本技能，提升图书馆在新媒体环境下的竞争力等等，这是每个图书馆馆员义不容辞的责任和义务。针对当前新媒体环境特点，我们编辑了一套《新媒体环境下图书馆业务培训教程》，以满足图书馆业务培训和馆员学习的需要。

这套丛书包括：图书馆利用基础、图书馆基础资源建设、图书馆读者业务工作、图书馆期刊业务与研究、图书馆网络化基础、图书馆参考咨询工作基础、图书馆信息研究与服务。该丛书不仅涵盖了图书馆各项基础业务工作，而且还介绍了图书馆高层次文献信息服务工作，如情报分析与研究、科技查新服务等。本套丛书可以满足图书馆馆员的继续学习和技能培训需求。尽管编者尽最大努力把最新的信息呈现给读者，但是由于网络信息动态更新、毫秒处理的特点，当我们的书出版时也许其中一些内容又有新信息了，但这丝毫不影响该套丛书的参考使用价值，因为图书馆的变化和发展都是以其基础理论和基本知识为依据的。

这套丛书在编写过程中得到了同行专家和图书馆界同仁的鼎力支持和帮助，中国科学院国家科学图书馆的博士生导师初景利教授对本套丛书提出了宝贵意见，在此表示衷心感谢。

　　该套丛书由蔡莉静策划，编写各册提纲，组织作者编写，并完成了整套书的统稿工作。在此过程中，得到了河北科技大学图书馆和燕山大学图书馆相关领导的支持和帮助，在这里表示诚挚的谢意。

　　由于编者水平所限，难免书中有疏漏或错误，请广大读者不吝批评指正。

2013 年 6 月

前　言

  本书着重介绍了图书馆各种信息服务的形式和服务方法，同时对图书馆的各种资源进行了详细介绍。结合网络环境和新媒体环境的特点，系统讲解了网络信息资源的检索技术。本书以我国最常用的中文数据库 CNKI 为例，介绍了中文网络文献资源的使用技巧。以全球著名的数据库 EI、SCI、ISTP、CA、ScienceDirect 等为例详细介绍了外文数据库的使用方法和使用技巧，以各学科翔实的检索案例介绍了这些外文库使用中遇到的问题和解决这些问题的方法。本书还对标准文献、专利文献和科技报告等特种文献资源进行了较为全面的介绍。

  本书共有八章：第一章 信息 知识 情报 信息资源，第二章 信息的采集与加工，第三章 信息服务，第四章 网络信息资源，第五章 信息检索基础知识，第六章 中文网络文献资源，第七章 外文网络文献资源，第八章 特种文献网络检索。

  由于水平有限，不妥之处恳请同行和读者批评指正。

编　者

2013 年 6 月

目　次

第一章　信息 知识 情报 信息资源 (1)
第一节　信　息 (1)
　　一、国内外信息定义概述 (1)
　　二、信息的特征 (4)
　　三、信息的种类 (6)
　　四、信息的功能 (8)
　　五、信息的本质属性 (9)
第二节　知　识 (10)
　　一、知识的概念 (10)
　　二、主观知识和客观知识 (11)
　　三、知识与信息的关系 (13)
第三节　情　报 (13)
　　一、情报的定义 (13)
　　二、情报的类型 (15)
　　三、信息、知识、情报三者关系 (16)
　　四、信息、知识、情报三者的区别与联系 (18)
第四节　信息资源 (20)
　　一、信息资源的概念 (20)
　　二、信息资源的特征 (22)
　　三、信息资源的种类 (24)
　　四、信息资源的功能 (26)

第二章　信息的采集与加工 (28)
第一节　信息采集 (28)
　　一、信息采集的原则 (28)
　　二、信息采集的一般规律 (29)
　　三、信息采集的渠道 (29)
　　四、信息采集的方法 (30)
　　五、信息采集的程序 (30)

1

第二节　信息加工·····································(31)
　一、信息加工概述·································(31)
　二、信息加工的产生与发展·························(32)
　三、信息加工的"三要素"···························(32)
　四、信息加工的意义·······························(32)
　五、信息加工语言·································(33)
　六、信息加工产品·································(34)
第三节　网络信息加工·······························(36)
　一、全文检索系统·································(36)
　二、超文本系统···································(39)
　三、信息选萃·····································(41)
　四、功能主题索引·································(42)

第三章　信息服务·····································(44)
第一节　信息服务概述·······························(44)
　一、信息服务的含义·······························(44)
　二、信息服务的体系构成···························(44)
　三、信息服务的要求·······························(48)
　四、信息服务的主要特征···························(49)
　五、信息服务的内容·······························(50)
第二节　信息服务与用户研究·························(51)
　一、信息服务与用户研究概述·······················(51)
　二、信息服务与用户研究的基本方法·················(53)
　三、信息服务的价格和定价·························(55)
第三节　图书馆的信息服务···························(58)
　一、图书馆信息服务的优势·························(58)
　二、图书馆信息服务的内容·························(59)
　三、图书馆信息服务的特征·························(59)
　四、图书馆信息服务的用户需求·····················(59)
　五、图书馆信息服务的发展·························(60)
　六、互联网对图书馆信息服务的影响·················(60)
　七、网络环境下信息服务的现状·····················(62)

第四章　网络信息资源·································(64)
第一节　网络信息资源的类型和特点···················(64)
　一、网络信息资源的含义···························(64)

二、网络信息资源的类型 …………………………………… (65)
　　三、网络信息资源的特点 …………………………………… (67)
　第二节　网络信息服务 ………………………………………… (69)
　　一、网络信息服务的概念 …………………………………… (69)
　　二、现代图书馆网络信息服务类型 ………………………… (70)
　　三、现代图书馆网络信息服务模式 ………………………… (73)
　　四、网络信息服务的特点 …………………………………… (75)
　　五、网络信息服务的发展趋势 ……………………………… (76)

第五章　信息检索基础知识 ……………………………………… (79)
　第一节　信息检索 ……………………………………………… (79)
　　一、信息检索的含义 ………………………………………… (79)
　　二、信息检索的类型 ………………………………………… (79)
　　三、信息检索系统 …………………………………………… (80)
　第二节　信息检索工具 ………………………………………… (82)
　　一、信息检索工具的定义 …………………………………… (82)
　　二、信息检索工具的职能 …………………………………… (82)
　　三、信息检索工具的类型 …………………………………… (82)
　第三节　信息检索语言 ………………………………………… (86)
　　一、信息检索语言的定义 …………………………………… (86)
　　二、信息检索语言的作用 …………………………………… (86)
　　三、信息检索语言的类型 …………………………………… (86)
　　四、分类语言和主题语言 …………………………………… (88)
　第四节　信息检索方法 ………………………………………… (89)
　　一、传统的信息检索方法 …………………………………… (89)
　　二、现代的信息检索方法 …………………………………… (92)
　第五节　网络搜索引擎 ………………………………………… (97)
　　一、什么是搜索引擎 ………………………………………… (97)
　　二、搜索引擎的分类 ………………………………………… (98)
　　三、搜索引擎应用的技术原理 ……………………………… (99)
　第六节　搜索引擎实例 ………………………………………… (102)
　　一、常用英文搜索引擎 ……………………………………… (102)
　　二、常用中文搜索引擎 ……………………………………… (109)
　第七节　搜索引擎展望 ………………………………………… (112)
　　一、新的搜索引擎功能更加完备 …………………………… (112)

3

二、新的搜索引擎技术不断创新 …………………………………（114）
第六章　中文网络文献资源 ……………………………………………（115）
　第一节　中国知网 …………………………………………………（115）
　　一、中国知网概述 …………………………………………………（115）
　　二、中文文献资源包含的数据库 …………………………………（115）
　　三、中文文献资源的出版方式 ……………………………………（118）
　　四、中文文献资源的浏览器安装 …………………………………（118）
　　五、中文文献资源的检索方式 ……………………………………（118）
　　六、CNKI 学术搜索 SCHOLAR …………………………………（132）
　第二节　万方数据资源系统 ………………………………………（135）
　　一、万方数据资源系统概述 ………………………………………（135）
　　二、万方数据资源系统的检索方式 ………………………………（136）
　第三节　中文科技期刊数据库（重庆维普资源）…………………（144）
　　一、中文科技期刊数据库概述 ……………………………………（144）
　　二、中文科技期刊数据库检索方式 ………………………………（144）
　第四节　其他中文网络资源 ………………………………………（151）
　　一、中国高等教育文献保障体系 …………………………………（151）
　　二、中国科学院国家科学图书馆 …………………………………（152）
第七章　外文网络文献资源 ……………………………………………（153）
　第一节　科学引文索引 Web of Science …………………………（153）
　　一、Web of Science 数据库概述 …………………………………（153）
　　二、Web of Science 数据库登录 …………………………………（153）
　　三、检索途径 ………………………………………………………（154）
　　四、检索实例 ………………………………………………………（156）
　第二节　工程索引 Compendex ……………………………………（165）
　　一、Compendes 数据库概况 ………………………………………（165）
　　二、检索途径 ………………………………………………………（166）
　　三、检索实例 ………………………………………………………（168）
　第三节　化学文摘 SciFinder Web …………………………………（172）
　　一、SciFinder Web 数据库特点 …………………………………（172）
　　二、SciFinder Web 数据库内容 …………………………………（172）
　　三、SciFinder Web 数据库的注册及登录 ………………………（173）
　　四、检索途径 ………………………………………………………（174）
　　五、结构绘图板功能 ………………………………………………（176）

六、检索实例 …………………………………………（177）
　　七、检索技巧 …………………………………………（190）
　第四节　科学文摘 INSPEC ……………………………（192）
　　一、INSPEC 数据库概况 ………………………………（192）
　　二、检索方式 …………………………………………（192）
　　三、检索实例 …………………………………………（193）
　第五节　Science Diret …………………………………（196）
　　一、Science Diret 数据库概况 ………………………（196）
　　二、检索方式 …………………………………………（197）
　　三、检索实例 …………………………………………（199）
　第六节　Springer Link …………………………………（203）
　　一、Springer link 数据库概况 ………………………（203）
　　二、检索方式 …………………………………………（204）
　　三、检索实例 …………………………………………（206）
　第七节　WorldSciNet ……………………………………（209）
　　一、WorldSciNet 数据库概况 …………………………（209）
　　二、检索方式 …………………………………………（209）
　第八节　其他外文网络资源 ……………………………（213）
　　一、Taylor & Francis …………………………………（213）
　　二、ProQuest Biology Journals ……………………（213）

第八章　特种文献网络检索 …………………………（216）
　第一节　标准文献网络检索 ……………………………（216）
　　一、标准文献信息概述 ………………………………（216）
　　二、中国标准文献网络检索 …………………………（221）
　　三、国外标准文献网络检索 …………………………（224）
　第二节　专利文献网络检索 ……………………………（232）
　　一、专利及其相关知识 ………………………………（232）
　　二、中国专利文献网络检索 …………………………（237）
　　三、国外专利文献网络检索 …………………………（240）
　第三节　科技报告文献信息检索 ………………………（248）
　　一、美国政府报告 ……………………………………（248）
　　二、美国能源部科技报告 ……………………………（250）

参考文献 ……………………………………………………（253）

第一章 信息 知识 情报 信息资源

信息是事物运动的状态与方式，是物质形态及其运动形式的体现，这是最一般意义上的信息定义。就信息的存在形式和表象而论，信息的概念十分广义。如果引入约束条件，层层限制，则可以形成信息的概念体系。而从资源的角度来认识，信息并非就是资源，只有经过人类开发与组织的信息才能构成信息资源。本章总结了近些年关于信息、知识、情报以及信息资源的概念、定义、特点、性质、作用等，以便读者能更加系统全面地理解和掌握这些内容，从而更好地开展信息服务。

第一节 信 息

"信息"自古有之，"知己知彼，百战不殆"就是中国人早期信息意识的反映。现在，我们每天都与信息打交道，每时每刻都在使用"信息"这个词汇进行交往。信息已经深入到社会生活的各个方面、各个行业、各个地区。可以说，信息与我们的衣食住行密切相关。如"看看天气预报明天多少度？"这是一个人人都可能用到的"气象信息"，根据它就可以为自己的行动做些必要的思想准备和物质准备；或要知道"××次航班几点起飞？"，掌握了这一"交通信息"便可以准确地确定动身计划；或问"最近鸡蛋多少钱一斤？"，知道了这一"市场信息"便能购买时带上足够的钱免得往回返一趟。由此可见，我们时时刻刻都需要信息并都被各种信息所包围。

那么什么是信息？目前人们对此仍众说纷纭，莫衷一是。

半个多世纪以来，科学界也一直在对信息的定义进行积极的探讨。

一、国内外信息定义概述

人们对"信息"有着各种各样的认识。据不完全统计，目前关于信息的说法已超过100种。

商务印书馆出版的《现代汉语词典》里对信息的解释是这样的："①音信；消息。②信息论中指用符号传送的报道，报道的内容是接收符号者预先不知道的。"1979年新版《辞海》中的解释是："信息是指对消息接收者来说

1

预先不知道的报道。如广播天气预报时,收听者预先不知道明天是阴、雨或晴,则这报道对收听者来说具有信息。假如所广播的是已知的昨天天气,那就没有信息了。"而据《牛津字典》中解释:"信息就是谈论的事情、新闻和知识。"《韦氏字典》中解释:"信息就是观察或研究过程中获得的数据、新闻和知识。"日语《广辞苑》中解释:"信息就是所观察事物的知识。"

由此可见,在这些解释里,大多都把信息定义为"未知的消息"。

1. 国外对信息的定义

20世纪以后,由于现代信息技术的飞速发展及其对人类的深刻影响,信息工作者和相关领域的研究人员才开始探讨信息的准确含义,其中不乏精彩的论述。例如:1928年哈特莱(L. V. R. Hartley)在《贝尔系统电话杂志》上发表的《信息传播》(Transmission Information)论文中,认为"信息是指有新内容、新知识的消息。"1948年信息论的创始人美国科学家克劳特·申农(C. E. Shannon),在《贝尔系统电话杂志》上发表的《通信的数学理论》一文中,把"信息"解释为"两次不定性之差",即通信的意义在于消除某种不定性。该论文成为信息论诞生的标志。不久,信息的另一位创始人美国科学家诺伯特·维纳(N. Wiener)也发表了《时间序列的内插、外推和平滑化》的论文和《控制论》的专著,指出"信息量是一个可看作几率的量的对数的负数,实质上就是负熵。"1975年由意大利学者朗高(G. Longo)出版的《信息论:新的趋势与未决问题》一书中指出,信息是反映事物的形成、关系和差别的东西,它包含在事物的差异之中,而不在事物本身。

其中,具有代表性的人物是克劳特·申农(C. E. Shannon),他的理论主要表现在两个方面:一个是推导出了信息测度的数学公式,标志着信息科学进入了定量研究阶段;另外一个是发现了信息编码的"三大定理",为现代通信技术的发展奠定了理论基础。申农的贡献在于用概率熵(负熵原理)描述通信信号波形的复制,建立相应的信息的度量,进而建立信息论的第一、第二和第三编码定理,提示了信息在通讯系统中有效和可靠传输的基本规律。但其局限性也在于此,只研究主息信号波形的复制,舍去了信息的内容和信息的价值,而信息内容和信息价值是远比通信更复杂的信息活动(如推理、思维和决策)中最重要的因素。在通信以外的许多场合,信息不一定符合概率统计规律。

1991年美国学者巴克兰德(M. Buckland)认为,许多事物都可以是信息,文本固然是信息,图片、录音磁场带、博物馆陈列品、自然物体、实验、事件等也是信息。

2. 国内对信息的定义

国内代表人物钟义信教授的"全信息理论"观点目前得到了业内人士的接受和认可，很值得借鉴与参考。所谓全信息理论即研究全信息的本质、全信息的度量方法以及全信息的运动（变换）规律的理论。该理论引入主观因素、非形式化的因素和模糊、混沌因素，重视主观与客观相互作用、非形式化和形式化有效结合，强调用新的科学观、新的方法论和新的数学工具研究信息的本质。钟义信教授认为，信息不同于消息，也不同于信号、数据、情报和知识。钟教授对信息是这样的论述的："信息是事物运动的状态和（状态改变的）方式"。所谓"事物"包括客观存在的物质世界和精神世界的任一组成部分。包括外部世界的物质客体，也包括主观世界的精神现象；任何事物都是在运动中，包括从最简单的机械运动到社会发展和人的思维活动，也都是在发展变化之中，只不过运动的方式有别或运动的速度不同而已。"运动方式"是表征不同事物运动之间的区别，准确一些，即是指事物的运动在时间上所呈现的过程和规律。"运动状态"则是指事物的运动在空间上所表现出的形状和势态。从本质上说，事物的运动都可归结为事物内部结构的运动和事物与其外部世界相互作用（联系）的运动，因此，也可以表述为："信息是事物内部结构和外部联系运动的状态和方式"。

这一表述是符合辩证唯物主义的，因为辩证唯物主义的根本观点就是认为事物在矛盾中不断地运动（发展、变化、转换），不论在自然界、人类社会和人们的思维中都是如此。而这一表述正是从这一根本点出发的。这一表述也是符合实际、符合人的认识规律，并具有最广泛的涵盖面。对于物质世界，人类在探索其属性或表现形态的认识过程是由浅入深的。很久以前，人类就认识到物质世界具有"物质"的属性或表现形态，即物质世界的任一事物都具有形状、体积、重量等特征，这是看得见摸得着的，是对物质世界的属性或表现形态最浅层次的认识。随着生产的发展和科学技术的进步，在从以机械化为特征到以电气化为特征的两次技术革命之间，由于能量及其转换的应用日渐广泛，人类发现物质世界除了"物质"之外，还具有"能量"另一属性或表现形态。能量不像物质，是当时人类用肉眼看不见用手摸不着的，只能通过物体的做功（能量是物体做功的本领）表现出来，人类的认识至此又深化了一步。

到了20世纪中叶，以自动化、信息化为特征的新技术革命又把人类的认识引导到一个更深的层次，即除物质和能量之外，物质世界的属性或表现形态还有"信息"，信息所反映的是物质世界运动的状态和方式。这是一个更为深入的层次。由于物质世界的任何事物都是在矛盾中运动的，信息和物质、能量一样，也是物质世界最普遍的属性或表现形态。

然而，和物质、能量不同，信息并不局限于物质世界领域。精神世界的一切事物，同样是在矛盾中运动着的，它们同样有着运动的状态和方式，同样也产生着信息，或者说通过信息来反映它们的运动状态和方式。因此，上述这一对信息的表述具有最广泛的涵盖面。

由于信息涉及物质世界和精神世界的一切事物，而事物的矛盾运动既有其普遍性和绝对性，又具有各自的特殊性和相对性，呈现出千姿百态，因而信息的内涵和表现形式是极其复杂和丰富的，因此人类从不同角度来理解而得到有关信息的不同说法，体现出信息概念的多样性。但"信息是事物运动的状态和（状态改变的）方式"是目前最具普遍性和本质的提法，许多其他的表述都属于它的某一或某些侧面，是它的一个子集。同时，如果把这一本质的、最高层次的表述叫做"本体论"，则可以对其加上约束条件，而能得到低于本体论的不同层次的信息表述，形成一个分层的概念系统。

综上所述，对于信息，我们可以简单地用一句话来概括地表达，即信息是事物的属性，是事物间相互作用所蕴涵的关于事物运动状态和方式。它是在事物间相互作用的基础上构成的事物联系的中介。

二、信息的特征

众所周知，物质在使用中是消耗的，能量就其个体而言在使用中也是消耗的，但是就其整体而言则是恒定的。而信息在其传递和使用过程中却具有自己的特性，即随着时间而流失，信息价值由于重复使用和自身老化可能失值，也可能随着重复使用和再加工而产生信息增值。因此信息作为一种资源，从形式上看，信息量的大小是可以测量的；从内容和价值上看，信息是可以评估选择的，并根据其内容和价值做出恰当的判断和决策。从不同的角度对信息进行划分，可产生不同的类型，所以信息具有以下区别于其他事物的本质特征。

1. 普遍性与客观性

由于信息是事物存在的方式和运动状态的反映，所以信息具有普遍性。运动着的事物在世界任何地方无时无刻不在生成信息。事物只要存在，只要在运动，信息就存在。信息无所不在，物质的普遍性以及物质运动的规律性决定了信息的普遍存在性。信息的存在是客观的，因为客观世界的一切事物都在不断地运动变化着，并表现出不同的特征和差异。这些特征变化就是客观实在，并通过各种各样的信息反映出来。

2. 无限性与相对性

生物界中的信息交流早在人类社会以前就被证明已经存在。无论是宏观还是微观，在各个领域和层次，都存在着信息的产生、交流和不断消逝的现象。由于客观事物都在不停地运动变化，所以信息也随之不断更新。这就要求我们在获取或利用信息时必须树立时效观念，不能一劳永逸。

客观上信息是无限的，但是人们获得的信息却是有限的，这就是相对性。尽管在社会发展的某一阶段内，由于人类认识领域的有限性，使得信息获得是有限的，但并不能由此否认信息资源的无限性。此外，由于每个人的感受能力、理解能力的不同以及不同的目的性，各自得到的信息量也有所差异。

3. 共享性和时效性

信息区别于物质的一个重要特征是它可以被信源与众多的信宿共同占有，可以被众多用户所共享，即共享性。共享性又称为非消耗性，即信息在一定的时间内可以多次、被多方面的用户所使用，而本身并不消耗。人是信息的所有者，传播给别人后自己仍然拥有。我们知道，不论是任何发明创造，都要花费很长的时间和物力、财力，而且还要经历曲折和失败，最后才能获得成功。但是，取得的成果别人只要很短的时间内就可以学习吸收，并转化成为自己的知识。所以充分利用别的成果是发展自己的最经济的有效办法，也是通向成功的捷径。

此外，信息还具有较强的时效性。这是因为客观事物总是不断地发展变化，因而信息也会发展变化，如果信息不能适时地反映事物存在的方式和运动状态，那么这一信息就失去其效用。在现代信息社会里，人类要依据信息的共享性及时效性这一特征来开发利用信息资源，就有可能在其内容及范围上实现共享，使信息最大限度地造福于人类。但是任何事物总有其两面性，由于信息具有时效性，因而，又常常制约着其共享的范围。

4. 真实性和目的性

这是信息的最基本特征之一。真实性也是信息的中心价值所在，不符合事实的信息不仅没有价值，而且会导致决策的失误，造成经济的损失。尤其是在经济管理活动中，信息的真实性显得更加重要。经济信息是管理与控制企业生产经营活动的基础，必须尊重经济活动的客观规律，从实际情况出发，如实地反映生产经营的运行情况，才能使企业发展壮大。有一位世界著名的科学家曾指出："输入的是垃圾，输出的就更是垃圾"。这从一个方面说明了信息真实性的重要。

5. 扩散性和传输性

信息的扩散性是其本性，它就好像热源总是力图向温度低的地方扩散一样，信息也力图通过各种渠道和手段向四面八方传播。信息的浓度、信息源和与接收者的梯度是和信息的扩散力度成正比的，即信息的浓度越大，信息源与接收者的梯度越大，则信息的扩散力度就越强，反之信息的扩散力度就越弱。信息的扩散一方面有利于知识的传播；另一方面又可能造成信息的贬值，不利于保密工作，不利于保护信息所有者的积极性（如盗版软件、光盘等）。所以，我们在鼓励加快信息传播的同时，还应该制定和完善有关的法律制度（如《保密法》、《专利法》、《出版法》等），从宏观上控制信息的非法扩散。

另外，信息是可以传输的，它可以利用电话、电报等进行国际国内通讯，也可以通过光缆卫星、计算机网络等将信息传遍全球。信息传输的形式包括数字、文本、图形、图像和声音等。

三、信息的种类

信息的种类很多，按照不同的分类标准，有不同的种类。

1. 按信息的发生领域划分

按照信息的发生领域分类，信息可以分为自然信息和社会信息。

（1）自然信息和社会信息的概念

自然信息是指自然界中的各种信息以及人类所赖以生存与生产的物质所产生的信息，包括生命信息（如：各类动物之间传递的语言、遗传基因的生物信息）、非生命的物质存在与运动信息（如：天气变化、地壳运动、宇宙演变等的物理信息）、非生命物质与生命物质之间的作用信息等。

社会信息指人类各种活动产生、传递与利用的信息，包括人与人作用、人与机作用信息等。由于人类的一切活动均在一定社会条件下展开，因此由各种人类活动所引发的信息皆属于社会信息的范畴。包括经济信息、科技信息、政治信息、军事信息、文化信息等。

（2）自然信息与社会信息的区别

人类的各种活动需要通过社会进行组织协调，而反映这些活动的社会信息是实施社会控制和开展各种业务活动的中介，因此，社会信息在人类社会中具有关键作用。从另一方面看，只要有社会活动，就必然有社会信息的存在。在社会发展中，社会信息活动是人类自身创造、发展的表象，是表达与完成思维活动所必须具备的前提条件，是构成社会的一种基本要素。

人类对自然信息发掘的成果是反映自然现象及其规律的认识和知识信息，而认识与知识信息作为一种社会中科学研究与开发产物，广泛应用于社会的各个方面。这说明，只有通过人类的科学研究，自然信息才有可能转化为社会知识信息。社会信息来源的另一方面是人类生活、生产、产品交换、战争、文化等活动中的各种交往和相互作用。这些信息不仅全面体现了人类社会状况和各种活动，而且是组织社会的政治、经济、科技、文化、军事等活动的一个基本条件。

2. 按信息的表现形式划分

按信息的表现形式分，信息可以分为消息、资料和知识。

消息是关于客观事物发展变化情况的最新报道。因为消息记述的是动态的、当前的事物，不是过去的，也不是未来的。所以消息生存期短暂，不能积累存储，除一部分转化为资料存留外，多数自然泯灭。此类信息主要用于了解情况，帮助决策。

资料是客观事物的静态描述与社会现象的原始记录。因为资料是客观事实的真实记载，不是人们的发明创造，没有假说，没有定义，没有理论。所以资料生存期久远，主要用作论证的依据。

知识是人类社会实践经验的总结，或发现、发明和创造的成果。因为知识具有普遍意义，人们通过学习创造掌握了知识，就可以提高才干更有效地进行各种活动。所以通过学习、掌握、运用这些知识，可以更有效地开展各项社会活动。

3. 按人的认识层次划分

按人的认识层次分，信息可以为语法信息、语义信息和语用信息。

语法信息指能使人感知事物的存在方式和运动状态的信息。此类信息只表现事物现象，不揭示变化的内涵及其含义。它是信息认识过程的第一个层次。语法信息在传递和处理过程中永不增值，相反，由于噪声干扰或处理中的误差，还可能减少。

语义信息指能使人领会事物存在方式和运动状态逻辑含义的信息。此类信息不仅反映事物运动变化的状态，而且揭示其意义。它是信息认识过程的第二个层次。

语用信息表述的事物存在方式和运动状态，给人以明确的目的效应，突出"用"的效果。这是信息认识过程的最高层次。

总之，信息的种类繁多，除上所述，信息还可细分，例如，还可以分为自然信息、机器信息和社会信息；按信息的内容划分，还可分为经济信息、科技信息、政治信息、文化信息和政策法规信息；按信息的来源划分，还可分为内部信息和外部信息（组织内部、外部）；按信息的传递方向划分，可分为纵向信息、横向信息和网状信息等，这里，对这些分类就不再一一赘述。

四、信息的功能

信息的功能是信息属性的体现，其功能可分为两个层次：信息的基本功能和信息的社会功能。

1. 信息的基本功能

信息的基本功能主要表现在信息的认识功能。它是辩证唯物主义认识论的基础，是揭示客观世界发展规律的重要途径。

首先，信息具有资源功能。人类社会的每次飞跃都与信息密切相关，人们是通过对客观世界各种信息的接受、处理、吸收并不断地利用和"物化"，促进社会的持续发展。目前，信息处理由于采用了先进的计算机技术和通信技术，接受能力、传播能力、处理能力都得到了很大提高，加速了信息的开发与利用，从而推动了社会的发展和进步。

其次，信息具有中介功能。信息的中介作用表现在人与客观事物以及人与人之间。人与客观事物之间是一种认识与被认识的关系，人对客观事物的认识是以信息的存在为条件的。在人与人之间的交流活动中，信息是沟通的桥梁和纽带。

最后，信息具有管理功能。从管理角度讲，管理系统就是一个信息的输入、处理、输出与信息反馈系统，在这个系统运作过程中，每个环节都必须以信息为依据，也必须以信息作为相互联系的条件。没有信息，就没有管理的基础。

2. 信息的社会功能

信息的社会功能可以从自然信息与社会信息两个方面来论述。

（1）自然信息的社会功能

首先，自然信息反映了物质世界的运动及其属性，它是对人的客观刺激（引起人的感觉），是人类认识物质世界的先决条件；信息源于物质的运动，早在生命现象出现之前，自然界中无机物之间、无机物及其周围环境之间就存在着相互作用，存在着运动、变化的过程，因而存在着信息的运动过程。由于无机物不能利用信息而只能被动的接受信息，只有有机物才能利用信息使自身发展通过进化不断向更高层次的有序态势发展。

其次，自然信息是人类发掘自然物质资源的中介，通过自然信息资源的获取与处理，人类发现、开发、利用自然资源；信息如同一座桥梁，其作用在于实现人类与自然界的沟通。人类通过自己的感觉器官从物质世界中感知和提取信息，然后通过大脑的加工，以信息输出的形式作用与物质世界而达到改造的目的，信息始终是这个过程的中介和替代物。

此外，自然信息作用于人类，必然导致人类自然科学知识的产生，从而形成反映这些知识的社会信息（情报）。

（2）社会信息的社会功能

社会信息的社会功能是多方面的。第一，社会信息是联系社会各部分、组织和成员的纽带，是维护社会联系和关系的"黏合剂"；第二，社会信息是人类各种社会活动和行为的体现，集中反映了人类社会的状况和内部机制，因而是衡量社会经济、科技、文化发展的标志；第三，社会信息是人类社会的财富，是社会运行和发展的支柱之一，可以为全人类共享；第四，社会信息具有对人类思维的推动作用，是人类从事各种社会活动的媒介，借助于信息活动，人类的各种社会职业活动得以实现；第五，社会信息伴随着人们的各种活动而产生，因而是确认人们科技、生产、文化、军事等活动的依据，如反映某一科技成果的科技信息，是确认某一社会成员某项科学发现或技术发明优先权的依据；第六，社会信息具有对人类行为的作用功能，借助于信息，人们进行各种决策，用以指导行为和实现某一目标；第七，社会信息具有满足人类生存需求、安全需求、文化需求、工作需求等多方面需求的沟通功能和特殊作用，是人们维持心理活动的不可少的因素；第八，社会信息具有流通与社会控制功能，只有通过社会信息的流通才可能传输社会管理与控制指令，从而控制社会运行状况和社会组织、成员活动。

五、信息的本质属性

从上述这些对信息的描述中，我们给予"信息"这个含义极其广泛的基本概念三个本质属性。

1. 信息应具备物质所特有的"介质"属性

信息作为物质所拥有的"介质属性"的第一特征，这是它与"物质"概念纠缠不休的主要原因，也是人们难以对它进行高度理论概括的难点之一。人们想象它与物质有关，与传递过程的能量有关，也与意识有关，可是，它既不能简单用"物质"概念概括，也不能用"能"的概念概括，更不能用"意识"的概念来概括。

2. 信息必须是被传递过程中的"介质"

只有在被传递过程中，介质才能名副其实地成为信息，成为物质运动过程中的一个"中间环节"。任何物质都有可能成为他物的"介质"，也就是说，任何物质都具有被当做介质使用的属性，都有被利用为"介质属性"的可能。物与物之间的关系是这样，人与人之间的关系也是这样，人与物之间的关系还是这样。

3. 信息必须是能够实现对应链接条件的"介质运动"

信息，不在于人们对它认识上"是有用信息还是无用信息"，也不在于哪些介质传递是主体（人类）的属性，哪些介质传递是客体的属性，而在于运动介质能不能对"他物"实现它的信息"条件"反应。凡是能够实现信息条件反应的介质，即使你一时无法识别、无法利用，它也是信息。

第二节　知　识

信息是人和生物与客观世界联系的媒介。它是一种普遍的存在，存在于自然，存在于人类社会，也存在于人的思维领域。对于人类来说，信息是我们认识世界的基础和桥梁，又是我们改造世界的指南和向导。人通过感觉器官获取信息，其获取到的信息又通过信息传递器官（神经系统）送到人的大脑——信息处理器官。信息在人的大脑里引起兴奋，建立相应的感觉和印象，这就是感性认识。人脑的主要功能是思维。人脑思维的过程实际就是信息处理的过程，抓住了事物的本质和发展规律，把感性认识上升到理性认识，从而形成各种各样有用的知识。

一、知识的概念

如同信息一样，古往今来，人们对知识的理解也是仁者见仁，智者见智。《现代汉语词典》（1991年版）对知识的定义是："人们在改造世界的实践中所获得的认识和经验的总和"。还有的人从知识与信息的关系入手对其加以定义，认为："知识是信息的一部分"，"知识是对信息加工的产品"等。1994年人民出版社出版的《现代汉语辞海》中所说，知识是"人们在发现世界的实践中所获得的认识和经验的总结"。

知识（knowledge）是人类通过信息对自然界、人类社会及思维方式与运动规律的认识与概括，是人的大脑通过思维重新组合的系统化了的信息，是信息中最有价值的部分。信息是创造知识的原材料，知识是信息加工的抽象化产物。

知识是人类意识的产物,需要认知主体与认知客体并存而且发生动态关系时才能产生。知识与信息的产生不是同步的,而是人类社会发展到一定阶段,人们对大量积累起来的信息加以组合、有序化、系统化,发现并总结其一般规律形成的。从人类历史发展的角度去讲,所以信息都将有可能成为知识。

将知识作为人类理性认识的成果来看是可取的,然而,简单地将知识看做是信息的一部分,虽然看到了知识与信息的联系,却忽略了知识的内在特质的认识却是片面的。目前,之所以还存在信息与知识的差距,是因为人类的认识水平还有待提高,我们相信,随着社会的发展和科技的进步,人类获得的知识将会越来越多。

二、主观知识和客观知识

知识有主观知识和客观知识之分,即通常所说的隐性知识(Tacit Knowledge)和显性知识(Explicit Knowledge)。对于主观知识和客观知识,中外学者进行了大量的探讨和研究。

主观知识是存在于人脑之中的,它被某种载体记录下来,就成为打破时空的、可传递的客观知识。1958年,英国物理化学家和哲学家波兰尼在其代表作《个体知识》中首先提出了主观知识,即隐性知识(Tacit Knowledge,又译为默会认识或默会知识)的术语。在波兰尼的整个思想体系中,默会认识论居于核心的地位,也被公认为是他对哲学的最重要的贡献。

波兰尼认为:"人有两种类型的知识。通常称作知识的是以书面文字、图表和数学公式加以表达的知识,只是其中的一种类型。没有被表达的知识是另一种知识,比如我们在做某件事情的行动中所掌握的知识。"他把前者称为显性知识,而将后者称为隐性知识。"记住一个我们并不信服的数学证明不能给我们的数学知识增加任何东西",只有理解进而信服了数学证明,才能说掌握了数学知识。这种理解就是一种隐性知识。

被誉为20世纪最伟大的哲学家之一的英国哲学家波普尔早在1972年出版的《客观知识:一个进化论的研究》一书中,就提出了客观主义知识论,进而提出了著名的"世界三理论"。他认为,世界一是物质世界,世界二是精神世界,世界三是知识世界。

在野中郁次郎教授所著的《知识创新公司》中,列举了松下公司田中案例:田中以制作大阪最好的面包而出名的大阪国际饭店作为样板,研究了饭店首席面包师的揉制技术,在与项目工程师的合作下,提出了详细的产品说明书，成功地复制了面包师的揉制技术，并达到该饭店制作的面包的质量。该文认为：田中的创新表明了两种类型知识之间的转换，家用面包机详细的产品说明书是"显性"知识；显性知识是正式的、系统化的，它能够很容易地以产品说明书、科学公式或电脑软件的形式被交流和共享。面包师所掌握的知识是隐性知识，是高度个人化的，很难公式化，也难于交流，根植于行动和个人对具体背景的理解当中，表现为手艺或专业、一种特殊技术或工作团体的活动包括存在于"专有技术"当中的不正式的、无法详细表达的技能。

金明律教授认为：隐性知识是指用文字、语言、图像等形式不易表达清楚的主观知识，它以个人、团队、组织的经验、印象、技术诀窍、组织文化、风俗等形式存在；显性知识是客观的、有形的知识，是像语言、文字等一样有一定存在形式，并且表现为产品外观、文件、数据库、索命书、公式和计算机程序等形式。

徐耀宗研究员认为：显性知识是指可以通过语言和文字方式进行传播、可以表达、可以确知、可以编码输入计算机的知识。这些知识可以十分容易地被记录下来，能够被详尽地论述，严格地定义，可形诸文字，写成消息报道、学术论文等文字的东西，或形成图书，或载于报刊，或存入数据库、CD等之中。隐性知识是一种不易用语言表达、不易传播、不易确知、不易编码输入计算机的知识。

王方华教授认为：显性知识是指那些能够以证实的语言明确表达的，表达方式可以是书面陈述、数字表达、列举、手册、报告等。这种知识能够正式地、方便地在人们之间传递和交流。而隐性知识是建立在个人经验基础之上并涉及各种无形因素如个人信念、观点和价值观的知识，是高度个性化的，难以公式化和明晰化。隐性知识分为两类：一是技术方面的隐性知识，包括非正式的难以表达的技能、技巧和诀窍。另一类是认识方面的隐性知识，包括心智模式、信念和价值观。

学者王克迪先生在2002年推出新作《赛伯空间之哲学研究》中，对波普尔的"世界3理论"进行了较深入的探讨，并结合近年来信息化、网络化、计算机化的实际，对"世界3理论"进行了修正，用"编码"、"文本"的概念限定"世界3理论"的有关表述，以计算机能够做出一些人脑做不出的发现为依据，提出赛伯空间和虚拟现实既不是单纯的"世界1"，也不是单纯的"世界3"，它们是一个动态过程的体现，是这两个世界相互作用的体现。深入研究"世界3理论"对于找出理解信息时代的理论平台，对于建立和完善知识理论体系，具有积极意义。

三、知识与信息的关系

知识与信息的关系，犹如产品与原料的关系，因此，这是两个不同的概念。从信息到知识，并不是一步完成的，而是经历了若干个中间层次。从信息方面来讲，它包括原始信息，也包括对原始信息进行一定的分析、综合等思维加工后得到的层次较高的信息；从知识方面来讲，它有两种不同的发展形态，一种是相对稳定的形态，一种是相对运动的形态。前一种形态的知识，是人类在认识发展到一定阶段上取得的成果，是系统化和优化了的知识。后一种形态的知识是从一种相对稳定形态的知识向另一更高层次的相对稳定形态的知识过渡过程中产生的新的、零散的、不成熟的知识。由于它具有突出的动态性特征，所以将它们划入"知识性信息"一类，作为知识性信息的主体可能更为合适。如果将知识限定为稳定、成熟形态两部分，那么，我们就可以说，上述知识性信息的主体部分是知识的更直接的来源。

第三节 情 报

一、情报的定义

1. 情报定义概述

情报一词源于日本人森欧的译著《战争论》。它指"有关敌方或敌国的全部知识"。这一带有军事特征的情报定义完全符合了战争年代的背景和发展需要。

情报（Intelligence）在英文中亦有智力、智慧的意思。通常所说的情报是秘密的、专门的、新颖的信息，如军事情报、国家安全情报、企业竞争情报等。美国中央情报局（CIA，Central Intelligence Agency）、竞争情报（CI，Competitive Intelligence）中的情报（Intelligence）就是此意。由此可见，所谓"情报"，就是与社会集团的竞争活动密切相关、被当做社会集团竞争手段的那部分信息和知识。其实"什么是情报"一直是情报学所争论的一个重要问题，可以说，情报学创立伊始，情报的定义就是一个争论不休的问题，伴随这一问题的提出，对信息知识的概念也提出质疑。

我们首先来看看现有的关于情报的定义。

C. E. 申农对情报是这样描述的："情报……可以定义为在通信的任何可逆的重新编码或翻译中那些保持不变的东西"。

B. C. 布鲁克斯则认为："情报是使人原有的知识结构发生变化的那一小部分知识"。

苏联的 A. U. 米哈依洛夫等人认为："情报……是作为存储、传递和转换的对象的知识"。

贝克说："情报是在特定的时间、特定的状态下，对特定的人提供有用的知识"。

N. 维纳认为："情报就是情报，不是物质也不是能量"。"情报是（取得情报）之间和以后的或能答案数的关系函数"。

"情报是传递（或运动、传播）中的知识"。"情报并非是都是传递或运动、传播）中的知识"。

这些定义包含了多少人艰苦的思维活动！但是尽管这样，情报的概念仍然一直是界定不清楚，这是指对情报的内涵和外延不清楚。这种不清楚表现在人们对情报概念的认识滞后于情报内涵和外延变化的实际情况。之所以这样说，是因为随着人类社会对情报需求内容及需求程度的发展变化，情报的概念已发生了巨大的变化。例如，从军事情报→文献情报→科技情报→竞争情报→国家安全情报→国内安全保卫情报→毒品犯罪情报→边防情报→刑事侦查情报→海关情报等一系列的概念转变，这种转变并不是说后一种概念代替了前一种概念，而是说明情报概念的外延已随人类社会的需求变化而发展成了多种专业情报概念外延并存的局面。但无论外延怎样扩展，各专业情报的概念皆是在情报的内涵基础上演变与发展的。正是这种情报概念外延的变化，使得我们有必要在情报学学科建设中弄清"情报"的概念和各专业"情报"的概念，并在此基础上建立能反映各专业情报概念共性的概念——普通情报的概念。

2. 情报的属性

那么情报究竟是什么？

关于情报的定义，国内外学术界还没有定论的说法。但如果要寻找共同的认识，不难发现，情报有三个属性：知识性、传递性和效用性。

（1）情报的知识性

人们在生产和生活活动中，通过各种媒介手段（书刊、广播、会议、参观等），随时都在接收、传递和利用大量的感性和理性知识。这些知识中就包含着人们所需要的情报。情报的本质是知识，可以说，没有一定的知识内容，就不能成为情报。

（2）情报的传递性

情报的传递性是说知识要变成情报，还必须经过运动。著名科学家钱学森说情报是激活的知识，也是指情报的传递性。人的脑海中或任何文献上无论贮存或记载着多少丰富的知识，如果不进行传递交流，人们无法知道其是否存在，就不能成为情报。情报的传递性表明情报必须借助一定的物质形式才能传递和被利用。这种物质形式可以是声波、电波、印刷物或其他，其中最主要的是以印刷物等形式出现的文献。

（3）情报的效用性

运动着的知识也不都是情报，只有那些能满足特定要求的运动的知识才可称之为情报。例如，每天通过广播传递的大量信息，是典型的运动的知识。但对大多数人来说，这些广播内容只是消息，而只有少数人利用广播的内容增加了知识或解决了问题。这部分人可将其称之为情报。

二、情报的类型

从不同的角度，按照不同的标准，可以对情报做出不同的分类：按情报的内容，可以分为政治情报、军事情报、科学情报、技术情报、经济情报、管理情报、生活情报等；按情报的加工程度，可以分为零次情报、一次情报、二次情报、三次情报等；按载体分，可以分为书面情报、口头情报、实物情报、声像情报、电子情报等。

通常，我们在进行情报分析和情报服务时，把情报分为三种类型，即信息型情报、知识型情报、综合型情报。

1. 信息型情报

所谓信息型情报并不是说它是信息，它同时具有一定的知识属性，随着知识性的减弱，其性质更加靠近信息。比如市场动态、科技新闻、金融行情等。就信息型情报报道来看，如科技新闻，它的内容简短，潜在内容很多，可开发的内容以及所涉及的领域较广，对新科技的推广、了解和收集等有较大的作用，其时效性很强，实用价值较大。具体地说，只要专业、时间、区域对路，对促进科研、生产具有非常重大的意义。然而目前这类性质的情报不少情报机构并不收集和传递，而把它作为新闻的一种，由新闻单位收集和传播，不是作为信息。但从广义地看，它就是情报。这类情报可由情报机构收集对口整理加工，直至深入研究使之成为综合型情报以及最后形成知识。情报单位还可以通过灵活、快捷的方式如快报等及时给所有用户传递这类情报。这类情报的用户是长期的较固定的，因而不应忽视。它可能成为综合性情报的来源,甚至是知识的来源。信息情报是情报的基本形式。它的特点是简明扼要,传递快,知识内涵较少,针对性很强,实用价值很大。

从某种意义上讲,信息型情报就是所谓决策情报,其对决策领导部门意义相当重大。它是决策者与情报人员的一种日常情报,是实际开发工作的资料来源,它是特定条件下产生的,在此与知识性、信息性的强弱有关,同实用价值与情报的针对性有着较密切关系,如金融行情瞬间的起伏跌涨,并不是理论上能准确预测的。这些特例的积累可能发展或丰富旧的知识,为预测工作服务。例如,对老化的情报资源的开发,它只在适合的条件下生效。其时效可长可短,价值由实用性和开发深度决定。同时受众多客观因素的影响,我们并不能因其无常性,而视为无用,对其深入开发效益是巨大的。

2. 知识型情报

所谓知识型情报即科学文献,包括科技图书、科技期刊、技术报告、会议资料、专利资料、各种网络数据库等,具有长期保存价值,涉及的内容以及范围非常广,传递方式众多,是实用价值较高的一种情报。它拥有大量的知识单元,却不是完整的知识,因其理论的相对稳定性较差,科学性还不是非常准确。针对性不如其他情报,但普遍性较强。其主要内容往往涉及某一专业领域的系统知识,它是情报的重要组成部分。同时也是情报学研究的重点,情报工作的中心。

3. 综合型情报

所谓综合性情报即经过加工整理的情报,包括市场预测调查、企业报告、专题报告等,这种情报对一定的专业领域的知识需求有益。其信息量与知识量参半,它是在一定的信息基础上,进行加工使之系统化,它是情报的主体部分。综合型情报通过收集、调查等工作寻找规律,做出预测性情报报道。既是信息型情报的产物,也是知识型情报的基础。其效用价值在于用户需求和综合能力的大小。

三、信息、知识、情报三者关系

关于信息、知识、情报三者的关系,众说纷纭。比较有代表性的有这样几种。

1. 信息⊃知识⊃情报

在信息、情报、知识三者之间关系上,在情报界几乎较多的人认为其逻辑关系是信息⊃知识⊃情报,如图1-1所示。这种观点认为信息是物质的一种普遍属性,是物质存在的方式和规律与特点,它是一个全集,是生物以及具有自动控制系统的机器。通过感觉器官和相应设备与外界进行交换的内容的名称。而知识是人类社会实践经验的总结，是人的主观世界对于客观世界的概括和入实反映。知识是人们在认识最高层次上形成的结果，具有高度的抽象概括性、系统性、可靠性、科学性。情报是知识的一个组成部分，是传递中的知识，知识性是情报的基本属性之一，情报是随知识的产生而出现的。

然而，这三者间关系在理论以及实践中并未能全面地解释清楚。情报中的一些现象最典型的是情报在具有知识特性的同时，还具有信息特性，这两种特性有时明显地表现为信息，有时则表现为知识，其强弱程度不一致，即所谓双重性现象。再者，情报介于主观与客观之间，其主观内容与客观内容深浅度不同，这种中介性使它包含着知识的观念也受到冲击。

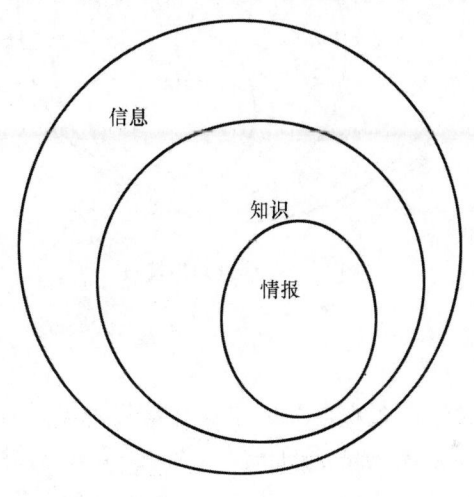

图1-1　信息知识情报

2. 信息⊃知识∩情报

这种观点与上述观点对信息和知识的概念基本一致，区别主要体现在知识与情报的关系上，如图1-2所示。前一种观点认为情报是知识的一部分，是进入人类社会交流系统的运动着的知识。而这种观点认为情报不一定是知识，因为情报的传递性不限于传递内容，它既可传递知识，也可传递信息，其最终目的是效用。在内容上不可排除知识性，在传递中有时它却是信息（一时一地的变化过程，并无系统可言，犹如商情变化），信息不可能不经加工传递而成为知识，知识是成熟的信息内容。这种观点认为情报在很大程度上属于低层次的认识结果，知识是高层次上的认识结果，情报在一定条件下可以包括全部的知识，而知识不能包括全部的情报。情报是从用户来讲的概念，知识充其量是从情报源来讲的概念。从用户角度来讲，情报是未知的，知识是已知的。先有情报，后有知识。情报是形成知识的源泉和材料；知识是情报造成的结果，情报与知识是整体与部分的关系。

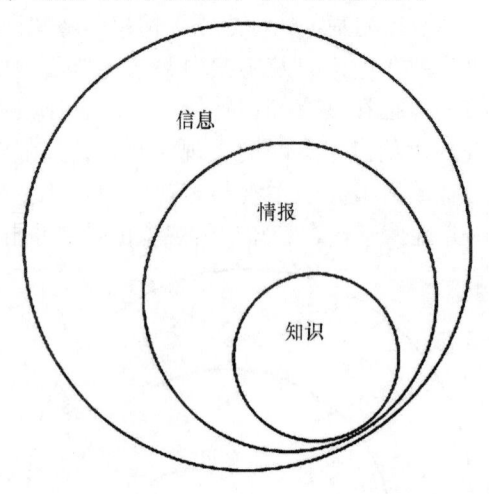

图1-2　信息知识情报

3. 信息∩知识∩情报

这种观点认为信息是客观存在的事实，情报是经过人体处理过的信息，包括主观因素。有些情报是科学的，反映客观实际；有些情报是非科学的，是通过人的思维创造加工出来的。知识与情报也是相交关系，有些知识是客观存在的正确反映（客观知识），有些知识是人们通过思维创造臆想出来的（主观知识）。信息、知识、情报三者相互交叉，组成了复杂的相交关系。

从长期的工作时间经验中所总结的信息、情报、知识三者之间的关系，是解决情报工作停滞不前的突破口。因此，与之关系较大的图书馆学、情报学等学科也会由此得到启发和帮助，它会使情报学等一些新学科尽早引起人们的重视。

四、信息、知识、情报三者的区别与联系

1. 区别

信息由自然信息和社会信息组成。情报是传递交流的社会信息部分，包括人们的工作和思维活动。知识则是人的大脑通过思维对信息或情报进行系

统化组合而形成的，主要由大脑的思维活动组成的，它既可直接接受信息，又能通过总结交流的知识信息形成。在这个由信息到情报再到知识的过程和信息直接到知识的过程中，主要是通过人的活动、人的大脑加工所得。在正负交流中增加了情报人员的工作，是较完善的情报活动；非正式交流则由用户之间直接交流。在两者交流中，各有利弊，正式交流更有利于知识的形成。

2. 联系

情报工作就是对信息组织管理并使之系统化并参加交流，以及根据用户需求对情报加工使之具有针对性，其实用价值由用户证明，同时反馈新信息，由证明后的情报来丰富知识。因此，知识也可能不属于情报而直接属于信息，这是由于知识的特性所决定的，它包括感性认识的知识和理性认识的知识。

情报用户是知识的获得者，情报加工、传递是情报的中心，知识是信息加工、交流传递的结果，是不断丰富的经验和理论。情报是这一循环系统的中心环节，在此过程中，信息经过几次积累成为系统知识（即情报积累、知识积累）。这一现象说明了情报的双重性的存在，在本质上这二次积累有较大区别，前者是经过加工后的积累，后者是积累后加工了的，完成了质的飞跃的信息。后者离不开前者，前者也必然发展成后者。人类知识的丰富完全是由情报积累和知识的继承取得的，它们的关系较密切。检验情报、信息、知识间关系的标准就是实践，通过实践检验其科学性，才能去伪存真。

情报的内容比较广泛，不仅包含现有知识，还包含新的理论知识（假说、构想等）。知识是人类通过信息对自然界，人类社会以及思维方式与运动规律的认识和掌握，是实践活动的总结；情报则是对某种客观事实的描述以及在此基础上的逻辑推演的知识化过程。我们不能简单地说情报是知识或信息，而应强调双重性。知识是静态的，可以存贮，且信息储存量大，通过一些较固定载体存在的。信息是动态的，它涉及事物变化的全过程。在科研等实际工作中所需求的情报是最新的动态资料，既不能是固定的旧观念，也不能是变化无常的信息，那么只有选择具有综合能力的情报这种工具。不管是信息还是知识，只要需要，我们都应该加工传递，使之具有较大价值和效用。

就传递速度而言，信息最快，其次是情报，知识最慢。而且，用户范围也不相同，信息几乎人人都接受，情报则是部分有需求的人接受，知识只有愿意学习的人才会获得。获得途径各不相同，信息可随时获得，知识的获得必须学习或亲身经历，通过理解全部内涵，融会贯通，情报则是查找有关资料，了解动态，至于较全面的情报就须平常注意收集积累和学习但它并不需

19

要形成一种观念,对未来的科学研究以及工作影响不大,情报的获得则是一个传递与接受的过程,它给用户以最新的世界动态,帮助用户解决某一方面的实际问题,在此起着指导作用。但解决问题还需一定的知识基础。情报获得的途径很多,特别是交流中的非正式过程,知识则只有通过学习和实践。它们对信息的处理、传递接受方式方法不尽相似。在传递中同时具有信息性、知识性的是情报,仅有某一特定的知识为中介,它们之间关系表现为基础知识愈强,则情报获得也愈多。反之,则情报获得范围窄,内容浅。总之,情报是信息形成知识过程中的工具。

第四节　信息资源

一、信息资源的概念

1. 从"信息"与"资源"角度来定义

信息资源是"信息"和"资源"这两个概念整合衍生出来的一个新概念。《现代汉语词典》对"资源"所下的定义是指"生产资料或生活资料的天然来源"。从一般意义来说,资源是指自然界和人类社会生活中一种可以用以创造物质财富和精神财富的具有一定量的积累的客观存在形态。

与信息的定义一样,信息资源(Information Resources)的定义目前仍是众说纷纭,其核心是对"信息"、"资源"两词的理解及对两词语法结构的理解(是偏正结构,还是并列结构,何为中心词)不同,是信息化的资源,还是资源化的信息,还是资源仅为同位语,可有可无?按照目前比较的观点,信息与信息资源可视为同义语。在英文中,"资源"一词为单数"resource"时则是指信息本身。但在有些场合,尤其是两词同时出现并且需要严格辨异时,两者还是有区别的。信息是普遍存在的,但并非所有的信息都是信息资源,只有经过人类加工、可被利用的信息才可称为信息资源。在英文中,"资源"一词为复数"resources"时,常指信息及信息有关的设备、人员等的集合体。我们认为,信息资源是人类存贮于载体(包括人脑)上的已知或未知的可供直接或间接开发和利用的信息集合。它包括未经加工的原始信息资源或叫做"信息资源"、潜在信息资源和主体感知和加工的信息资源或叫做"熟信息资源"或为现实信息资源。对于不同的主体而言,"生"、"熟"的程度具有相对性。信息中的载体信息和主体信息是信息资源的最基本的组成部分。

2. 从"资源"角度来定义

《辞海》释"资源"为："资财的来源。一般指天然的财源。"这一释义首先表明，资源一词源于经济学范畴；其次，就其对象的本体论意义，一者，它是物质（包括人造物质）的一种派生属性；二者，这种属性只相对于人类才具有意义（即有用性）。

将信息（知识、情报）视为一种资源的思想古已有之。但将信息（知识、情报）与物质资源、能量资源等量齐观，并视为人类进步与社会可持续发展的三大战略性资源之一的思想则产生于现代。其原因可能很多，但是根本的，国内业界学者孟广均等人将之归纳为两条：一是社会信息资源量的积累已发展到了一个足以引起人们观念发生质的飞跃的一个临界点；一是社会综合因素对信息资源量的积累与人的认识质变的刺激与激发。孟广均等人同时指出这里的社会综合因素的核心是现代信息技术的飞速发展和广泛应用。但是，若联系"资源"一词的原意，现代社会信息化、信息产业、知识经济本身以及它们对信息（知识）需求的新基点也是不可或缺的。

虽然如此，在现有的认知条件下，对信息资源做出较为准确的界定仍是十分困难的。这里试图给出一个框架性的界定：信息资源是客观属性与主观属性的二元建构。这里的客观属性是指人类文化信息由于内含了人类的附加劳动（主要是智力劳动）才具有了资源本体意义的属性；主观属性是指信息资源的需求对应性以及将其可用性转变为现实价值的能量意义。如果说，前者是"文本"二元建构现实存在的进一步表现，后一点则是"资源"视角下"情报"与"认知机制"存在的内在依据。

虽然主观知识（非文献化信息、非"文本"）与客观化知识（文献信息、文本）都具有资源属性，但相对于人类的认识及其能力，前者是一种有限再生的资源、潜在的资源，后者则是一种可无限再生的资源、显在的资源。

3. 从与其他资源比较的角度来定义

信息资源一词首先来源于美国，而且是随着20世纪70年代美国信息资源管理（Information Resources Management，简称IRM）研究的兴起而产生的一个术语。20世纪80年代，我国学术界也开始介绍和使用"信息资源"概念。虽然信息这一概念产生的历史并不长，但它如今已同物质资源、能量资源并列，成为共同构成现代社会资源的三大支柱，而且具有更重要的核心作用和引导作用，谁掌握了信息资源，谁就能更有效地利用物质资源和能量资源，从而在国际竞争中掌握主动权。难怪美国前总统卡特在1979年就大声疾呼："信息，像我们呼吸的空气一样，是国家的资源。准确而有用的信息对个人和国家来说，就如同氧气对于我们的健康和幸福那样必要。"

4. 信息资源的科学内涵

综上所述我们不难看出，信息资源是一个具有丰富内涵和外延的概念，在我国，通常将信息资源定义为有使用价值或潜在使用价值的各种信息的总称，具体的就是指能够通过各种信息媒介和渠道的传播，可以直接转化为社会生产力的基本要素，是对社会生产方式和生活方式产生直接或间接影响的各类信息的总称。信息资源与自然资源、人力资源共同构成支撑现代经济社会发展的资源体系。

二、信息资源的特征

信息资源与物质资源和能源资源一样，具有资源的一般特征。这些特征包括：

1. 信息资源具有人类需求性

人类从事经济活动离不开必要的生产要素的投入。传统的物质经济活动主要依赖于物质原料、劳动工具、劳动力等物质资源和能源资源的投入，现代信息经济则主要依赖信息、信息技术、信息劳动力等信息资源的投入，信息资源已经作为生产要素，成为人类需求必不可少的一种。人类之所以把信息当做一种生产要素来需求，主要是因为各种形式（文字、声音、图像等）的信息不仅本身就是一种重要的生产要素，可以通过生产使之增值，而且还是一种重要的非信息生产要素的"促进剂"，可以通过与这些非信息生产要素的相互作用，使其价值倍增。

2. 信息资源具有稀缺性

稀缺性是信息资源最基本的特征。其原因主要有两方面。原因之一是，信息资源的开发需要相应的成本（包括各种稀缺性的经济资源）投入，经济活动行为者要拥有信息资源，就必须付出相应的代价。因此，在既定的时间、空间及其他条件约束下，某一特定的经济活动行为者因其人力、物力、财力等方面的限制，其信息资源拥有量总是有限的。如果信息资源具有经济意义，但不稀缺，就不存在投入人力、物力、财力进行开发和利用的问题。原因之二是，在既定的技术和资源条件下，任何信息资源都有一固定的不变的总效用（即使用价值），当它每次被投入到经济活动中去时，资源使用者总可以得到总效用中的一部分（也可能是全部），并获取一定的利益。随着被使用次数的增多，这个总效用会逐渐衰减。当衰减到零时，该信息资源就会被"磨损"掉，不再具有经济意义。这一点，与物质资源和能源资源因资源总量随着利用次数的增多而减少所表现出来的资源稀缺性相比，虽然在表现形态有所不同，但在本质却是非常相似的。

3. 信息资源具有智能性和综合性

信息资源是人类所开发与组织的信息，是人类脑力劳动或者说认知过程的产物，人类的智能决定着特定时期或特定个人的信息资源的量和质，智能性也可以说是信息资源的"丰度与凝聚度"的集中体现。信息资源的智能性要求人类必须将自身素质的提高和智力开发放在第一位，必须确立教育和科研的有限地位。

信息资源不仅是社会生产力的反映，而且任何一类信息资源，都几乎不是孤零零存在的，而是与其他类信息资源密切联系。由一种信息源引发生成另一种信息源，这是信息资源发展中的一种普遍现象。信息资源的综合性，要求人们不仅要注重自然科学信息资源的开发与利用，而且还要注重社会科学、人文科学信息资源的开发与利用，善于在各类信息资源的相互影响和渗透中发现、挖掘信息资源的巨大社会价值。

4. 信息资源具有不均衡性和整体性

由于人们的认识能力、知识储备和信息环境等多方面的条件不尽相同，他们所掌握的信息资源也多寡不等；同时，由于社会发展程度不同，对信息资源的开发程度不同，地球上不同区域信息资源的分布也不均衡；通常所谓的信息领域的"马太效应"就是与这种不均衡性有关的现象。不均衡性要求有关信息政策、法律和规划等必须考虑导向性、公平问题和有效利用问题。

信息资源作为整体是对一个国家、一个地区或一个组织的政治、经济、文化、技术等的全面反映，信息资源的每一要素只能反映某一方面的内容，如果割裂它们之间的联系则无异于盲人摸象。整体性要求对所有的信息资源和信息资源管理机构实行集中统一的管理，从而避免人为的分割所造成的资源的重复和浪费。

5. 信息资源具有社会性和经济性

信息资源不是自生的，需要投入极其巨大的人类劳动（尤其是智力劳动）来建构（生成、积累、整合、配置）与开发利用，这就决定了信息资源建构与开发利用是高度社会化的活动，信息资源本身也是高度社会化的产品。不论是信息资源的生成、建构、维持，还是传播与利用都是需要成本的。这就使信息资源具有价值、价格、效益、效率等内在属性，这些属性又与信息资源本身的真实度、可利用度以及开发利用的深度广度直接相关。

6. 信息资源具有有限传播性和共享性

信息资源只是信息的极有限的一部分，比之人类的信息需求，它永远是有限的，从某种意义上说，信息资源的有限性是由人类智能的有限性决定的。有限性要求人类必须从全局出发合理布局和共同利用信息资源，最大限度地实现资源共享，从而促进人类与社会的发展。

信息资源借助于各类媒介，比如网络、电视、电话、印刷品、声像、电子信息、数据库等，可以广泛向社会传播，从而经常地深入地影响社会，对社会成员产生潜移默化的作用。正是在这种传播过程中，信息资源的价值得以实现。

信息资源不同于一次性消耗的物能资源。一般说来，信息资源可以多次重复使用，可以进行复制与再复制；信息资源一旦产生并得到开发利用，就可以成为供全人类所共享的、用之不竭的财富。可以说，可共享性是信息资源区别于物能资源的最根本属性之一。

三、信息资源的种类

信息资源划分的标准不同，所得到的类型也不一样，通常可以从以下几个方面来划分。

1. 根据开发程度划分

根据这个标准，信息资源有以下几类。

（1）智力型信息资源

它是指个人在认知和创造过程中储存在大脑中的信息资源，包括人们掌握的诀窍、技能和经验。它们虽能为个人所利用，但一方面易于随忘却过程而消失；另一方面又无法为他人直接利用，是一种有限再生的信息资源。随着现代咨询业的崛起，这类信息资源越来越重要。对这类信息资源的管理主要通过政策、法规和组织协调进行。由于这类信息资源主要存储于人的脑中，绝大多数内容只可意会，无法言传，因此管理起来具有相当大的难度。在实际操作时，应该积极借鉴和吸收人力资源管理的成果。

（2）现实型信息资源

包括口语信息资源、文献信息资源、体语信息资源和实物信息资源四种类型。

口语信息资源是人类以口头语言所表述出来而未被记录下来的信息资源，它们在特定的场合被"信宿"直接消费并且能够辗转相传而为更多的人们所利用。

文献信息资源是记录载体上的信息，即各种形式、各种内容的文献总和。具体地讲就是以语言、文字、数据、图像、声频、视频等方式不依附于人的物质载体而记录在特定载体上的信息资源。具有系统性、累积性、可加性、可开发利用性及保存性的特征。文献信息资源是由信息源、信息服务和信息系统构成的。

　　体语信息资源是人类以手势、表情、姿态等方式表述出来的信息资源，它们通常依附于特定的文化背景，如舞蹈就是一种典型的体语信息资源。

　　实物信息资源指各种样本、样机等，是以实物来存储信息和表现信息的。

2. 根据对信息资源进行管理的标准划分

（1）记录型信息资源

　　包括由传统介质（纸张、竹、帛）和各种现代介质（如磁盘、光盘、缩微胶片等）记录和存储的知识信息，如各种书籍、期刊、数据库、网络等。信息活动中所称的具有固定的形式和较稳定的传播渠道的一次信息、二次信息和三次信息均为这类信息资源。记录型信息资源是信息资源存在的基本形式，也是信息资源的主体。信息资源的管理主要是针对这类信息而言，里克斯（B. R. Ricks）在《信息资源管理》一书中称管理这类信息资源的系统为"记录管理系统"（Records Management System），该书副标题即定名为"记录系统探讨"（A Records Approach）。全书围绕"记录系统"的规划、组织、控制及人员配备展开讨论。可见，记录型信息的管理是信息资源管理的核心内容。

（2）实物型信息资源

　　这是由实物本身来存储和表现的知识信息，如某种样品、样机，它本身就代表一种技术信息。许多技术信息是通过实物本身来传递和保存的，在技术引进、技术开发和产品开发中发挥重要作用，是反求工程的基础。例如通过对实物材质、造型、规格、色彩、传动原理、运动规律等方面的分析研究，利用反求工程，人们可以猜度出研制、加工者原先的构思和加工制作方法，达到仿制或在其基础上进一步改进的目的。这类信息资源不能直接进入信息系统，要对其进行管理，必须先将它转换成记录型信息。

3. 根据信息的等级结构划分

（1）零次信息资源

　　这类信息资源是指各种渠道中由人的口头传播的信息。显然这是对应于记录型的一次信息、二次信息、三次信息而提出的新概念。这一概念在日本企业信息活动中广泛使用。我国近十多年来也十分关注零次信息，对其特性和作用进行了研究。零次信息是人们通过直接交流获得的信息，是信息客体的内容直接作用于人的感觉（包括听、视、嗅、味、触觉）的结果。而不是像一次、二次、三次信息和实物型信息那样通过某种物质载体的记录形式发生作用。因此，零次信息具有直接性、及时性、新颖性、随机性、非存储检索性等典型特征。零次信息资源对于科技活动和经济活动具有不可忽视的作用。

首先，科学技术日新月异，新知识、新概念、新术语、新数据层出不穷，而且常常通过非正式渠道以零次信息的形式传播，获取零次信息可以补充记录信息和正规渠道的不足。

其次，如果组织机构信息系统不健全，信息工作者水平低，不能提供有价值的信息，或者信息渠道不畅，也可以通过捕捉零次信息加以弥补。

第三，在市场环境中，零次信息占有较大比例，它们反映着市场供求、价格、竞争状态的变化，是市场调查和分析的重要依据。

第四，在现代咨询服务中，零次信息具有特殊意义，用户的需求通过零次信息反映出来，咨询人员所提供的知识经验正是他们携带的零次信息。

第五，随着网络的兴起和普及，零次信息的传递超越了时空限制，传播量、速度和影响面越来越大。

零次信息的存在形式、传播渠道具有较大的随机性，难以存储和系统积累，给这类信息资源的管理带来了很大困难，需要采用特殊的方法搜集、记录、整理和存储。

（2）一次信息资源

一次信息资源是指作者以本人的研究成果为基本素材而创作或发布的信息，不管创作时是否参考或引用了他人的著作，也不管该信息以何种物质形式出现，均属一次信息。

（3）二次信息资源

二次信息资源是指信息工作者对一次信息进行加工、提炼和压缩之后所得到的产物，是为了便于管理和利用一次信息而编辑、出版和累积起来的工具性文献。检索工具书和网上检索引擎就是典型的二次信息资源。

（4）三次信息资源

三次信息资源是指对有关的一次信息和二次信息进行广泛深入的分析研究综合概括而成的产物。

四、信息资源的功能

从信息资源在社会经济活动中利用的过程和发挥作用的特点，我们可以把信息资源的主要功能归纳如下。

1. 生产力功能

信息资源的生产力功能是在信息要素和信息技术要素（两者同是信息资源的重要因素）有机结合的条件下实现的。在信息技术的支持下，信息可以有效地改善其对生产力各要素影响的条件，它给社会生产力带来的变化不是一般意义上的效率提高和功能的改善，而是从质到量的深刻变革。

2. 管理与协调功能

在人类社会中，物质和能源不断从生产者"流"向使用者，这种客观存在的物质流和能源流的运动表现为相应的文献和信号的运动（由各种物质和能量携带），其总汇便构成信息流。信息流反映物质和能源的运动，社会正是借助信息流来控制和管理物质能源流的运动，左右其运动方向，进行合理配置，发挥最大效益。

3. 选择与决策功能

选择与决策是人类最基本、最普遍的活动。信息的这种功能广泛使用于人类选择与决策活动的各个环节，并优化其选择与决策行为，实现预期目标。信息的这种功能体现在两个方面：一方面，没有信息就无任何选择和决策可言；另一方面，没有信息的反馈，选择和决策就无优化可言。

4. 研究与开发功能

信息的这种功能实际上是信息的科学功能的具体体现，即在人类科学研究和技术创新活动中，信息具有活化知识、生产新知识的功能。在人类从事科学研究和技术开发的各个阶段，都需要获取和利用相关信息，掌握方向、开阔视野、启迪思维，生产出新知识、新技术和新产品。发挥这一功能的信息基本上是科学技术信息。

第二章 信息的采集与加工

信息的采集和加工是信息服务工作的基础，离开了信息采集加工，信息服务就不能开展。所谓信息采集实际上就是根据信息用户的需求，利用现代化技术和手段，在信息的汪洋大海中捕获所需要的信息。信息加工则是对捕获到的各种形式和内容的信息经过科学处理，使之从无序到有序，从而形成一种可以有效查找和利用的系统化服务产品。

第一节 信息采集

一、信息采集的原则

1. 主动及时原则

由于信息的时效性特点，所以信息采集必须及时、主动。所谓及时，是指所采集到的信息能够反映出当前社会活动的现状，也就是这些信息能包括别人未发现和未使用过的独具特色的信息以及能及时准确地反映事物个性的信息。

这就要求信息工作者不仅要有高度的信息意识和竞争意识，而且还要有高度的自觉性、敏感性、迫切感以及责任心，同时也要有过硬的工作本领，精通业务，掌握信息采集的技术和方法。并且保证采集的信息能够"人无我有、人有我优"，以便采集到具有指导意义的、有预见性的信息。

2. 真实可靠原则

具体地说，就是要"去粗取精、去伪存真、由表及里"。为此在进行信息采集时必须坚持调查研究，利用比较、鉴别来采集真实可靠的信息，以便采集到的信息有实际应用价值。

3. 针对性原则

所谓针对性就是针对需求。信息采集要根据本单位的方向、任务和服务对象的实际需求，有针对性、有重点、有选择地采集利用价值大的、符合单位用户需求的信息。只有这样，才能既满足本单位的用户，又提高信息工作的投入产出效益。

4. 全面系统原则

所谓全面系统是指时间上的连续性和空间上的广泛性。只有以全面、系统的采集工作为前提，才能有所侧重，有所选择。针对性是在全面系统原则的基础上而言的。

5. 计划性原则

采集信息时既要满足当前需要，又要照顾未来的发展；既要广辟信息来源，又要持之以恒，日积月累。要根据本单位的任务、经费等情况制定比较周密详细的采集计划和规章制度。

6. 预见性原则

信息采集人员要掌握社会、经济和科学技术的发展动态，采集信息时既要着眼于现实需求，又要有一定的超前性，要善于抓住苗头、抓住动向，随时了解未来，采集那些对将来发展有指导作用的预测性信息。

二、信息采集的一般规律

在信息的采集过程中一般都是先制定采集方针。这主要是根据自己的目的和任务来制定的，它虽不能解决具体的业务问题，但是却是指导信息采集工作的总体原则和基准。通常需要研究信息的环境，明确服务对象，要"分工协作、合理布局、资源共享"。

接着要制定采集计划，即在一段时间内的具体采集方案，其中包括信息采集的具体目标、解决具体问题的办法等。计划既可以是年度计划，也可以是季计划或月计划。

还要重视用户反馈信息的收集，以便改进工作，提高工作效率。

此外，为了保证信息的采集质量，信息采集工作必须要程序化、制度化，信息源要相对稳定，即有固定的采集渠道。

三、信息采集的渠道

由于信息的类型不同，其采集的渠道也不尽相同。但是总体上说有这样几个渠道。一是购买，包括订购、现购、邮购、委托代购、网上购买等，这是获取信息最常见的方法，也是主要途径，主要用于记录型信息，例如图书、期刊、报纸等。二是交换，指信息管理部门之间互相交换信息。三是征集，主要指向地方、民间有关单位或个人征集历史档案、书籍、手稿等。四是网上收集，指利用互联网在世界范围内收集所需要的信息，主要用于网络信息的采集。

四、信息采集的方法

信息的采集方法有以下几种。

1. 定题采集与定向采集

所谓定题采集是根据用户指定的范围或需求有针对性地进行信息的采集工作,是我们常说的定题服务的范畴。而定向采集是指在采集计划范围内,对某一学科、某一国别、某一特定信息尽可能全面、系统地采集。例如对材料专业在一定时间内进行全面的信息采集,以便为用户近期、中期、长期利用。通常定题采集和定向采集在实践中都是同时兼用,这样更能做到优势互补。

2. 单向采集与多向采集

单向采集是指只通过单一渠道,向一个信息源进行采集的信息采集方式。这种方法针对性强。多向采集是指对特殊用户群的特殊要求而言的,具体地说就是广泛地多渠道地进行信息的采集,这种方法成功率高,但是容易相互重复。

3. 主动采集与跟踪采集

主动采集指正对需求或根据采集人员的预测,事先发挥主观能动性,积极为用户采集信息。跟踪采集指对有关信息源进行动态监视和跟踪,以便更加深入地研究所跟踪的对象。

上述信息采集方法常常同时并举,实践中不可能只用一种。所以,信息采集人员应该根据实际情况和用户需求,合理地采集信息。

五、信息采集的程序

信息采集工作和其他工作一样,不仅有自己的原则、方法,而且还形成了复合信息工作特点的程序。这些程序对我们进行信息采集工作具有一定的指导作用。具体地说,信息的采集程序不外乎有以下几点。

1. 确定方针

通常,信息采集都把"分工协作、合理布局、资源共享"作为信息采集工作的基本方针。每一个采集系统都要根据自己的目的和任务制定采集方针。这个方针虽然不能解决具体的业务问题,但是却是指导信息采集工作的总原则和基准。

2. 制定计划

所谓采集计划就是具体的采集实施方案。它不但要包括具体目标，还要包括解决问题的方法，可以采用一般常用的计划形式，如年度计划、季度计划和月计划等。

3. 工作实施

信息的采集必须要连续不断、持之以恒，否则将前功尽弃。而且信息的采集要有一定的财力的支持。此外要求信息采集人员具备一定的社交能力，能够解决信息采集过程中遇到

的各种情况。

4. 反馈用户信息

信息的采集不是目的，它的根本目的是提供给用户使用。所以把信息采集到手后并不表示信息采集的完成，而应该收集信息用户的反馈意见，改进工作，进一步提高信息采集工作的质量。

第二节　信息加工

一、信息加工概述

所谓信息加工就是指为了满足用户的不同需求，以原生信息为对象，通过脑力劳动和体力劳动创造再生信息的活动。信息加工概念有广义、狭义之分。广义的信息加工是指信息处理；狭义的信息加工是指信息处理的一个核心阶段，即为达到一定目的而改变收集信息的表现形式和性质的各种工作总称。正是有了信息加工，信息才有可能成为资源，并为广大用户利用。

信息加工是一个体系，这个体系是随着信息数量的增长、载体的变化、技术的进步而不断完善的。各个时代的信息加工体系，均从不同角度反映了那个时代的加工水平和处理能力。信息加工是一项学术性、服务性、技术性较强的工作，其主要过程是在原生信息的基础上，根据社会的多种需求，对信息进行选择、鉴别、分析、整理、揭示、组织等，从而加工出价值含量高、方便用户使用的信息产品。因此这就要求信息工作者有一定的信息分析能力，熟练掌握信息加工技术，能准确地对所要加工的信息进行描述、提炼、概括和研究。信息加工工作要做到有组织、有层次、有系统、有计划、有侧重、有专题，并注意用户对信息的加工效果的反馈和评价。

二、信息加工的产生与发展

信息加工是伴随着信息的出现而产生的。早在夏商时代，为了充分利用数以万计的甲骨文，古人建立了简单的标识著录以及排列法。后来到了汉代，为了方便经学博士及读书人对文献的利用，人们在整理、编写提要的基础上，编撰了《别录》、《七略》等。从此以后，人们着手编制综合性国家书目，满足了人们对文献利用的需求。近代，随着文献数量的急剧增加，又出现了索引、文摘、综述等。现在随着计算机技术在文献加工中的应用，信息加工手段和加工方式发生了巨大变化，尤其是网络信息的海量涌现，使得信息的加工手段更为复杂。但是面对今天的信息环境及信息用户的不同需求，信息加工处理领域的一些不足之处日露端倪，例如重学术性研究、轻实用性开发；重线索的提供，轻实质性信息的给予；重指引功能、轻直接性信息提取等，所有这些都是今后信息加工工作中应力求改善的。

三、信息加工的"三要素"

在信息加工工作中，信息、人员、设备是信息加工的三要素。其中信息是加工生产的对象和材料，也是信息加工的基础，没有信息，信息加工就失去了工作对象。人员是信息加工的主体和关键，这里的人员不仅指从事简单劳动的操作人员，更主要的是指具有信息意识、信息技术以及从事智力劳动创造的专业人员。是否具有高素质的专业人员是信息加工质量的关键，也是信息加工的根本保障。设备是信息加工的工具。只有充分利用先进的技术设备，才能加速信息的分析处理，提高信息的批量生产能力，缩短信息加工周期，争取把最新的信息在最短的时间内提供给广大用户。

四、信息加工的意义

1. 解决信息利用的矛盾

众所周知，信息最终是要被用户利用的。信息的价值只有在利用的过程中才能体现出来。信息加工过程就是鉴别、评价、筛选、揭示、整序、分析、提炼、浓缩、研究的过程，也是信息从无序到有序、从混乱走向条理的过程。在这个过程中，各类信息被重新定位，同时创造新的信息系统。尽管我们的社会已经步入信息社会，但是由于信息数量的急剧增加，使用户在享受海量信息带给我们便利的同时，也认识到了信息无序所带给我们的烦恼。如何解决信息与用户之间的矛盾，解除用户利用信息的烦恼，有效的方法就是对无序的信息进行加工。所以信息加工的重要目的就是对信息进行系统的加工，使其有序化，以便为信息开辟利用信息的便捷途径。

2. 使信息增值

许多看似没什么价值的原始信息，一经收集、整理和加工，往往会价值倍增，也就是说，信息得到了增值。经过加工的信息虽然来自于原生信息，但是他们已经独立于原生信息而自成体系，独立发挥特殊的功能。用户在利用这些加工处理后的信息时，能从中得到启发和帮助，甚至比直接利用原生信息收获更大。这是因为在信息加工过程中融入了信息工作者的智慧和创造，投入了信息工作者大量的时间和智力劳动，赋予了所加工的信息新的价值。这一点在信息日益剧增的今天显得更为重要。因为海量的信息如果不进行加工处理，会给用户的造成难以想象的困难。

3. 加快信息的传递

信息传递的目的在于用户的有效利用，用户所利用的是信息的精华。但是现实中，一方面信息数量急剧增加；另一方面，信息的污染日益严重，各种信息混杂在一起，良莠不分，如果不加以鉴别、选则，都传递给用户，会使用户陷入信息的海洋之中，在真假难辨、虚实不分的信息中迷失方向。而信息的加工处理可以科学系统地筛选提取，把信息海洋中的有用信息开发出来，使信息从隐性到显性，从无序到有序，便于信息的传递和使用。

五、信息加工语言

1. 基本概念

语言是人类重要的交流工具，是信息的载体。人和人之间、人与机器之间、机器与机器之间都需要交流，需要传递信息，这些都要依靠语言来完成。人与人之间使用自然语言，人和机器或机器与机器之间的信息传递则依靠人工语言来进行。自然语言由符号和语法构成，语法包括词法和句法。人工语言也是由符号和语法构成的。

自然语言与人工语言有所不同，其显著的区别就是，自然语言是人们在长期的生产实践中逐渐产生，并得到发展和丰富的，符号和语法是后天总结和创造的。而人工语言的符号和语法是为了某特定使用族群而人为创造出来的语言。

信息加工语言是人工语言，是信息的加工和信息检索使用的语言。在进行信息加工时，可以用来描述信息的内容特征或外表特征，从而形成检索标识，对无序的信息进行有序处理，使其按照一定的规律排列。在信息检索时，可以形成检索提问,当提问与检索标识完全匹配时,命中信息,这样就可以把信息从中选出,完成信息检索。

2. 信息加工语言体系

信息加工语言在信息的加工过程中可以保证不同的加工人员对信息内容的表达最大限度的一致,这样才能使加工处理的信息能以最易于检索的方式提供给用户。目前,信息加工语言随着科技的发展和现代信息技术以及通信技术的飞速发展,已经越来越完善,形成了自己的语言体系。

按词形分,信息加工语言可以分为:词语型索引语言、分类型索引语言、代码型索引语言、引文型索引语言。

按组织方式分,信息加工语言可以分为:体系型信息加工语言、字顺型信息加工语言、体系与字顺结合型信息加工语言。

按组配程度分,信息加工语言可以分为:先组式语言和后组式语言。

在整个信息加工语言体系中,分类语言和主题语言是这个体系的核心,因为所有的语言最终都可以归属于这两大语言中。

分类语言是指以数字、字母和数字与字母结合作为基本字符,采用字符直接连接并以圆点(或其他符号)作为分隔符的书写法,以基本类目作为基本词汇,以类目的丛书关系来表达复杂概念的一类语言。其基本体系结构是按知识门类的逻辑列,从总到分,从一般到特殊,从低级到高级,从简单到复杂,逐级展开的层累号码制或顺序号码制。其特点是以科学分类为基础,较能集中体现学科的系统性,能反映事物之间的学科从属关系,便于广学科门类进行族性检索。

主题语言是以自然语言的字符为字符,以名词术语为基本词汇,用一组名词术语作为检索标识的一类语言。最早的主题语言是标题语言,但是标题语言难以表达新出现的主题概念,又逐渐发展了元词语言。随着计算机技术在信息加工中的广泛应用,自动标引和计算机抽词的方法的不断增多,各种信息加工语言也得到了广泛应用。

六、信息加工产品

1. 信息加工产品的形式

信息加工产品有多种形式,按照载体划分可以分为:卡片式、书本式、缩微式、机读式、网络数据库;根据加工深度的不同可以分为二次信息加工产品、三次信息加工产品等。

2. 信息加工产品的组织

所谓信息加工产品的组织就是将已经记载信息特征的各种记录按照一定的规则和方法排列有序，组织成一个整体，供用户使用。具体地说，信息加工产品的组织有以下这些。

（1）题录

又称篇目索引、篇名索引，也有称之为简介、资料等。主要是针对各种报刊、丛刊、集刊等文献中所刊载的各种论文，以"篇"为单位，文献题名为标目，并以文献的外表特征为描述对象，按照一定方法组织条目的检索工具。其特点是以"篇"为单位，描述文献的外表特征，编制简单，报道迅速，著录项目简单、明确，客观准确，款目短小精悍，具有可靠性，取材系统广泛。题录不仅可以提供文献线索，系统、有序报道文献，指导科学研究，而且还由于反映信息量大，所以受到用户的重视。

（2）书目

书目作为书目资料的一个重要组成部分，其历史悠久，由于科学文化的发展和文献数量的急剧增加，书目的作用正越来越受到人们的重视。可以说，书目是记录文献的清册，每个国家都有自己的历史，在历史发展中会产生众多的文献，书目就是记录。而且书目还是科学研究的指南，每个人在进行科学研究时都是在前人的基础上进行新的创造，而图书馆文献浩如烟海，书目可以帮助人们在最短的时间里找到自己需要的文献。

书目有各种形式，主要有国家书目、馆藏书目、推荐书目、专题书目、地方文献书目、个人著述书目等，随着计算机的发展，目前书目数据库已经得到了广泛应用。

（3）提要

所谓提要，是指根据一定需要，对文献内容特点所作的说明，它是揭示文献内容最常用的也是最基本的一种方法。提要是简要揭示文献内容的最好的形式，它可以帮助读者了解文献的内容梗概，便于读者认识选择文献，便于度则会鉴别考证历史文献。

提要可以分为叙述性提要、推荐性提要、学术性提要、罗列性提要和考证性提要五种。其特点有三个，一是语言的概括性，它把数十万字的著作，用高度精炼、概括的语言介绍给读者，而且还要反映出文献的主要内容和特点；二是叙述评介的客观性，它在揭示文献时，坚持了辩证唯物主义和历史唯物主义的方法论，对文献内容的叙述实事求是，对文献特点的评介公正客观；三是内容信息的参考性，提要所提供的信息虽然能使读者了解文选的概貌，但是主要是供读者参考，作为选择、鉴别及查阅文献的依据，不能代替原始文献的阅读。

（4）文摘

国际标准化组织（IO）对文摘的定义是：文摘这个术语是指一份文献内容的缩短的精确表达而无须补充解释和评论。

我国国家标准《文献编写规则》（GB6447-86）对文摘的定义是：文摘是以提供文献内容梗概为目的，不加评论和补充解释，简明、精确地记述文献重要内容的短文。

由此可见，文摘就是一种以精炼准确、不加评说的文字摘述文献重要内容的信息加工产品。这既符合文摘的本义，又符合信息时代的需求。文摘不仅是一片摘要短文，在多数情况下，它是以文摘刊物的款目形式出现的，所以文摘刊物从某种程度上说也是信息加工产品。

文摘有报道文摘、指示文摘两种，如果从文摘的编者来分，还可以有作者文摘和非作者文摘，从文种来分，有中文文摘、英文文摘、俄文文摘等。不论是何种文摘，都具有浓缩性、情报性、真实性、独创性、检索性、无国界性的特点。它可以指导检索，克服语言障碍，扩大阅读范围，节约阅读时间，了解最新文献信息。

第三节 网络信息加工

网络时代是信息时代，信息不断膨胀，社会信息量日益增加。这一方面有利于社会的进步和发展；另一方面大量无序的信息也会给用户的利用带来不便。目前，对网络信息的加工已经引起了人们的高度重视，加工方法和方式也日益成熟。对于网络信息，常用的加工方法有四种。

一、全文检索系统

全文检索系统是一种内容索引，是指具有全文数据库、全文编辑、加工和检索功能，允许用户以自然语言检索，并获取原文的系统。全文检索系统是建立在语词索引的基础上，用户通过字、词、句，不仅可以查到出处，还可以查到在原文的基础上出现的其他相关信息。世界上第一个全文检索系统是美国的匹兹堡大学1959年研制的"法律情报检索系统"。随后美国俄亥俄州律师协会也建立了名为OBAB的法律全文与案例检索系统。1973年美国米德数据控制公司的全文数据库LEXIS投入使用，开创了情报检索和数据库服务的新阶段。20世纪70年代，美国《纽约时报》建立了该报的全文数据库，并向社会提供联机服务。世界上最大的联机情报检索服务机构——Dialog 系统,目前也得到了迅速发展,从建库初期的 4 个全文数据库发展到现在的上百个全文数据库。

我国在这方面的起步较晚,到 20 世纪 90 年代才出现了《人大复印资料》全文检索系统和"中国学术期刊全文检索系统"等大型的全文检索系统。

1. 全文检索系统的概念

全文检索系统发展至今,尽管技术上已趋于成熟,但是对这个概念的认识仍众说纷纭,但不论哪种概念都可以简单地按照下面的定义理解:概括地讲,全文检索系统是指具有全文数据库,具备全文编辑、加工和检索功能,允许用户以自然语言进行检索并能获取原文的系统。

2. 全文检索系统的特点

(1) 检索结果直接可靠

由于全文检索系统提供的是记载论述的全文,它将二次文献的检索同原始文献的获取与浏览查找融为一体,因而具有直接性和可靠性。

(2) 检索详尽彻底

全文检索系统允许对文献中的任何章节、段落、句子、词或字进行检索,提供的引得深度达到了顶点,避免了标引人员判断中的误差,从而使检索极为详尽和彻底,具有极大的客观性,更好地满足了用户的多种需求。用户可以深入到文献中的任何篇、章、节等进行检索。

(3) 检索方便

全文检索系统主要采用原始文献中的字作为检索的依据,尽管缺乏规范性,但是却因为易于使用便于表达,深受用户的欢迎。用户不必事先学习规范化的检索语言就可以轻松地利用自然语言查找自己所需要的信息。

(4) 标引简单

全文检索系统采用自然语言标引,专指性较高,一致性较好,具有较好的共享性和通用性。

3. 全文检索系统的建立

(1) 全文数据库的构建

全文数据库是在一次文献电子版的基础上进一步加工而成的,它提供的是真正意义上的全文。根据全文检索方法的不同,全文数据库的结构有顺排文档结构与倒排文档结构之分。

(2) 词库的建设

词库的建设可以有两种方法,一是使用综合性词库;二是使用专业词库。

（3）建立与其对应原文中的地址

可以以页码的顺序相对接，组成索引文档。

（4）排序

将系统的词合并，合并的结果是把所有出现同一词的页码位置一一排在这个词的后面。

4. 全文检索系统的功能

一个完善、实用的全文检索系统除了为用户提供多个检索入口外，还应该具有以下功能：

（1）位逻辑检索

位逻辑检索是指两个或多个词（或字）之间，是否以一定的先后顺序出现，彼此以相隔多少个词或字的距离连接，它们的出现是否允许另一个词或字同时出现，以及它们同时出现或不出现于同一句子、同一段落、同一文章的范围之中等的限定。一般认为，位逻辑检索是全文数据库的基本功能。

（2）截词检索

这是一种很常见的检索功能，对于全文数据库来说，由于自由文本中不同作者有不同的用词习惯和语言风格，而且一般都缺乏词汇控制手段，因而截词检索显得很重要。

（3）字符串检索

字符串检索是对比字的片段，即系统能查找夹在一个长词中的某一串字符。主要在检索西文文献中发挥强大的作用。但是由于其运算速度较慢，所以通常用于二次检索。

（4）限定检索

由于全文数据库把一篇文献分成若干个字段，所以可以将检索限定在一个或多个字段中进行。

（5）同义词检索

在全文数据库中，由于词和词形都是不加以控制的，因而同一个词在不同的文献中可能有不同的形式。例如，全国人大＝全国人民代表大会。为此，一些全文数据库提供了同义词检索，这样，用户检索时，系统就会自动查核同义词表，以发现这种用词不一致的地方。

（6）后控制表辅助检索

后控制表辅助检索是在同义词检索的基础上近年来提出的一种新的检索模式。它主要是通过一个被称作是后控制表的工具扩充用户的检索词，重新构造检索式，以提高系统的查全率。

二、超文本系统

1. 超文本系统概述

超文本系统是随着计算机技术的发展，在20世纪80年代发展起来的，它是一种管理技术，是由节点（Node）及节点间的链路（Link）构成的语义网络。节点、链路和网络是超文本组成的三要素。每个节点包含一个特定的主题信息，节点的大小是由主题来决定的，可以是文字、图像，也可以是动画、声音等。链路定义了超文本的结构，是超文本的核心，它提供浏览、查询节点的能力。

其实，稍有上网经验的人就会对超文本的样子很熟悉，就是一段文字，颜色与其他文字不一样，下面有一段下划线，鼠标指上去时通常会变成一只手的样子，非常醒目。如果用鼠标点一下的话，整个页面就会变化的（有时是出现一个新的浏览窗口），接着你会注意到网址也变了。通过这种方式，你可以从一个网页到另一个网页，从一个网站到另一个网站，从古埃及到自由女神像，从股票到象牙之塔，你需要做的只是点击超文本，一切可以在瞬间转换。事实上，如果没有超文本，互联网可能不会这样流行，人们也就无法在网上进行冲浪。互联网上的超文本就像纵横交错的管道，沿着管道，人们可以探索网上世界，可以在世界范围内任意查找、检索、浏览及添加信息，可以避免由于用户不熟悉检索语言和检索策略而带来的困扰，它以多媒体效果、动态和静态方式提供信息，具有实现简单、维护方便、处理效率高等特点。

2. 早期著名的超文本系统概述

（1）超文本编辑系统（Hypertext Editing System）

世界上第一个实用的超文本系统是美国布朗大学在1967年为研究及教学开发的"超文本编辑系统"（Hypertext Editing System）。之后，布朗大学于1968年又开发了第二个超文本系统——"文件检索编辑系统PRESS"。这两个早期的系统已经具备了基本的超文本特性：链接、跳转等，不过用户界面都是文字式的。

（2）Aspen（Aspen Movie Map）

世界上第一个超媒体系统可能要算1978年美国麻省理工学院开发的"白杨树镇电影地图"（Aspen Movie Map）。这个系统使用了一组光盘，光盘里存有白杨树镇所有街道秋、冬两季的图像以及一些建筑物内部的照片，所有图片都按相互位置关系链接。用户使用Aspen时，可以在全镇漫游，甚至浏览建筑物的内部。

(3) KMS

KMS 是最老的超文本系统之一。它的前身 ZOG 是美国卡内基·梅隆大学 1972 年起开始开发的用于结构式浏览的超文本系统，曾于 1982 年作为计算机辅助信息管理系统安装在一艘原子能航空母舰上。它的应用系统包括一个联机的策略手册和一个联机的维护手册。由美国知识系统公司开发了 ZOG 的商业版 KMS。

(4) HyperTIES

HyperTIES 是美国马里兰大学 1983 年开始的研究项目。最初开发 HyperTIES 有两个目的：一是开发一个浏览教学数据库的实用易学的工具；二是做一次研究超文本界面设计的实践作为实用工具，HyperTIES 已用于建立像博物馆这样的信息系统。

(5) Intermedia

Intermedia 是布朗大学 1985 年开发的超文本系统，运行在 Macintosh 机的 UNIX 操作系统下。Intermedia 曾经在大学里用来建立教学系统。每个用户可以在使用时建立自己的链和批注；可以保留自己的私有版本。

(6) NoteCards

NoteCards 是由施乐公司于 1985 年开始开发的。最初只能在施乐的 Lisp 机器上运行，其商业版在 Sun 工作站上运行。

(7) Symbolics 工作站联机手册 SDE

Symbolics 工作站联机手册 SDE（Symbolics Document Examiner）的开发于 1982 年激活，1985 年完成。Symbolics 工作站的印刷手册有 8000 页。它的超文本版本有 1 万个节点和 2 万 3 千条链，占据 10M 存储空间。

(8) Guide

1982 年英国 Kent 大学开始了 Guide 的研究与开发。1986 年由办公工作站公司 OWL 推出商业版本，有 UNIX 版、Machintosh 和 Windows 版。Guide3.1 仍旧是目前软件市场上的几个超文本创作工具之一。

(9) HyperCard

HyperCard 是 20 世纪 80 年代末期世界上最流行的超文本系统。从 1987 年到 1992 年 Appl 公司随每一台销售出去的机器奉送一套 HyperCard。HyperCard 的流行使超文本的基本的概念得到了普及，结束了超文本仅仅作为研究主题的状况，被广泛接受为一种新技术，并且在应用开发特别是教育系统的开发方面起到举足轻重的作用。

3. WWW 超文本系统

目前，最具吸引力的 WWW 超文本系统，已经成为目前世界上最大的信息库，其信息内容无所不包。现在它作为全球最大的、由成千上万个网络互联而成的计算机网络，形成了全球最大的信息超级市场。它以多媒体形式传递信息和共享信息，极大地缩短了时空距离。它的建立是对情报联机检索的改革和创新，对图书馆的目录组织、信息管理和利用产生极为深刻的影响。

三、信息选萃

1. 信息选萃概述

在信息时代，一方面信息数量急剧膨胀；另一方面用户的信息需求向多维快捷方向发展。所以如何以用户的需求为根本，解决用户利用信息的困难是每个信息工作者义不容辞的责任。为此，针对网络信息的特点，根据用户的既定需求，有针对性地摘录文献片断，按类编排，加工成用户需要的信息产品供用户使用，已经成为网络信息加工的重要形式之一。这种信息产品就是信息选萃。

2. 信息选萃的特点

在信息加工层面上，信息选萃属于对直接的原始信息的提供，与全文检索系统、超文本系统属于同一个层面上的信息加工产品。只是在加工方法上有所区别。

首先，信息选萃的编制目的是解决信息过量、信息污染的问题，帮助用户摆脱无序信息的包围和困扰，成为信息的主人，享受信息社会带给人们的无穷魅力。在取材上信息选萃着眼于未来，将最新的学术动态、学术信息、学术观点提供给用户。

其次，信息选萃是一篇文献的内部单元信息，是更明确的信息片断，它所提供的信息更加精确、更加深入。

最后，信息选萃需要投入加工者辛勤的智力劳动，需要加工者具有良好的学科知识背景及判断能力，所以信息选萃有较高的利用价值。

3. 信息选萃的作用

首先，它对信息进行过滤，消除了信息污染和噪音，加速了信息的交流和传递。其次，它可以使信息表面化、显见化，从而满足了用户利用信息的"最小努力原则"，为用户方便快捷地利用信息提高了便利。再次，信息选萃是一个知识创新的过程，它不仅创造了新信息，而且赋予了原始信息以新的

41

价值。此外，它具有完善的信息加工体系，强化原始层面上的提供工作，进而完善现有的信息加工体系。而且它还具有信息评价的功能，入选单元信息条数越多，证明那篇文献的学术性、新颖性以及价值含量越高，这样就客观上对某一学科专业文献作了评价。

4. 信息选萃的步骤

（1）选题

要根据学科发展和读者的需求来确定信息选萃的主题。

（2）确定信息源

根据信息选萃的类型，如科研型、科普型来确定所要圈选的信息源的范围。

（3）鉴选

对信息源中的文献进行裁剪，对文献中利用价值较高的片断进行标引，并注明出处。为此要求信息加工人员熟悉本学科的发展，对其学术发展应该有所了解。

（4）建立完备的检索系统

通常一个检索系统有 4 个检索点，即分类、主题、作者、篇名。如果有必要还可以建立辅助索引，如出版者索引、人名索引、地名索引等。

（5）建立数据库

信息选萃集万卷精华于一身，同时又按照学科性质进行编排组织，便于用户利用。

四、功能主题索引

1. 功能主题索引的概念

功能主题是指文献论述或涉及的主要事物或问题。而功能主题索引则是指在文献加工中，为描述和表达文献内容而以主题语言为基础建立起来的检索系统。由于交叉学科以及边缘学科的不断出现与发展，用分类的方法对文献进行标引，很难准确无误地揭示文献的内容，充分地揭示文献的主旨和精髓。于是，随着计算机技术的发展，功能主题索引系统得到了进一步的完善和应用。

2. 功能主题索引系统的建立步骤

首先，制订主题标引规则。因为标引规则是标引成功与否的关键。

其次，要对文献进行标引，即对文献进行全面深入的分析，归纳出文献论述的浅显与隐含的主题，并用规范的主题词进行标引。

最后，建立检索系统，使用户可以通过功能主题索引查找同一主题的相关文献，同时要建立自动转换入口，也就是说用户输入自然语言，计算机可以对其进行规范化处理，将自然语言转换成计算机可识别的主题语言，使功能索引具有社会化、开放性的特点。

第三章 信息服务

众所周知，信息化已经成为当今世界发展的重要趋势，这主要来源两大背景：一是由于科学技术、经济高度发展，社会生活各组成部分相互依赖增强，引发人类的信息需求和利用趋向多样化、综合化和社会化；二是当代信息技术迅速发展，使得信息的利用打破了地域和空间的限制，越来越方便快捷。因此社会各界对信息服务提出了更高的要求。

本章对信息服务的基本概念及其理论体系进行详细介绍。

第一节 信息服务概述

一、信息服务的含义

信息服务是一个广义的范畴，涉及社会生活的诸多领域。狭义的信息服务是指对信息收集、加工、存贮、传递和提供的社会化经营活动。由于科学的进步，各种文献载体和其他大众传媒的日益增多，互联网也日益普及，人们每时每刻都处于信息的包围之中，面对大量无序繁杂的信息资源，人们手足无措。如何去粗取精、迅速准确地找到所需要的信息，就是信息服务的本质所在。

现代社会信息服务具有十分丰富的内涵，它可以理解为以用户的信息需求为依据，面向用户开展的一切服务性活动。当前的信息服务，无论从内容上、形式上，还是从服务的广度和深度上看，都发生了天翻地覆的变化。随着社会的不断进步，信息服务的规模和效益对社会发展的影响将越来越突出。我国的信息服务经过长期的发展，已经形成了一个多层次的，包括科技、经济、文化、新闻、管理等各类信息在内的，面向各类用户，以满足专业人员多方面信息需求为目标的社会服务网络。在整体服务网络中，各类信息服务部门既分工，又协调，开展各具特色的服务工作。

二、信息服务的体系构成

信息服务的领域十分广泛，各种信息服务的结合构成了信息服务的体系。

一般地讲，人们可以按照多种分类的标准对信息服务进行分类，从而了解其体系构成。基于国内目前的情况，大致可以按照10个方面进行分类：

1. 按照信息服务所提供的信息类型分

（1）实物信息服务

向用户提供产品样本、试验材料等实物，供用户分析、参考、借鉴。

（2）交往信息服务

也称口头信息服务，通过"信息发布会"等活动向用户提供他们所需要的有关信息。

（3）文献信息服务

根据用户需求，为其提供文献，包括传统的印刷型文献和电子文献。

（4）数据服务

向用户提供所需要的各种数据，供其使用。

2. 按信息服务所提供的文献信息加工深度分

（1）一次服务

向用户提供原始文献或其他信息。

（2）二次服务

指将原始文献信息搜集、整理、加工成反映其线索的目录、题录、文摘、索引等中间产物，从而向用户提供查找文献信息线索的一种服务。

（3）三次服务

对原始文献信息进行研究，向用户提供文献信息研究结果的一种服务，它包括"综述文献"服务、文献评介服务等。

3. 按信息服务的内容分

根据提供的信息服务所属的学科范围，又可以分为：科技信息服务、经济信息服务、法规信息服务、技术经济信息服务、军事信息服务、流通信息服务。这些信息服务一般按用户要求进行，具有专业领域明确、形式固定的特点。

4. 按信息服务的方式分

（1）宣传报道服务

有两方面的信息服务：根据用户需求向一定范围内的用户通报口头、实物和文献信息源，服务项目包括书刊资料通报、书目、题录、文摘报道等；将用户方面的信息向外宣传报道，包括通过各种信息传播方式（讲座、报告、广播、展览、广告、BBS等方式）发布用户方面的信息。

（2）文献借阅服务

通过流通、外借、阅览等方面的工作，组织用户阅读文献或向用户提供文献。

（3）文献复制服务

向用户提供文献复制品。

（4）文献代译服务

接受用户委托，按需翻译外国文献资料供用户使用。

（5）专项委托服务

接受用户各种专门委托业务，开展科技成果水平检索、课题论证等方面的服务。

（6）信息检索服务

指通过接受用户课题，利用一切检索手段进行课题文献信息检索的一种服务。

（7）咨询服务

包括向用户提供文献参考咨询、信息咨询和以信息为中介的各种专门咨询服务。

（8）研究预测服务

指以课题的形式正式接受用户委托的项目，系统地进行信息研究与预测，从而提供研究结果报告的一种服务。

（9）系统开发服务

指接受用户委托，为用户开发专用信息系统软件和数据库的一种服务。

（10）信息代理服务

作为用户代理人，开展各种信息业务的服务，如专利代理、代检、代查、代译等。

5. 按信息服务手段分

根据信息服务所采用的手段，我们可以把信息服务分为：

（1）传统信息服务

指通过信息人员的智力劳动所进行的信息服务，如利用书本式检索工具书提供检索服务。

（2）电子信息服务

指借助于计算机和网络系统开展的信息服务。

6. 按信息服务对象（用户）结构分

按照信息服务的对象可以分为两大类：单向信息服务和多向信息服务。

单向信息服务是指面向单一用户所进行的针对性很强的服务。多向信息服务则是指面向众多用户在一定范围内进行的信息服务。

7. 按信息服务时间长短分

分为长期信息服务和即时信息服务。长期信息服务是指在较长时间内面向用户的一种服务。即时信息服务则是指在信息业务中，即时接待用户的服务，如向用户解答某一咨询问题等。

8. 按信息服务的范围分

分为两大类：内部服务和外部服务。内部服务是指面向内部用户的信息服务，如某企业信息服务部门对本企业内部人员的信息服务。外部服务则是指面向部门外用户的信息服务。

9. 按信息服务的能动性分

可以分为被动信息服务和主动信息服务。被动信息服务是由用户先提出服务要求，然后按需组织的信息服务。主动信息服务是指主动接触用户，寻求服务课题的信息服务。

10. 按信息服务收费情况分

信息服务有免费和收费两类，因此相应的可以分为无偿信息服务和有偿信息服务。无偿信息服务是指不向用户收取任何费用或只收取设备损耗和消耗材料而不收取服务费用的信息服务。有偿信息服务是指向用户收取服务费用的信息服务。

结合我国信息服务的具体实践，我们将上述信息服务归纳为以下几个大方面：

宣传报道服务；
原始文献、资料、数据服务；
信息检索服务；
定期定题信息服务；
咨询服务；
专项信息委托服务；
信息系统化网络化服务；
信息保证服务。

对于前两项信息服务业务，属于常规性信息服务业务范畴，也是现代图书馆的基本服务。这些内容在本套丛书的其他分册中都有详细介绍。

信息服务的体系结构并不是一成不变的，它是随着社会的发展和进步而不断发展变化的，但是不论其如何变化，信息服务的要求、内容基本是一致的。

三、信息服务的要求

信息服务的流程图如图 3-1 所示

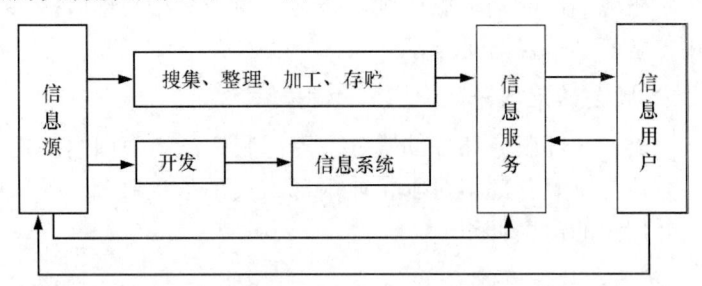

图 3-1　信息服务流程图

从上图中可以看出，信息服务所涉及的主要工作应当包括：信息服务中的用户研究及用户管理；用户培训与用户教育；用户服务与保证系统的开发；用户信息服务网络建设与信息资源综合开发等。

根据这些工作，信息服务的基本要求为以下几点。

1. 信息资源开发的广泛性

信息服务必须在充分开发信息资源的基础上进行，只有这样才能保证向用户提供的信息没有重大遗漏。为此，在信息服务工作中首先要注重用户需求调研，尽可能地吸收用户参与工作。

2. 信息服务的充分性

"充分性"是指充分利用各种条件和一切可能的设备，组织用户服务工作。同时充分掌握用户需求、工作情况及基本的信息条件，以确保所提供的信息范围适当、内容完整和对需求的满足充分。

3. 信息服务及时性

及时性的含义包括两个方面：一是接待用户和接受用户的服务课题要及时；二是所提供的信息要及时，尽可能使用户以最快的速度得到他们所需要的最新信息。为了实现这一目标，必须保证有畅通快捷的信息获取渠道和用户联系渠道。

4. 信息服务的精练性

信息服务中的一个至关重要的问题就是向用户提供的信息要精，要能有针对性地解决问题，即向用户提供关键性信息。要达到这个要求，就必须提高信息服务人员的业务素质，必须在信息服务工作中加强信息分析与研究工作，开辟专项服务工作，努力提高专业性信息服务的质量。

5. 信息提供的准确性

准确性是信息服务的最基本要求，不准确的信息对于用户来说，不仅无益，而且有害，它将导致用户决策的失误造成损失。信息提供准确性要求，不仅搜集信息要准确，而且要避免信息传递中的失真；同时对信息的判断要准确，做出的结论才能正确、可靠。

6. 信息服务收费的合理性

随着市场经济的发展，许多无偿服务已经转向了有偿服务或部分有偿服务。信息服务也不例外。信息服务许多都是有偿服务，但是从用户角度去看，支付服务费用应当确保一定的投入产出效益。这就要求在服务管理上要有科学性，同时注意到信息服务的高智能特征，在国家政策指导下制定合理的收费标准。

除上述基本要求外，信息服务与其他服务一样，必须强调服务人员的服务态度和服务水平。因为信息服务作为图书馆和信息机构的第一线工作，是联系用户与信息源之间的"桥梁"和纽带，其目的是向用户提供他们所需要的各类信息，确保应有的信息效益。所以，信息服务人员要有较高的素质。信息服务的质量是衡量信息工作社会效益的主要标志。信息资源的开发和信息的深层次加工与科学处理的最终目的是提供使用，其中"服务"是一个关键环节，它直接关系到信息机构各项工作的展开，因而树立"用户第一"的观点对任何信息部门都是必不可少的。信息服务是直接获取来自用户方面的反馈信息的"窗口"。通过服务，图书馆和信息机构可以进一步掌握用户的基本情况、信息需求及其满足状况，可以检验信息工作的水准，这对于从整体上优化信息工作时必要的。

四、信息服务的主要特征

从综合角度看，信息服务具有以下主要特征。

1. 社会性

信息服务的社会性不仅体现在信息的社会产生、传递与利用方面，而且体现在信息服务的社会价值和效益上，决定了信息服务的社会规范。

2. 知识性

信息服务是一种知识密集性服务，不仅要求服务人员具有综合知识素质，而且要求用户具备相应的知识储备，只有在用户知识与信息相匹配时才能有效地利用信息服务。

3. 关联性

信息、信息用户与信息服务之间存在着必然的关联关系，三者之间的内在联系是组织信息服务的基本依据，也是信息服务组织模式的决定因素。

4. 时效性

信息服务具有显著的时间效应，这是因为对于某一事件的信息只有在及时使用的情况下才具有价值，过时的信息将失去使用价值，甚至会产生负面影响。因此，信息服务中存在信息的"生命期"问题。

5. 指向性

任何信息服务都指向一定的用户和用户的信息活动，正因为如此才产生了信息服务的定向组织模式。

6. 伴随性

信息的产生、传递与利用总是伴随着用户的主体活动而发生的，所以信息服务必须要按用户的主体活动的内容、目标和任务来进行组织，以便对用户的主体活动能有所帮助。

7. 公用性

除了某些专门服务于单一用户的信息服务机构外，面向大众的公共信息服务可以同时为多个用户服务，这也是信息服务区别于其他社会化服务的因素之一。

8. 控制性

信息服务是一种置于社会控制之下的社会化服务，因此信息服务的开展关系到社会的运行、管理和服务对象的利益。它要受国家政策的导向和法律的严格约束。

五、信息服务的内容

信息服务应该包含这样几个内容：第一是信息资源开发服务。这是信息服务的基本工作，也是信息搜集、加工、标引等各项工作的目的所在。人类要进步，社会要发展，都必须重视信息资源的开发工作。许多看似没什么价值的原始材料，一经收集和整理和加工，往往会价值倍增，这就是信息资源开发的魅力所在。第二是信息传递与交流服务。交流与传递是信息的重要特征之一，正因为信息的这一特征，才会使世界各国能够同时分享科学技术发展所带来的胜利果实。第三是信息加工与发布服务。第四是信息提供与利用服务。第五是用户信息活动的组织与信息保障服务。

第二节 信息服务与用户研究

一、信息服务与用户研究概述

"用户"是信息服务的对象，用户与信息服务有着必然的联系。信息服务与用户研究是理论与实践紧密结合的一个独特领域，在信息服务工作中，用户研究具有相当重要的地位。为此，我们在这里对信息服务与用户研究做一详细介绍。

1. 信息用户

信息用户是一个具有社会学涵义的概念。自从有人类存在，就存在着包括科技信息在内的信息的创造、接受和使用问题，应该说，凡是有利用信息资源条件的一切社会成员皆属于信息用户的范畴。信息用户既是信息的使用者，又是信息的创造者，简而言之，用户是信息得以存在并具有实际价值的"支柱"。鉴于信息服务的普遍性和社会性，开展信息服务应从社会组织和社会成员的客观信息需要出发，以满足其全方位信息需求作为信息服务的基本出发点。

在本书我们所探讨的现代图书馆的信息服务中，用户通常指科研、技术、生产、管理、文化等各种活动中一切需求与利用的个人或团体。前者称为个人用户，后者称为团体用户。

2. 信息用户分类

信息用户与信息存在着一一对应的关系，在信息化社会中人类对信息的需求是多方面的，可以说，每个人不论从事什么工作，属于什么职业，具有什么水平，都需要利用信息。因此按人们信息需求的某一特征和某一方面都可以进行信息用户的分类。在具体实践中，人们常常根据多种原则进行综合性的用户分类，主要有以下几种。

（1）按用户工作所属的学科范围分

社会科学用户；自然科学用户。

（2）按用户的职业分

党和国家领导人；决策管理人员；科学家（包括自然科学家和社会科学家）；工程师；医生；作家；艺术家；生产、技术人员；军事人员；商业人员；教师；学生。

（3）按用户信息需求情况分

正式用户；潜在用户。

（4）按用户对信息的使用情况分

目前用户；过去用户；未来用户。

（5）按用户的能力和水平分

初级用户；中级用户；高级用户。

（6）按用户信息保证的级别分

一般用户；重点用户；特殊用户。

（7）按用户信息服务方式分

借阅用户；复印用户；咨询用户；定题服务用户。

根据我国的实际情况，我们通常把信息用户分为三大类。一类是社会科学及相关领域用户，包括社会科学部门的领导人、管理人员，社会科学研究人员，社会科学方面的教师，政治、经济、文化、艺术、新闻、出版等部门的实际工作者，文科学生。另外一类是自然科学及工程技术部门的用户，包括基础科学及技术科学研究人员，理工科教师，工业生产技术人员，农业生产技术人员，医生及医学专家，科技及生产管理人员，理工科学生。第三类是特殊用户，包括党和国家及部门领导者、决策者、军事人员，其他用户。

3. 信息与用户的关系

就目前人类所使用的信息而言，存在着三种状态：一是接受状态，即存在于人的头脑中，被人理解或吸收的状态；二是记录状态，即信息存在于各类载体中的状态；三是传递状态，即各种方式的信息传播。在所有三种状态中，第二种状态是主体，离开了这一状态，人们将无法从事信息活动；第三种状态将信息的产生与使用联系起来，是信息得以使用的条件；第一种状态则关系到信息使用者的主体活动，是信息产生效益的状态，也是信息活动所要实现的目标。

从上述三种状态分析可以看出，信息具有时间和空间结构。这种时空结构可以帮助我们理解信息三种状态的转变和信息与用户的关联。信息与用户发生作用，从记录状态转变为用户接受状态。通常，某一信息作用于用户以后将产生一种新信息，新信息将会以第二种状态的形式出现，然后通过第三种状态产生对新的用户的作用。如果将信息作用看做是一种运动，则可以发现"运动"是信息的基本属性之一。人类的活动是以用户为中心的"信息运动"过程。任何信息都是为了满足特定用户的某一需求而产生的，任何用户又作为信息的生产者而存在。所以信息与用户有以下重要关系：

（1）用户与信息相互依赖

这种依赖性表现在两个方面：一方面，信息只有通过用户的使用才能表现其存在价值，即信息对用户的依赖性；另一方面，用户在各种社会活动中又离不开信息，即用户对信息的依赖性。

（2）用户对信息的选择

用户在使用信息的过程中对信息是有选择的使用，一般来说，选择的标准是根据用户的职业、综合素质、心理以及要应用的环境来决定，只有这些因素相匹配，这些信息才有意义。

（3）用户对信息的评价

用户在使用信息的过程中必然要对信息进行全面的评价，评价可以从定性与定量两个方面来考虑，用户对信息评价的"累计效应"可以用来进行信息的价值测量。

（4）用户对信息的加工

用户可以利用一切条件和手段对信息进行不同程度的加工。

（5）用户具有传递信息的作用

用户在获取和利用信息的过程中，在有意无意地传递着信息，正因为如此，用户之间的信息传递是信息扩散的一种重要形式。

（6）用户具有创造信息的作用

用户在利用信息的同时也创造新信息，这样使得信息在不停地增长，同时具有较强的生命力。

二、信息服务与用户研究的基本方法

随着信息服务的不断发展和完善，形成了以用户为中心的各种研究方法，常用的有以下几种。

1. 直接调查法

这是信息服务领域中最早使用方法。具体就是围绕用户研究的某一具体内容或方面有目的地开展直接的调查与观察，以便获取详细的资料，继而对有关资料进行归纳、整理与分析，最终得出研究结论。

其特点是用户参与调研活动，其优点是调查面广，既可调查现实用户，又可调查潜在用户。所获得的调查资料详细、可靠、具体。在信息服务工作中，对于发挥用户的主观能动性具有重要的作用。其缺点是使用不太方便，由于受调查对象的限制，有时对调查问题的答复率不高。

直接调查可以采用与用户直接交往来进行调查，也可以采用通信方式或利用互联网向用户做调查，具体地说，可以通过发放调查表法、实地考察法、询问法和信息反馈法等方式。

(1) 调查表法

根据预先确定的调研内容及范围设计调查表，然后将调查表以各种方式交给被调查者，待被调查者按照要求填好后收回，进行分析研究，引出结论。

采用这种方法时应该注意几点：

一是被调查对象的选择，调查表的调查结果在很大程度上取决于被调查者。一般地讲，对于被调查者应该依据用户研究的内容进行科学地选择，使其具备充分性、可靠性、代表性和适应性。

二是调查表的设计，调查表的设计依据是用户研究的内容与任务，一般说来，对研究的项目要进行分析制表，表格要求既全面系统，又简单明确，即在保证不漏掉研究项目的同时，尽量方便被调查者填写，不能含糊不清。

三是调查结果的分析，回收的调查表已经包括了我们所需要的各种信息，它们是开展分析研究的素材和依据。我们在对结果进行分析时要采用科学的分析方法，例如统计学的研究方法，对结果进行归纳与综合，对结论要进行可靠性验证。

(2) 实地考察法

这是在与用户直接接触的过程中考察、研究用户的一种直接方法。利用这种方法进行用户研究时，调查人员往往直接参与用户的各种活动，例如参加课题研究等。通常这种方法都是用来研究重点用户的信息需求和相关问题。

实地考察的基本程序是：首先根据用户的特殊需求，确定实地考察的用户对象及业务，经过仔细分析，确定调查的目的、内容和要求。其次，根据总体要求和内容，制定调查计划，规定调出的时间、地点、方式以及考察的详细安排。最后是进行实地考察和汇总考察材料，在考察中要善于及时发现问题，并在系统研究的基础上编写考察报告，提出有关的建议。

(3) 询问法

询问法又称作问答法，它是根据研究目标直接向用户提问，从而获取询问信息，然后引出研究结论的一种基本方法。它可以通过与用户书面联系、与用户交谈、与用户进行非正式接触、参加有用户出席的各种会议等多种途径进行。

采用询问法要注意以下几点：明确调查目的、选择典型重点的调查对象、对调查结果做出多因素分析，只有这样才能引出客观的结论。

（4）信息反馈法

这是一种利用信息服务中用户反馈信息进行用户研究的方法。反馈信息的获得出自信息用户咨询、用户培训、与用户的联络以及其他相关的信息活动。这种方法缺少"主动性"，只能从处理来自用户方面的各种零星的反馈信息入手，进行分析研究，引出结论。尽管如此，由于用户反馈信息具有可靠、具体的特点，所以该方法正日益引起人们的重视。

信息反馈法的基本环节是：首先建立信息反馈制度，确定信息反馈的形式、内容和途径；其次，注意搜集、处理和分析来自用户的反馈信息，组织深层次研究；最后提交分析、研究结果，以便改善信息服务工作。

2. 间接调查法

所谓间接调查法就是调查与用户有关的各种资料，如各种文献、用户登记卡、服务工作记录、咨询记录、业务日记、用户工作日志等。该方法虽然不能与用户直接接触，但是所调查的各种资料却与用户的活动息息相关。与直接调查法相比，间接调查法具有调查可靠和使用灵活的特点，它不仅克服了用户回答问题的随意性，而且可以不受时空的限制，不用与用户接触就能获得调研素材，可以作为对直接调查的补充。

间接调查的途径有多种，常用的有下面两种。

（1）伯恩交往观察法

1962年，伯恩（Bourne）提出了一种交往观察法的文献调查分析法，它通过调查用户利用文献的情况，开展研究工作。其调查内容包括几个方面：论文的引文出处、书目中列出的文献、图书馆外借记录、参加咨询的提问和答复、文摘。这5个调研方面从不同的角度揭示了用户信息需求和利用的情况，因此，我们可以从某一途径出发进行某一方面的研究。目前伯恩交往观察中的5个方面已经发展成为5个研究方法，例如，引文出处研究已经发展成为著名的"引文分析法"。

（2）用户资料与信息服务业务资料分析

直接利用用户方面的业务资料和信息服务业务资料进行分析，即业务资料分析法。它具有常规性、累积性和实用性的特点。这种分析由于基于用户特征资料和服务特征资料，其资料来源客观、可靠，因而又是一种应用全面的研究方法。

三、信息服务的价格和定价

从理论上来说，信息服务的价格是信息服务的表现形式；从实践上来讲，信息服务价格就是信息服务工作的收费。

信息服务的定价即指制定信息服务价格的策略和方法。

当我国的信息服务从无偿服务进入有偿服务阶段，服务的定价和价格就成为信息服务界一个敏感而现实的问题。信息服务是社会信息资源的一种，过去人们对它的无偿利用是以事先的大量投入为前提。然而，信息资源并非是取之不尽用之不竭的。当人们意识到信息的有偿服务的必要性后，就开始分析信息的成本、盈利、信息服务的经济效益、社会效益，同时也开始探讨有偿服务的收费标准和收费方法。

此后信息服务的价格理论研究进入一个误区：即现实中人们常以信息商品价格代替信息服务价格，造成服务价格研究的相对薄弱。而在日益繁荣的信息服务市场上，由于竞争的需要，各类定价方法和策略层出不穷。由于信息服务本身的特性，造成它的价格在一定的情况下不完全合乎价值规律，因此总结信息服务的定价策略和方法，对完善我国信息服务市场、加强信息服务机构的竞争能力，进而对信息服务价格理论研究均有重要意义。

1. 定价方法

目前信息服务的定价方法有许多，由于信息服务机构的大小不同、性质各异，所以采用的方式也不尽相同，常用的有以下五种。

（1）单位产量定价法

这种方法常用于有形的信息服务机构，如数据库服务、文摘加工服务等。它以服务提供的信息价格来表示服务的价格，通常都是把加工制作数据的费用平均到每条数据上，信息服务以提供数据的量来定价。由于信息的共享性，使得信息服务的有形结果在有效期内可以多次重复使用，对于采用这种方法的信息服务商品，利用率越高，则收益越大。

（2）计时定价法

无形的信息服务通常使用这种计价方法。例如我们比较熟悉的口头咨询服务、网上在线咨询服务等。这种信息服务以单位时间内劳动的价格为定价标准，不同劳动力单位时间劳动的价格不同，它通过工资的等级差别反映劳动者的差别，这也是我国信息服务经常使用的方法。

（3）计次定价法

这是与计时定价法相对应的一种定价方法，多用于耗时很短的无形服务，它以提供服务的次数作为定价标准，每次的收费包括单次服务的成本加平均利润。

（4）利润分成法

信息服务用户将自己生产所得利润按一定比例分给服务者，作为信息服务的价格，这种方法在定题服务和信息中介服务中运用最为广泛。采用这一方法首先要解决的问题是确定信息服务带给企业的利润。通常人们采用协议定价的方法，根据用户对于信息需求的迫切程度和信息的稀缺程度来协商。为维护交易双方的利益，应该注意界定价格的上下限额，信息服务的效用最终决定利润分成的数据。

（5）垄断价格法

信息服务者根据信息服务提供的信息内容的垄断性或本身劳动的垄断性来制定垄断价格，价格制定过程中综合考虑用户的支付能力、时间成本、服务市场的竞争以及信息有效期等各种因素。

上述定价方法是信息服务中常用的基本方法，但是，实践中任何一个具体服务形式的定价，很少是单一方法，往往是上述五种定价方式中某几种的组合。

2. 定价策略

为了适应信息服务市场上的竞争和变化，信息服务相关部门提出了信息服务定价策略，一般有：

（1）先低后高的策略

我们知道，信息服务在计划经济时期通常是免费的。随着市场经济的发展，信息服务进入了收费时期。而且在最初定价时，所定价格低于成本。根据使用的情况和用户的多少，逐渐调整和提交价格，这样就能吸收更多的用户，让用户感觉到信息服务的重要性，并将其视之为生活中必不可少的一部分，然后服务者再收取用户支出的较为稳定的服务费用。这种定价策略一般应用在我国网络服务的定价中。其特点是信息服务中预先要投入大量的资金，因此资金收回有一定的困难，但是信息服务的质量能得到保证。

（2）先高后低的策略

有些信息服务具有垄断性，在信息有效期的最初采取高价策略，目的是为了节约时间并加快投资的回报，当信息服务提供的内容已逐渐为用户所掌握，成为较为普遍的知识后，或当信息服务本身也为众多用户利用后，信息服务再用低价的形式被推广，以期提高社会对信息的利用。

例如，我们大家非常熟悉的互联网就是一个最好的例子。在互联网刚刚在我国兴起时，上网费用十分昂贵，一些地方高达每小时几十元甚至上百元。后来，随着互联网的日益普及，随着我国计算机和通讯技术的迅猛发展，网络用户日益壮大，上网费用也迅速降低，有的地方已经免费上网。即使收费，也是每小时1元以下。

（3）差别定价策略

即对不同的用户采用不同的收费标准。这是因为一方面用户心理决定用户付出的费用不会超过他认可的支付能力；另一方面信息服务机构的性质也决定服务者对于责任范围内外的信息用户应该收取不同的费用。针对不同用户实行差别定价的方法，是信息服务机构提高受益而又避免社会效益减少的有效方法。

第三节 图书馆的信息服务

一、图书馆信息服务的优势

与科研机构、国家和行业主管部门及大众传播机构相比，图书馆在人才资源、技术力量、信息的时效性等方面处于劣势，然而，图书馆具有大量的文献信息资源，其文献的专业性、系统性、完整性构成了图书馆得天独厚的资源优势，也为其开展信息服务提供了可靠的物质保证，同时，相对其他信息机构而言，图书情报业自身的职能也决定了其对信息资源的收集、处理、存储、传递等方面的优势。

1. 信息资源优势

图书馆馆藏丰富而独具特色，藏书不仅门类齐全，而且品位高、档次高，还具有专业性、系统性、完备性和实用性强的特色。这一优势是开展信息服务的物质基础。

2. 人才优势

随着计算机技术的飞速发展和互联网的日益普及，它在图书馆得到了越来越广泛的应用。为此，图书馆近些年吸引了一大批各学科各专业的人才，不仅为图书馆注入了生机和活力，也为图书馆在新形势下开展信息服务创造了条件。

3. 设备、设施优势

目前，许多图书馆尤其是一些大型图书馆，几乎都拥有一流的技术设备。计算机、服务器、复印机、打印机等都已经成为图书馆的常用设备，而且图书馆还自建和引进了许多大型数据库，大型报告厅等基础设施也日臻完善。所有这些，都为图书馆开展信息服务奠定了物质基础。

二、图书馆信息服务的内容

图书馆的信息服务一般包括五大部分：一是传统的读者借阅服务，即通过向服务对象提供书籍、报刊等文献，被动地服务于读者；二是通过编制二、三次文献向读者提供以书目信息和题录信息为主题的信息开发服务；以科技信息咨询为主题的信息咨询服务等各种服务；三是利用计算机等先进技术，建立文献信息网络，提供以联机检索服务为主题的信息检索服务；四是面向大众信息需求市场，提供诸如股市信息、招生招聘、专利检索与开发、寻医问药等社会热点信息服务；五是面向高校学科建设需要，提供学科信息服务，例如科技查新服务、定题跟踪服务、情报分析服务等。

三、图书馆信息服务的特征

图书馆的信息服务不但属于以文本为主体的传统信息服务，而且属于以电子技术和互联网为媒体的信息服务。概括起来说，图书馆的信息服务有几个特征：第一是低投入高产出，信息服务是无损耗的，可以用较低的成本获取较好社会效益和经济效益。第二是具有直接性，图书馆的工作人员和服务对象之间是面对面的，无需第三者介入。第三是具有及时性，图书馆收藏的大量书籍、报刊为其开展信息服务奠定了基础。互联网的普及更加便利了用户的查询，通过书评、文摘、新书报道、定题服务等形式，可以及时把信息传递到用户手中。

尽管如此，图书馆的信息服务仍有不足之处，例如，精确度深度不够，用户的需求是多方面的，涉及各个学科种类，在具体的某一学科方面，图书馆工作人员的研究与专业人员相比肯定存在着差距，有时提供给用户的是一堆重复的、浮浅的、无用的信息，影响了图书馆的信誉，使图书馆的信息服务受到了限制。

四、图书馆信息服务的用户需求

用户的需求可以分为现实需求和潜在需求两大类。现实需求是用户已经表达出来明确的、直观需求，表现为用户向图书馆提出的直接需要；潜在需求是用户潜意识里所追求的尽善尽美的境界，即图书馆工作人员凭借自己较高的素质、渊博的知识，向用户提供系列的、纵深的相关报道，而不是就事论事式的机械服务，使用户真正获益。

一般地讲，图书馆的信息用户的需求有以下几个特点：一个是图书馆的用户都有明确的价值取向，用户到图书馆来就是要获取特定的信息的。二是图书馆用户追求较强的时效性,据统计,用户查阅文献的年限为：1年之内出版的占82%,2~3年内出版的占70%。三是图书馆用户需求具有前瞻性,关注学科发展的未来趋势和最新研究动向。四是图书馆用户具有可近与易用心理,正如美国情报学家索波的一个著名论断所指出的那样：一个情报源距离用户越近,被利用的可能性就越大；用户阅读文献时除了衡量情报源与自己之间的空间距离外,易操作性也占有重要地位,如摒弃原文、选择原文、不愿浏览全文而更多倾向于一般的书摘、评论、导读等。

五、图书馆信息服务的发展

我国图书馆信息服务始于20世纪50年代,而后在20世纪的60年代、70年代被迫中断,20世纪80年代,随着全国高校图书馆学系的纷纷设立,专业人员相继充实到各图书馆中,图书馆信息服务水平有所提高。但是总体来说,图书馆的信息服务仍停留在参考咨询模式上,即提供代查文献、书刊导读、标引服务等传统的静态服务方式,在主动服务方面还有差距。

1988年我国颁布了《信息技术发展对策要点》,1993年当时的国务院副总理邹家华在第一届国际咨询信息服务研讨会上指出：中国政府已经做出加快发展第三产业的决定,而咨询和信息服务等新兴行业被列为第三产业的发展重点。有政府的大力支持,再加上图书馆工作人员的辛勤劳动,进入20世纪90年代后,我国的图书馆信息服务工作与以往相比有了很大进步。计算机技术在图书馆中的普遍应用,深圳图书馆推出的ILAS图书馆自动化集成系统为数据的标准化和资源共享打下了基础。图书馆的信息服务也从手工化转变为以计算机技术为辅助的自动搜寻,服务质量也相应提高。例如,据有关部门统计,上海市政府的重大决策中有三分之一以上是采纳了上海图书馆参考咨询部和上海情报所专家提供的相关意见。互联网的普及与发展,推动了全球信息化网络化进程,网络在信息服务工作中发挥着越来越重要的作用。利用网络开展信息交流与服务已经成为当今人们的一种追求。这说明信息化网络化时代已经到来。作为信息领域的图书馆,同样面临着深刻的变革,要充分利用网络环境提供给我们的便利条件,开展信息服务。

六、互联网对图书馆信息服务的影响

互联网的建立与发展,使社会各个领域都发生着深刻的变化,图书馆也受到了极大影响,对图书馆信息服务工作的影响表现在以下几个方面。

1. 流通模式的变化

传统的流通方式只是面对面的借阅服务,在网络环境下不但可以进行面

对面的借阅，还可以利用网络办理借阅手续，如预约借书、馆际互借、办理借还手续等。

2. 信息服务方式的变化

传统图书馆向读者提供的咨询服务、定题服务、文献检索服务等工作都是利用手工完成的，有了网络和自动化检索系统，上述服务也都可以在网上进行，可以利用网上专家咨询系统解答读者咨询，这种咨询不受时间地点限制并能进行24小时的全天候的交互式服务。读者坐在办公室里或家里就可以随时检索馆藏信息或网上其他信息资源。

3. 检索手段、检索方法、检索途径的变化

传统的文献检索只是通过卡片式、书本式、目录索引及文摘等检索工具检索所需信息，自动化检索系统及网络的开通，信息检索的检索途径灵活多样，人们既可以通过计算机进行光盘检索、联机检索，还可以上网浏览下载网上信息。利用计算机，检索途径、检索方法比传统的手工检索增加了很多功能，如目前的数据库大多数能给用户提供主题、篇名、关键词、作者、机构、出版时间、文献类型等十几种检索途径及限制检索结果的方法，从而为提高国内学术期刊的利用率、为用户检索所需的文献信息创造了便利的条件。

4. 提供的信息资源的变化

网络的建立给用户提供的信息资源发生了变化，表现在检索途径的变化和信息载体、类型以及来源的变化。传统图书馆提供的信息资源只局限于馆藏，随着书刊价格的不断上涨，采购经费的不足及读者需求的不断提高，"藏"与"用"的矛盾日益突出，本馆馆藏远远满足不了读者的需求。利用网络了解、传递、索取馆外的信息资源是网络环境下解决馆藏不足的最好方法。现在，各个图书馆和信息中心都已经利用网络来获取信息，利用资源共享的有利条件来延伸本馆的馆藏，以便最大限度地满足读者需求。

在网络环境下，信息资源的类型也发生了很大变化，过去图书馆只能给用户纸质的目录、索引、全文等书本文献，今天图书馆不但提供上述信息资源，而且还能给用户提供多种类型的、多种载体的电子出版物，利用网络，不但能提供静态的信息资源，还能提供动态信息资源及多媒体信息资源。

5. 服务对象的变化

互联网诞生以来，图书馆就成为其中重要一员，成为资源共享的一部分。图书馆的横向联系越来越多，其信息资源来自世界各地，需求也来自四面八方。尤其是联机检索、网上信息咨询服务的开展使信息服务的对象也发生了

61

变化，许多原先的潜在用户已经成为图书馆的实际用户。

6. 用户培训内容、培训方式的变化

传统图书馆对用户进行信息教育的内容是介绍馆藏以及印刷型检索工具的使用方法。今天随着电子出版物的大量增加和现代化检索手段的实现及网络的开通使用，人们都希望利用互联网快速检索所需信息，所以教育培训内容也自然将重点转移到计算机检索、网络检索等方面的知识上。例如光盘数据库的检索方法、网络资源的检索方法、网络通信等。这些教学内容符合网络形势的发展，受到了用户的欢迎。

7. 信息经营管理观念的变化

现在，"信息"是"资源"这一观念已经得到了大家的共识，资源有价值，加工后的信息也有价值，信息是产品也是商品，这一点随着信息社会的到来，已经被越来越多的人认可。开展信息有偿服务已经成为信息社会发展的必然，图书馆也不例外，它所开展的信息服务也将逐渐社会化，并努力参与市场竞争，这是时代的需要，也是图书馆求生存求发展的需要。

七、网络环境下信息服务的现状

目前，图书馆已经开展的网络信息服务内容多样，常见的有以下几种。

1. 电子邮件

现在，越来越多的人利用电子邮件互传信息，进行交流。通过计算机传递邮件，不但快捷，而且双方都可存留，大大提高了办事效率。

2. 电子咨询

随着网络的日益普及，人们可以通过网上咨询越来越多的问题，足不出户就可以解决自己的疑难问题，从而也真正体会了网络带给我们的便利。

3. 电子广告

现在，广告除了在报纸、电视、广播等媒体传播外，还可以通过网络传播。这样用户就可以从互联网上对同类产品的质量、价格、服务进行比较，以便决定取舍。

4. 电子订货

进入信息社会，经济的高速增长很大程度上依赖于原材料及能源的管理、批发和零售这个供应系统的运转。系统运转得好，就能使生产和商业企业以最低的成本取得最大得效益。通过计算机网络订货，把货源与仓库、仓库与零售点连接起来，可以大大减少库存，节省时间和费用。

5. 电子转账

利用电子技术处理资金在银行间的自动转移，不仅方便、快捷，而且还能防止拖欠。

6. 电子图书馆

电子图书馆、电子报刊构成了电子图书馆的主要内容。它配有详细的目录，用户可以很容易地找到自己感兴趣的内容，并在瞬间传送到自己的电脑，足不出户就能得到图书馆的全部服务。

7. 电子数据交换

贸易伙伴间采用标准数据格式处理订货、发货以及支付等业务。

8. 电子学校

走进这所"学校"，家长不必为孩子没有良好的师资力量和差别对待而发愁。这所学校给每个学生提供了平等接受教育的机会丰富的教育资源，如网上的学习园地、问题答疑等。

9. 电子公告板

借助于电子公告板，可以实现用户与信息源之间的信息交流，为用户提供综合贸易信息、电子论坛及联机技术文档。

总之，网络的出现，使人类的生活发生了天翻地覆的变化，也为图书馆开展信息服务提供了更加广阔的舞台，我们必须充分利用这个机遇，发挥图书馆的自身优势，为用户提供高质量的信息服务。

第四章　网络信息资源

随着互联网的飞速发展，互联网上的信息资源呈爆炸性增长。早期的互联网主要提供电子邮件（E-mail）、远程登录（Telnet）和文件传输（FTP）的功能，20世纪90年代初期出现万维网（WWW）服务之后，使得互联网提供的服务向多元化发展。例如：获取信息，如新闻、消息、科研和教育资料等；娱乐和休闲，如联机游戏、度假指南、网上书刊等；网上购物，网上交易，如网络银行业务、股票业务等；网上交流，如专题讨论组、聊天室等。

WWW技术现在已经发展到可以进行几乎所有的互联网服务，包括收发电子邮件、上下载文件、查看新闻组、参与BBS讨论等，已成为互联网上发展得最为蓬勃的部分。需注意的是，互联网不等于WWW，互联网除了包括WWW外，还包括FTP、BBS等其他部分。

事实上，利用网络形式出版和发行电子信息源的尝试，在最近几十年来从未停止过。随着互联网的兴起，特别是WWW的迅速发展，为网上信息交流提供了前所未有的动力和发展空间。如果说，18世纪以后的两次工业革命，曾经改写了人类社会的发展轨迹，而今天信息技术的发展，已经不亚于两次工业革命的伟大时代，人类也因此进入了一个崭新的信息时代。

第一节　网络信息资源的类型和特点

一、网络信息资源的含义

网络的信息包容量极大，几乎包含所有类型的信息资源。美国的计算机联机图书馆中心（Online Computer Library Center，简称OCLC）互联网资源计划小组曾将互联网加以分析，根据其分析结果显示，互联网的资源内容五花八门，从电子图书、电子期刊到非正式的个人信件都有，除传统资源以外，还包括：电子论坛、引文、公告、文献、草稿、手册、推荐信、会议录、提案、指南、气象资料、学报等数十种不同类型的资源。那么，什么是网络信息资源呢？

作为一个新的专业用语，尽管"网络信息资源"已经频繁出现，但其还没有成为一个专业术语，因此现在对它还没有一个权威性的统一定义。从字面上讲，网络信息资源一般可以被理解为"通过计算机网络可以利用的各种信息资源的总和"。这个概念实际上是随着互联网的普及而产生的，是网络信息资源的开发和利用的社会需要这样一个特定的背景下发展起来的。因此，华东师范大学信息学系的黄纯元认为它实际上是指："通过因特网可以利用的各种信息资源"。

除了互联网以外，还有许多其他类型的网络，而这些网络上的信息资源，应当也属于网络信息资源组织的范畴之内，故将网络信息资源界定为"通过计算机网络可以利用的各种信息资源的总和"，这一概念比较能完整地说明此概念的外延。

确切地讲网络信息资源并非包含所有"投放"到互联网上的信息，而只是指其中能满足人们信息需求的那一部分。

二、网络信息资源的类型

人们通过互联网可以利用的网络信息资源是多种多样的。实际上，所有重要的人类活动的信息都已包含在内。哈里·哈恩（Harley Hahn）编撰的《全球互联网网址簿》（1998年版），包含了成千上万个单独的项目，并分成了160多种不同类别，这些类别依字母顺序列出，包括农业、动物和宠物、考古、建筑、艺术、天文学、航空学、电子公告板系统、生物学、加拿大收藏、连环画、密码、经济、教育、流行与服饰、钥匙与锁等，不一而足。

互联网上信息资源包罗万象，除有大量的文本信息外，还有超文本信息、多媒体信息等。

网络信息资源按照时效性和文件组织方式进行分类。

1. 网络数据库

各类网络数据库是联机存取信息资源的主体。目前，很多网络数据库都已联入互联网，用户通过远程登录或万维网进行付费检索，如著名的 Dialog、SIN、UMI、Silver、Platter、CARL Home Page、EBSCO、Gale 等国际网络数据库系统，如在网上可以查到 UnCover 数据库收录的 18000 种有关自然科学和社会科学方面的期刊；而有的著名数据库亦在网上设置网页，并提供一定时间的免费检索，如 Meddling Ei Village、美国专利 OPAT-VS 等。

2. 联机馆藏书目数据库

在互联网中，图书馆目录发展为 OPAC（Online Public Access Catalog，即联机公共目录检索系统）。使用时人们通过目标图书馆目录的 URL（Uniform

Resource Locator，即统一联网地址），就可以在自己的网络终端查询世界各地的大学图书馆、公共图书馆、专业图书馆的馆藏，完全冲破了以往利用图书馆的时空限制。

目前，有6 000多个电子图书馆都提供联机馆藏书目数据库，包括著名的美国国会图书馆联机目录（Library of Congress Online Catalog）、大英图书馆联机目录（British Library Catalog）、OCLC的联机联合目录WorldCat数据库在内的600多所著名公共图书馆、大学图书馆及上海市文献资源共建共享协作网联合目录在内4 000多个学术机构的馆藏机读书目数据库，通过网络对外提供服务。

3. 电子图书

互联网上的电子图书越来越多，电子图书涉及的领域也越来越广泛，包括文学、艺术、科学、人文等各个领域。一些大型国内出版商，如博库、书生之家、超星数字图书馆、Apabi电子图书等都提供有大量的电子图书，用户通过在线浏览，可以很方便地进行阅读。国外的如Project Gutenberg最大的全文文献收藏站点之一，可用FTP方式在伊里诺大学、北卡罗琳那大学几个站点浏览旧文献；Open Book Systems（OBS）不但可以检索图书目录，而且还可以看书的全文；Online Texts（Online Public Library）有3700种图书，虽然不是最大的，但是收藏的质量非常出色。

4. 电子期刊

网络上的电子期刊在数量上多于电子书籍，与印刷型期刊相比，电子期刊具有出版成本低、周期短、便于作者与读者之间相互交流等优点。

许多期刊出版商在出版印刷型期刊的同时，也纷纷在网上抢摊设点。英文电子期刊，如《时代》（Times）、《自然》（Nature）、《科学在线》（Science Online）等都有其网络电子版；中文电子期刊，如中国学术期刊、万方系统电子期刊、维普电子期刊、台湾版电子期刊等；网上免费电子期刊，如斯坦福大学HighWire出版社的电子期刊和美国国家航空和宇航局电子期刊网站等。

5. 电子报纸

近年来，网络版电子报纸也迅速增加。根据1996年5月的资料，Yahoo网址上的主题指南列举了世界上60多个国家不同语种的报纸1 500种。在我国有统一刊号的报纸2 149种，截止2002年1月1日，我国已有1 050家报纸在因特网上建立了网站或网页，约占纸质报纸的50%，其中很多报纸免费向用户提供。

6. 软件娱乐游戏类

目前，互联网上有许多网站提供软件免费下载、互动游戏、MP3音乐等娱乐类信息，人们在闲暇之余可以尽情地享受互联网带给人们的惊喜。如：华军软件园可提供免费下载软件；多来咪中文网为人们提供许多游戏软件、Flash动画等娱乐休闲节目。

7. 教育培训类信息

网上有电脑乐园、轻松英语、远程教育网、幼儿教育等培训类知识。如洪恩在线（http：//www.hongen.com/）、101远程教育网都是很不错的教育培训类网站。

8. 动态信息

如政府机构发出的消息、政策法规、会议消息、论文集、课题申请、研究成果、项目进展报告、产品目录、出版目录、广告等。

9. 其他信息

电子邮件、BBS公告板、网页、新闻组、用户组、FTP信息资源、Telnet信息资源、USENET/Newsgroup信息资源、LISTSERV/Mailing List信息资源、Gopher信息资源、WAIS信息资源等。

三、网络信息资源的特点

网络信息资源作为一种新的信息存在形式，既有与传统文献信息类似的属性特征，如广泛性、识别性、传递性和再生性等，还具有如下新的特点。

1. 不受时空限制，是一种开放性的信息资源

网络信息资源不受时空限制，可以实现跨时空、跨行业的传播。早在20世纪60年代，加拿大著名的传播学家麦克卢汉就预言：通过电子传播媒介的整合，地球将逐渐"部族化"，世界将变成一个村落。30年后，这一预言应验了。现在的人们，无论身在何处，通过一个电脑、一个调制解调器和一条电话线就能遍访全球，与世界各地上的各种机构、各种人发生联系。

2. 数量增长迅速、内容丰富、种类繁多

随着互联网的飞速发展，互联网上的信息资源呈爆炸性增长。我国的网络信息资源保持着较高的增长率，发展势头十分强劲。互联网已经成为当代信息存储与传播的主要媒介之一，也是一个巨大的信息资源库，从上文我们对网络信息资源类型的阐述中可以看出，其内容包罗万象，种类多种多样。覆盖了不同学科、不同领域、不同地域、不同语言的信息资源。

3. 结构复杂、分布广泛、形式多样

网络信息资源本身无统一的标准和规范，网络信息呈全球化分布结构，信息资源分别存储在不同国家、不同地区的服务器上，不同的服务器采取不同的操作系统及数据结构，字符界面、图形界面、菜单方式、超文本式、处理方式等并不相同。网络信息资源在形式上，包括了文本、图像、声音、软件、数据库等，堪称多媒体、多语种、多类型信息的混合体。

4. 以多媒体为内容特征

计算机硬件的发展，图像处理与压缩技术、多媒体技术的应用，网络传输速率的提高等诸多原因，使得互联网上的信息资源，具有了图、文、声并茂的特征，集报刊、广播和电视的优势于一体。网络媒体的信息传播真正做到了动静结合、声像皆备。

5. 以网络为传播媒体，存储介质发生转换

传统意义上的信息源是指存储信息的载体，如纸张、报刊等。而在网络时代，互联网上的信息是以"比特"的形式存储在全球大大小小的主机上，并通过现代计算机网和通讯网进行传播。读者面对的是计算机屏幕上显示的来自互联网服务器上的各种信息。信息源由纸张上的文字变成磁介质上的电磁信号或光介质上的光信号，从模拟信号变为数字信息，使信息的存储、传递和查询更加方便。

6. 网络信息的动态性和信息的高速传播性

在互联网上，信息地址、信息联接、信息内容处于经常性的变动之中，信息资源的更迭、消亡无法预测；互联网具有传播信息量大、形式多样、方便快捷、全球覆盖、自由和交互的特点。

随着计算机软件的更新与性能的日益提高，用户逐渐具有了更多的主动性。人们借助互联网可以在家办公、学习、购物、阅读新闻、聊天、发电子邮件、打国际长途电话、在线影视欣赏……足不出户即可以漫游世界，与世界各地的人们交流思想，极大地丰富了人们的生活。

7. 信息资源的无序性和信息价值的差异性

在互联网上，由于信息发布具有很大的自由度和随意性，缺乏必要的过滤、质量控制和管理机制，正式出版物与非正式出版物交织在一起，学术信息、商业信息以及个人信息混为一体，信息质量良莠不齐，泥沙俱下，既有商业、学术和各种实用信息，也不乏色情、暴力等内容低级的信息；既有国际水平的研究成果，也有难登大雅之堂的涂鸦之作和虚假信息。为用户选择、

利用网络信息资源带来了不便。

在网络环境下，信息资源在其数量的巨大、分布和传播范围的广泛、信息内涵的扩大、信息类型的多样以及信息传递的快速等方面，都超出了传统的或称非网络化信息资源管理方式和技术手段所能覆盖的范围。网络环境为信息资源管理制造了空前复杂的环境，只有把技术、经济、人文手段有机结合起来，对网络信息资源进行管理，才能带来真正有序的信息空间，实现信息资源效用最大化。

第二节 网络信息服务

信息时代的来临为人类社会提供了飞速发展的机遇，信息作为一种资源，已经成为上至一个国家或地区，下至普通百姓都不可缺少的需求。如今，风靡全球的国际互联网络不仅缩短了人们之间的时间、空间距离，而且影响着人们的生活方式，并将最终改变人们传播和获取信息的方式。随着世界经济和科学技术水平的提高，网络信息传输日益朝着方便、安全、快捷和廉价的方向发展，而这正是信息用户所希望和要求的。这就意味着网络信息服务将在信息服务市场中超过传统的信息服务，占有绝对的优势。

一、网络信息服务的概念

信息服务是一项新兴产业，根据其发展历史，可以划分为传统信息服务和现代信息服务。传统的信息服务包括图书资料、报纸杂志、新闻广播、电影电视、音像视听和印刷出版等；现代信息服务一般是指以计算机为核心所进行的信息处理服务和以数据库形式提供的信息服务。现代信息服务也可称为电子信息服务，包括电子数据处理、交换、查询、传输、数据库联机服务、信息系统集成服务等。

网络信息服务是现代信息服务的高级形式，它是现代信息服务机构通过国际互联网络所进行的一切与信息有关的服务活动的总称，其中包括传统信息服务在网络上的应用和拓展。主要是指在网络上从事的信息获取、存储、处理、传递及提供利用等服务工作。

网络信息服务，主要是指在计算机网络即互联网上开展的信息服务。而且图书馆所要进行的网络信息服务，也主要是依托于计算机和互联网。从网络信息资源开发利用的角度将网络信息服务界定为：针对用户的信息需求，以现代信息技术为手段，依托计算机通信网络，向用户提供原始信息以及经加工整理的有效信息、知识与智能的活动。

二、现代图书馆网络信息服务类型

既然是网络信息服务,那么当然是图书馆通过国际互联网络向用户提供各种各样的服务。也就是图书馆通过网络提供给用户的信息服务类型,换句话说,也就是用户通过互联网所能使用的图书馆信息服务的类型。

1. WWW 服务

World Wide Web 简称 WWW 或 Web,中文称万维网,它是世界范围的信息网络。WWW 采用超文本(Hypertext)、超媒体(Hypermedia)技术,集网上文字、图像、声音、动画等多媒体信息为一体,以直观的图形界面向用户提供网络信息。WWW 代表着互联网信息资源的主流,是互联网的宠儿。利用 Web 浏览器,通过超级链接(Hyperlink)和统一资源定位器(Uniform Resource Locator – URL)可以方便地从一个服务器跳到另一个服务器,从一个文件跳到另一个文件,从一个网页跳到另一个网页,简单、快速地浏览、查找并获取遍布全球的 WWW 信息资源。而且利用 Web 浏览器还可以轻松地访问 Usenet、FTP、Gopher、WAIS 等许多其他类型的网络资源。因此,WWW 信息资源是互联网上最主要、最常见、最为广泛的信息服务类型,也是当前各类图书馆网络信息服务的主要类型。

图书馆 WWW 类型的信息服务,目前主要的形式有以下类型。

(1) 在线流通服务

OPAC 即在线公共查询目录。用户通过网络,可在任何地方对提供 OPAC 服务的文献信息机构的文献信息进行远程检索,有 WWW 和 TELNET 两种方式。在馆藏检索的基础上,还可以通过联机的方式办理预约、借阅、续借等手续,实现馆藏的流通服务。

(2) 文献传递服务

网络的出现向用户提供了一种快速、便捷、高效、廉价的现代通信手段。当用户需要索取文献信息时,只需向图书馆发一封电子邮件就可获得相应的服务。图书馆接收到电子请求后,将各种文献信息以数字形式通过网络传递给用户。网络信息传递不但可实现一对一通信,也可以进行一对多的传递。传递的内容不再局限于物理馆藏中所收藏的文献资料,也并不限于传统的馆际共享的文献资料,全球网络资源中的各类信息都将成为传递的内容。

(3) 检索查询服务

随着人们信息素养的不断提高,信息检索技能有了很大的进步,但是网络信息资源纷繁复杂,信息流量巨大并且流速不断加快,这给人们查检信息带来了一定的困难。因而需要有经验的图书馆工作人员提供专门的检索服务。如为用户开展各类数据库系统的信息检索，通过本部门内部光盘局域网为信息用户提供光盘数据库检索服务等。

（4）在线图书馆服务

有许多图书馆已购买了数字书刊，另外互联网上也有许多免费的数字书刊供读者阅读。读者可以安坐家中享受图书馆或互联网带给自己的乐趣，领略到不同书刊的风采。

（5）网上教学服务

现代图书馆要想得到更大的发展，吸引更多的用户利用其网络信息资源，就必须开展各种形式的读者教育和培训，让读者了解、认识图书馆所能提供的各种信息服务，同时向用户介绍网络数据库、检索系统、检索工具的使用方法，检索网络信息资源的途径以及选择、评价网络信息资源的常用手段，以增强读者的信息意识，培养读者的信息素养。也可开设网上课堂、电子教程下载、在线讲座和热点问题讨论等网络化的培训服务。

（6）远程咨询服务

远程咨询已经成为网络时代图书馆一项重要的服务内容。采用这种服务方式，工作人员可以与读者在网上互相交流，通过网络为读者提供咨询、信息反馈等。

（7）网络导航服务

由专门机构利用网上现有搜索引擎，把与某一主题相关的站点进行集中，然后把这些资源分布情况提供给读者，指引读者检索。按照这种思想建立起来的信息服务系统就是专业信息资源导航库或指引库。专业信息资源导航库或指引库是较深层次的对网络资源搜索并有序化组织的信息产品。

在这些服务的基础上，图书馆还应该开拓新的 WWW 服务项目。比如 Web 检索（包括检索 Web 网址和图书馆网站内部的检索）、虚拟展馆、主页空间提供、多媒体资源以及软件下载、主页制作等服务。这是吸引用户、保持一个稳固的用户群的有效方式，图书馆完全有实力开展好这项服务。多媒体资源服务，主要是指音频、视频资源的介绍、在线收听音频或者视频点播（VOD）以及下载服务；图书馆不必像其他专门进行多媒体服务的网站一样，去大量地收集音乐和影视资源，而是可以收藏和提供有特色的多媒体资源服务，比如科教片、纪录片、历史片等，如上海图书馆的戏曲资源和伟人之声等。软件下载，也要有图书馆的特色，主要是各种与学习、科研等有关的工具型软件。其他的新型 WWW 服务形式还有很多，这需要我们在实践中去不断地拓展。

2. FTP 服务

FTP（File Transfer Protocol，文件传输协议）是互联网上使用非常广泛的一种通信协议。它是由支持互联网文件传输的各种规则所组成的集合，这些规则使互联网用户可以把文件从一个主机复制到另一个主机上，因而为用户提供了极大的方便和收益。FTP 和其他互联网服务一样，也是采用客户机/服务器方式。在互联网成千上万的 FTP 主机中存储着无以计数的文件，这些文件包含了各种各样的信息、数据和软件。人们只要知道特定信息资源的主机地址，就可以用匿名 FTP 登录获取所需的信息资料。图书馆在网络信息服务中开通 FTP 服务，是方便读者也方便自己管理的很好类型。图书馆的 FTP 系统可以要求用户将 E – mail 地址作为口令，这样便能更好地对访问进行跟踪。FTP 主机可以只允许远程用户下载（download）文件，而不允许上载（upload）文件。另外，FTP 主机还可采用其他一些保护措施以保护自己。

3. E – mail 服务

E – mail（Electronic Mail，电子邮件）是互联网上的另外一种重要的信息服务方式。它为世界各地的互联网用户提供了一种极为快速、简单和经济的通信方法。与常规信函相比，E – mail 非常迅速，而且使用非常方便，即写即发。与电话相比，E – mail 的使用是非常经济的，传输几乎是免费的。正是由于这些优点，互联网上数以亿计的用户都有自己的 E – mail 地址，E – mail 成为目前利用率最高的互联网应用。图书馆既然要广泛地开展网络信息服务，开通 E – mail 服务是理所当然的一项举措。但图书馆不能像其他的网站一样，提供免费 E – mail 账号，因为这样既无必要，也不经济。

所以，图书馆要开通的是收费 E – mail 服务，用户每年或一次性地缴纳一定的费用，就可以拥有图书馆专门为他提供的电子邮箱。用户还可以通过这个邮箱接受图书馆的电子期刊、电子文献和各类信息等。

4. 网络论坛

网络论坛是一种最丰富、最自由、最具开放性的网络信息资源。它是互联网上最受欢迎的信息交流形式，主要包括：新闻组（Usenet Newgroups）、电子论坛（Mailing List）、电子公告（BBS）、专题讨论组（Discussion Group）等。

（1）新闻组

新闻组（Usenet Newgroups）是一个巨大的信息集合，它按类别细分成许多小组，每个小组集中了对某类信息感兴趣的人们，大家在一起互相交流、讨论共同关心的话题，在此既可以向人请教，也可以解答他人的问题。当遇到困难要寻求帮助时，只要在相关的小组中发布求援信息，就会有热心的高手为你排忧解难。

(2) 电子论坛

电子论坛（Mailing List）是一组成员的 E-mail 地址，又称电子邮件列表或电子邮件群。利用电子论坛，许多兴趣相同的人可以进行互相交流。一旦加入了某个电子论坛，就可以收到邮件群的其他成员发送的信息，也可以向该论坛发送信息，再由 Listserves 将邮件转发给组内的其他成员。

新闻组与电子论坛的区别：新闻组的用户是主动地从新闻服务器上读取信息、参与讨论；而电子论坛的用户是被动地从邮箱中接收电子邮件。另外，新闻组要使用新闻阅读器来读取新闻邮件和发布新闻；电子论坛可用任何一种电子邮件程序来阅读新闻邮件和发送邮件。

(3) 电子公告

电子公告（Bulletin Board Service – BBS）用于发布通知和消息，提供多种信息服务，诸如发布气象信息、公益服务信息、校园信息、法律咨询、商业信息等。在互联网上既有免费的公共 BBS 站，也有收费的商业性 BBS 站；既有面向本地用户服务的，也有面向全世界用户服务的。在 BBS 站上，用户拥有个人账号，既可以浏览他人发布的信息，也可以公布自己的信息；既可以向别人提出问题，也可以解答他人的提问；还可以参加 BBS 站的在线讨论。总之，BBS 站的功能十分强大。

各种网络论坛的功能相似，其本质就是电子邮件功能的进一步扩展，它使人们能够更便捷地进行多向交流。在这里可以与世界各地的相关领域的专家、学者直接交流讨论，开阔眼界，更新知识，求教问题，发表见解，这是研究人员获取学术信息的一个重要渠道。

5. 其他类型服务

除了上面四种互联网上应用最为广泛的服务类型外，不同图书馆还可以根据自己的实力以及用户的需求，提供诸如 Gopher、WAIS、Archie、Whois、Newsgroup、Usenet、Finger 等类型的服务。

三、现代图书馆网络信息服务模式

信息高速公路和网络信息资源的出现，彻底摧毁了"田园式"的传统图书馆模式，也给图书馆的自下而上发展空间带来了新的契机。在知识经济时代，社会生产对知识的需求越来越强烈，传统的图书馆服务方式受到严重冲击，促使传统的机制、运作在发生根本性的变化，新型服务模式的雏形已出现。图书馆服务工作从满足书刊代阅的文献需求为主，转移到以满足知识信息需求为主、以知识开发服务为主要功能的模式。网络环境下图书馆服务形成了新模式，其主要特点有以下几点。

1. 开放型服务模式

图书馆开始突破围墙，跳出固定场所，主动接触社会，摆脱了传统文献处理的限制，在信息的采集、加工、组织、服务方面，面向网络环境，以新的方式组织、控制、选择、传播信息建立了辐射型的开放服务系统。例如：国家图书馆利用网络环境和设施，扩大读者范围和领域，在电子阅览室开展各项网络信息服务，每天上网浏览图书的读者已达50万~60万人次，是每天来馆读书的读者的几十倍。

2. 有偿服务与无偿服务相结合

在市场经济体制下，图书馆为了更好地为社会服务，满足读者的信息需求，在完成公益性服务的同时，开展各种类型的有偿信息服务，已经得到社会和读者的认可。这样做不仅可以弥补国家投资的不足，也可以促使图书馆有自我生存的自身发展能力。

3. 主动型服务

面对社会的信息需求，图书馆的服务已经开始走出图书馆，面向社会、面向需求、上门服务。在做好阵地服务的同时，图书馆员主动与用户联系，了解需求，采用新的服务方式，主动为读者服务。

4. 针对型服务

随着社会的发展，信息社会的建立，图书馆开始冲破传统服务模式，紧密地配合社会需求，提供特色服务，有针对性的服务，不断提高读者的满意率。例如：国家图书馆强化为政府立法决策服务，在近几年的"两会"期间，24小时全方位服务。近期与国家机关和各部委图书馆联系，提供各种信息服务，主动提供政策法规方面的专题咨询服务。上海图书馆主动向政府机关定期提供城市建设、市场发展等宏观决策性信息。浙江图书馆针对本省的经济发展，主动为大型企业服务，提供信息咨询服务。

5. 多样型服务

现代图书馆以用户为中心，需要什么就提供什么，摆脱传统的服务方式，摒弃单个、重复、被动、琐碎的手工服务。把服务模式从"单纯服务型"转变为"服务经营型"，把服务推向市场，开展信息的深加工，如代查、代检索、代翻译、代办手续、代复制、联机检索、光盘检索、联机目录查询、网上专题信息服务等。提供信息资源的范围和载体更广泛。图书馆从文献资料的收藏者和提供者，转变为信息产品的生产者、开发者和提供者。

6. 知识密集型劳动

信息社会需要信息的深层次加工，图书馆开始从以文献单元的加工，深入到以知识单元为主的加工，图书馆的服务工作已经从借借还还的简单服务，转移到多层次信息咨询服务，有更多的工作人员从事信息的组织，直接参与市场，成为信息技术的中介，在信息服务的每一个环节增加智力投入。产生了新型的图书馆信息服务人员，被称为"网上信息员"、"网上导航员"、"网上冲浪员"。

7. 产业型服务机构

随着市场经济的发展，原有的公共图书馆、专业图书馆、学校图书馆等机构从单纯公益型向以公益型为主，经营型为辅的服务机构转变。新型的信息服务机构中，以生产和经营信息产品为主，出现以经营型为主的服务机构。例如：中国科技信息所的万方数据公司、深圳图书馆集成软件公司等。

四、网络信息服务的特点

网络环境的形成和发展，使图书馆的信息服务增添了网络这种形式。与传统的图书馆信息服务相比，网络信息服务在信息资源的形式、信息载体、信息服务方式和服务对象等几个方面都发生了根本性的变化：信息资源由印刷型变成了电子型；信息载体由纸张变成了各种磁性介质；传统的信息服务是在规定时间内的"人—人"方式，而在网络环境下则是 24 小时全天候的"人—机"方式；服务的对象由原来的固定范围扩大到了所有的互联网用户。

1. 时间上的及时性

无论是信息的检索、请求和获取，网络信息服务都实现了传统信息服务所不能相比的快捷和及时。用户的信息需求可以在最短的时间里得到最大的满足，比如，用户想要马上查阅一篇文章或者文献、想要知道正在进行的一场比赛的赛况、想要了解正在召开的国际会议或谈判的进展、想要掌握股市行情等，都可以通过网络上的信息服务和实时报道来获得。因此，用户不必等到图书馆开馆或者证券交易所开市，不必再去等明天的报纸报道或者广播、电视里的整点新闻。

2. 空间上的方便性

通过网络信息服务，用户可以在家里或者办公室随时获取自己需要的信息，而不必亲自跑到图书馆、书店或者报刊亭去查阅或者购买；同时还节省了检索和挑选过程中所要花费的时间。而且，在接受网络信息服务的时候，并不影响其他工作或者活动，比如打电话、听音乐甚至写报告等。

3. 提高了信息资源的利用率和需求满足率

前面两项特点是相对于信息用户而言，对于服务的提供者来说，网络信息服务则提高了信息资源的利用率和需求满足率，扩大了信息服务面。因为网络信息资源绝大多数都不存在数量上的限制，而图书馆馆藏的书籍最多不过3~4个副本，销售的图书、期刊和报纸都有脱销的情况，特别是那些正当热门和畅销的信息产品，更是使需要者"踏破铁鞋无觅处"。而网络上的信息，无论提供给多少用户，都不会有任何的减少。当然，这里还涉及版权和拷贝的问题，图书馆在做到信息服务合法化的同时，还要加强自身网络信息服务的安全控制。

4. 促进了信息资源的共建与共享

在没有网络的情况下，信息资源的共建与共享是非常困难的。对图书馆而言，不仅要耗费更多的人力、物力和资金，而且还要受交通、通信以及种种人为因素的制约。对读者和用户而言，则需要较长时间的耐心等待，或者不断奔波于不同的图书馆之间。在网络信息服务条件下，信息资源的共建与共享都迈上了新的台阶，各项建设项目都广泛地开展起来。从中国科学院、北京大学和清华大学三家图书馆的APTLIN、国家科委的"金图工程"，到教育部的CALIS，科技部的"国家科技信息资源网络服务系统"，都是在开展网络信息服务的基础上进行的，其最终目的也是为了加强网络信息服务。

五、网络信息服务的发展趋势

信息的无序性，用户需求的多样性将是未来图书馆不得不面对的主要问题。面对纷繁复杂的网络信息，图书馆的重心将转向为图书馆用户提供更完善的服务，更有针对性地满足用户的需求。

1. 个性化图书馆

信息用户的个体需求存在很大的差异，在张扬个性的现代社会，人们希望不再受限于标准化或"套餐式"的服务方式，而是可以随时组合各种不同的服务模式满足自己特定的需要。这就使网络信息服务必须个性化。

从一定程度上来说，个性化图书馆的核心就是个性化服务。个性化服务的开展是建立在充分掌握用户信息的基础之上的。个人图书馆集成了用户的所有信息，实际上是一个个人主页，主要分为两大功能模块：图书馆服务模块和个人信息模块。用户可以根据自己的需要，对两大功能模块进行操作，选择（删除）自己需要（不需要）的服务项目。

同时用户还可根据自己的喜好对页面显示的风格、色调进行选择，从而形成友好的个性化界面。

2. 交互式网上咨询系统

随着互联网的普及，图书馆接受咨询问题与解答咨询问题的方式从面对面的传统咨询方式扩展到网上的咨询服务。

网络咨询不外乎两种方式：一是提交表单方式。即用户将问题以电子表单的方式提交给图书馆工作人员，图书馆工作人员将问题的解答以电子邮件的方式发送到用户的邮箱中，从而完成一次咨询。这种方式的最大缺点就是时效性差，不一定能在第一时间内解决用户的问题。同时，用户不一定能在一次咨询过程中得到问题的完美答案，从而形成二次咨询、三次咨询，浪费用户的时间与精力。第二种方式就是实时咨询，即用户与图书馆工作员进行实时交流，解答问题。一般的模式是：用户向图书馆工作人员提出咨询请求，管理员接受用户的请求，双方通过即时通信软件或在聊天室内进行对话，直至解决用户的问题。

3. 最新信息通报

系统在特定的时间内为用户提供最新信息通报，如新书到馆、图书超期或者是用户需要的最新网络信息，以手机短信或 E-mail 的方式发给用户，从而达到节约用户时间的目的。

4. 集成化的信息服务

在信息爆炸的当今社会，那些单一的、零散的信息内容已经不再引起人们的关注，只有把诸多分散的信息资源最大限度地深层加工、归纳、整理，使之有序化、浓缩化、精细化、专业化，成为一个信息集合体，这样才能体现出信息的真正价值，才能真正符合信息用户的需求。除了对信息资源内容的集成化需求之外，信息用户对信息类型和信息媒体也存在多样化的需求，如对信息类型的需求已不仅仅局限于文字型信息，数值型、图像型、视频型、软件型等各类信息也都受到各种类型用户的青睐。因此，集成化将是现代图书馆提供信息服务的一种重要模式。

5. 丰富的服务内容

丰富的网络信息资源使现代图书馆拥有了越来越多新的服务内容，如网络信息的整序与咨询、网络信息的检索与传递、数据库的加工与网络产品的制作、用户网络知识教育与培训等。通过这些全新的服务内容，图书馆找到了自己新的生存空间。随着网络技术、计算机技术等高新技术的不断发展，信息服务的内容将发生更大的变化，将给现代图书馆带来更大的生机。

6. 网络化的服务方式

网络技术、计算机技术等高新技术的不断发展，使图书馆被动的服务方式显得不合时宜，网络信息的服务应是开放性的、电子化的。用户在任何地方，用任何一台电脑联上网络就可通过联系表单向服务部门表述自己的需求。同时服务费用的结算方式也将从传统的汇款、当面付款方式转变为在线直接支付。用户只需使用信用卡，通过网上银行就可完成交费过程。

网络信息资源的不断增长，现代图书馆的服务内容也日趋增加，服务方式也在不断改变。不论采用那种服务方式，目的只有一个，尽可能多地为用户提供信息服务，尽可能多地节约用户的时间，实现图书馆资源与服务的最大价值，从而达到图书馆与用户的双赢。

第五章 信息检索基础知识

第一节 信息检索

一、信息检索的含义

从广义上讲，信息检索包括两个过程，一是信息存储（Information Storage），即将信息按一定的方式组织和存储起来的过程；二是信息检索（Information Retrieval），即根据用户的需要找出有关信息的找过程。所以，信息检索的全称又可以叫做信息的存储与检索。

从狭义上讲，信息检索仅仅指后一部分，即从信息集合中找出所需信息的过程。对于信息用户来说，信息检索即相当于信息查询（Information Search）。在这个过程中，用户只需要知道如何能快捷、方便、高效地获取所需要的信息，而不必掌握信息的组织管理模式以及信息的存储地点。

二、信息检索的类型

1. 按检索的方式划分

直接检索：直接从信息源和文献载体中获得信息。

间接检索：通过信息检索工具或检索系统获取所需要的信息。

计算机检索：指以计算机技术为手段，通过光盘、网络和联机等现代化检索方式进行的信息检索。

2. 按信息检索结果的内容划分

书目检索：指查出某一主题的文献条目的检索，根据其检索结果可以分为题录检索、文摘检索、图书与期刊等目录检索。

全文检索：指利用原始文献库进行的检索，检索的结果可以是原始文献的全文，也可以是其部分内容。

数据检索：指从检索系统存储的数据中查出用户所需要的数据的检索，如科技数据、金融数据、人口统计等。

事实检索：指对特定的事件或事实的检索，包括事物的性质、定义、原理以及发生的地点、时间、前因后果等。

声像检索：指对声音、图像和其他图文信息的检索。

3. 按信息检索技术的发展划分

全文文本检索：也叫全文数据库检索。它通过计算机将文件的全貌包括文字和图形、图像等非文字信息转换成计算机可读形式，直接采用自然语言来设置检索入口，与二次文献数据相比较，它无需用规范化语言对文件进行复杂的前处理，每一条记录不但能够揭示文献的题名、作者、出处、文摘信息，而且能够直接而深入地揭示文献的知识单元，检索时以文献中的任意信息单元作为检索入口，计算机自动进行告诉对比，完成检索过程。

多媒体检索：指能够同时支持两种以上媒体的数据库检索。主要指同时对文字、图形、图像、声音、动画等媒体的数据库进行统一的存取与管理，检索时不但能够浏览查询对象的文字描述，而且同时能听其声，观其形。

超文本检索：这是一种具有联想式思维功能的新型检索技术。与传统的检索技术不同的是，超文本检索系统提供的是一种多向的网络检索环境，它通过网上各个节点的链接把相关的信息有机地编织在一个网状结构内，检索时用户可以从任意一个节点开始，从不同角度检索到自己感兴趣的信息。

网络信息资源检索：这是一种集各种新型检索技术于一体的、能同时对各种类型、各种媒体的信息进行跨时空、跨地域的检索的系统。最常见的就是我们经常使用的 WWW 全球浏览技术。可以说，这是集超文本技术、多媒体技术和网络技术于一体的新型检索工具，它由于具有深入、实时、快速和跨时空共享、多媒体应用等特点，所以目前得到了广泛应用。

三、信息检索系统

1. 信息检索系统的构成

信息检索系统可以从广义和狭义两方面来认识。从广义上讲，信息检索系统包括系统的软件环境、硬件环境、人员以及三者进行协调运作的通用标准和规范；狭义上的信息检索系统仅仅指软件环境的核心部分。可以简单地说，检索系统就是由检索设备和加工整理好并存储在相应载体上的文档和数据库共同构成。由此可见，检索系统具备以下四个要素：

（1）检索文档

检索文档就是经过序列化处理并附有检索标识的信息集合。这是检索系统软件环境的核心部分，主要有文档和索引文档。

（2）检索设备

即用于存储信息和检索标识，并实现信息检索标识与用户需求特征的比较、匹配和传递的技术手段，主要指系统的硬件设备，如在计算机检索系统中的各种类型的主机、终端设备、计算机外围设备和网络通信传输设备。

（3）人员

包括信息采集加工人员、信息标引人员、系统管理维护人员、信息咨询人员以及信息用户等。

（4）系统规则

用来规范信息的采集、分析、加工（标引、著录、组织管理等）、检索与传输等过程的各项标准体系。其中包括检索语言、著录规则、检索系统的构成与管理、信息传输与控制标准、输出标准等。

2. 信息检索系统的职能

信息检索系统的职能有两个：信息的存储与检索。

（1）信息存储

信息存储是信息检索的基础，没有信息的存储，信息检索犹如无源之水、无本之木。信息存储包括三个步骤：信息的选择与收集、信息的标引、形成有序的信息集合。

在进行信息选择时，要求根据系统的要求和服务目的，确定收集原则和收集范围，对分散在各处的离散信息进行收集加工。加工时需要进行信息标引，即对信息的内容特征进行分析，对每条信息加上信息系统能够识别的检索标识。然后将标引的信息条目录入，并将其按一定的顺序编排起来，形成有序的信息集合——数据库，这样就为信息的检索奠定了基础。

（2）信息检索

信息检索是信息存储的逆过程，具体地说就是信息用户根据自己的信息需求确定主题，然后转换为检索表达式，用这个表达式与检索系统中的检索标识进行比较匹配，如果比较的结果一致，就是信息被检索到。

我们可以把检索系统形象地比喻为信息的"银行"，信息的存储就是把信息存入这个"银行"的过程，信息的检索就是从这个"银行"中把信息取出来的过程。因此，我们首先要对这个"银行"的规则有所了解，也就是对检索系统的信息存储过程有所了解，这样才会检索出需要的信息。

3. 信息检索系统的类型

信息检索系统的分类方法很多，采用不同的分类方法，可以得到不同类型的信息检索系统。

按数据量和服务范围分：大、中、小型信息检索系统。

按信息的组织形式分：文本检索系统、超文本检索系统、多媒体检索系统。

按检索手段分：手工检索系统、计算机检索系统。其中计算机检索又可以分为脱机检索、联机检索、光盘检索、网络检索。

第二节　信息检索工具

一、信息检索工具的定义

所谓信息检索工具就是用以报道、存储和查找信息线索或原始文献的工具，它通常是由图书、情报部门在大量原始信息的基础上加工、整理、编辑而成的二次文献信息。它是对信息进行搜集整理、特征分析和组织加工后的产物，同时又是信息检索的主要手段和条件。

二、信息检索工具的职能

信息检索工具的职能表现在两个方面：信息的存储和信息检索。

在信息存储方面，信息检索工具的编制过程就是将信息的外部特征和内部特征进行分析后，著录成一项项的信息线索，并按照科学体系组织成一个有机的整体，同时赋予其多种检索标识（如序号、代码号、主题词、关键词、学科类目等标识），这样用户就可以按照这些报道线索查找所需要的信息。

在信息检索方面，信息检索工具提供多种检索手段，使人们依照检索标识来选择一定的检索方法和检索途径，从而获取原始信息。检索标识是系统标引人员和信息检索人员（用户）所共同遵循和进行彼此沟通的"符号"，也是信息检索工具存储质量和检索效率的重要依据。

此外，信息检索工具通常还提供辅助检索功能，例如分类索引、主题索引、代码索引等。辅助检索功能不仅是衡量信息检索工具的主要质量指标，而且也是影响信息资源能否充分共享的一个关键因素。

三、信息检索工具的类型

信息检索工具可以依据不同的标准来分类。

1. 按载体形式分

可以分为书本式检索工具、卡片式检索工具、缩微型检索工具、机读式检索工具。

(1) 书本式检索工具

它是指以图书和刊物的形式出版的检索工具。书本式检索工具往往有统一的名称，定期连续出版，类同期刊，所以也称期刊式检索工具。书本式检索工具收录的信息以近期为主，到一定时期累积一次。

书本式检索工具具有以下优点：

可以一次编成印刷分发，便于长久使用，实用价值高；

体积小易于携带，使用不受时间空间限制，便于馆际互借。

书本式检索工具的不足之处：

出版周期长，不能随时反映最新信息；

查阅不方便，书本式检索工具落后于实际发展；

陈旧过时的信息无法从书本式检索工具中剔除。

(2) 卡片式检索工具

这是将信息的主题、分类、作者等各种特征分别记录在卡片上，并将这些卡片按照一定的顺序和方法排列成逻辑有序的检索工具。

这种卡片式检索工具具有以下优点：

可以随时编辑、随时排序、随时使用，具有流水作业的性质；

可以按照科研人员的需要灵活地组织，新的信息能及时反映，旧的信息可以随时剔除，而不影响整个目录组织；

可以起到卡片逐步积累、随时增减、重新组合、不断更新的作用，它的灵活性和及时性是书本式检索工具所望尘莫及的。

但是它也有不足之处：体积庞大，占用较大空间。在卡片的排序中容易出错，造成卡片目录混乱。而且在卡片目录中，一张款目只能提供一个检索点，不能达到一定的标引深度。此外，对于那些距离远的信息用户来说，使用卡片检索工具似乎是不切实际的。因此，目前卡片式检索工具正逐步被新型的检索工具所取代。

(3) 缩微式检索工具

缩微式检索工具是把信息的各种特征按照一定的规则和格式分别记录在缩小拍摄的所谓胶卷或缩微平片上，阅读时通过阅读器来进行。它的优点是体积小、编印速度快、发行广泛。缺点是不能随时增减、阅读需要专用阅读器，使用不方便。

(4) 机读式检索工具

这是指以光、电、磁等作为存储和传递的介质，以计算机为主要手段进行信息检索的工具。它包括磁带、磁盘、光盘以及网络检索数据库等各种形式。这是目前发展迅速、应用广泛、使用便捷的新型检索工具，也是今后检索工具的发展方向。它的优点是一次输入多次检索、检索速度快、质量高、编目自动化、利于集中统一编目，而且可以利用各种现代化通信设备形成检索网络，实现联机检索。

2. 按著录信息特征分

按著录信息的特征分，检索工具可以分为目录、索引、文摘、参考工具书、搜索引擎。

（1）目录型检索工具

一切可供检索使用的目录均可称为目录型检索工具。它主要报道信息的外表特征，著录具体出版事宜及其收藏信息。常见的目录按其收录范围可以分为国家目录、联合目录、馆藏目录；按报道的范围分为综合性目录和专题性目录。目录是开展检索服务、完成检索任务必不可少的工具，也是查找原文和获取原文的必经之路。

（2）索引型检索工具

将信息的外部特征或内部特征（例如题名、著者、主题、分类等）用各种检索语言进行描述，并将它们按照一定的方法组织起来，用户根据查处的线索可以进一步查找原始信息内容的工具。索引与目录的区别在于它不仅能揭示信息的外部特征，还能揭示信息的内部特征。常见的索引有主题索引、分类索引和关键词索引。

（3）文摘型检索工具

文摘一般由题录和内容摘要两部分组成，它在描述信息外部特征的基础上，还增加有揭示内容特征的摘要部分，是系统地报道、积累和检索信息的主要检索工具，也是传统检索工具的核心。

按文摘的目的和用途划分，它可以分为报道性文摘、指示性文摘、报道——指示性文摘、评论性文摘和转用文摘。

报道性文摘：不仅向信息用户提供原文中的定量信息，如距离、最大值、最小值、平均值、公式、可靠度等，也向信息用户提供定性信息，如发现、成果、新方法、新设备、结论等。它是原文的浓缩，基本上反映了原文的技术内容，信息量大，参考价值高。

指示性文摘：旨在把原文的主题范围、目的和方法指示给信息用户，内容一般不包括具体的数据、方法、设备、结论等方面，它只是对标题的补充说明，以便使信息用户能够对原文有所了解，以不产生误会为原则，只是一个题解的作用。

报道——指示性文摘：是指当受到文摘字数或文献文体与类型的限制时，通常采用报道性与指示性文摘相结合的方法，对信息的主题做详细的介绍，对其他情况仅做简略介绍。

评论性文摘：这种文摘插入了文摘加工者自己的观点和评论，其质量与文摘加工者的专业水平有关。

转用文摘：这是根据各自专业的特点和信息用户的要求而规定的文摘形式。

在上述文摘中，最常用的还是报道性文摘和指示性文摘。

（4）参考工具书

这是分析和著录大量具体而常用的科学数据库与事实以备查用的各种常用工具书的总称。其中包括字典、词典、年鉴、百科全书、指南、手册、名录等。

（5）搜索引擎

将网络信息分门别类地组织起来，通过搜索网址的方式来实现信息检索的工具就是搜索引擎。它是一种网络检索工具，检索到的既可以是一般的信息线索，也可以是原始信息全文，既可以是一般的文本信息，也可以是多媒体信息。

3. 按收录范围分

按收录范围分，检索工具可以分为综合性检索工具、专业性检索工具和单一性检索工具。

（1）综合性检索工具

收录的学科范围较广，涉及的信息种类和语种也比较多。例如，美国的《工程索引》。

（2）专业性检索工具

收录的学科范围比较窄，仅限于报道某一学科或专业的信息，但收录该学科信息的类型比较全。例如，美国的《化学文摘》。

（3）单一性检索工具

指收录的文献类型比较单一，文献的著录格式也标准、规范。例如，《中国专利公报》就是典型的单一性检索工具，它仅仅收录单一的专利文献，著录格式简单规范，易于查找。

第三节　信息检索语言

一、信息检索语言的定义

信息检索语言，又称检索语言、标引语言、索引语言、文献语言等，是根据检索需要人工编制的一种人工语言。在信息的存储与检索过程中，为了使信息在用户和系统之间有效传递，各种检索系统都使用了专门的语言体系来描述信息的内部特征和外部特征，同时要求信息用户根据这种语言来构造检索提问式进行信息检索，这种专门的语言体系就叫检索语言。

对于不同的人员，信息检索语言有不同的作用。对于信息加工人员来说，它是表达信息主题内容、形成信息检索标识并借以组织信息的依据；对于信息检索人员来说，它是表达检索课题要求，并同检索系统中已经储存的信息标识进行比较从而获得所需信息的依据。可以说，信息检索语言是信息加工人员与信息检索人员沟通的桥梁。

二、信息检索语言的作用

1. 保证不同信息加工人员描述信息特征的一致性

信息加工人员由于自身学历、专业、经历、理解力、思维方式的不同，在对同一事物进行描述时，会产生不一致性。而信息检索语言力求在最大限度上避免这种不一致性的产生。

2. 保证检索提问词与信息标引一致性

信息用户与信息加工人员对同一事物的理解往往是有差异的，信息检索语言在信息用户和信息加工人员之间架起了桥梁，保证了检索提问词和标引词的一致性。

3. 保证检索结果的查全率和查准率

利用检索语言，检索者即使按不同的信息需求检索信息也都能获得较高的查全率和查准率。用户的信息需求是多种多样的，获得信息的途径也是多方面的，检索语言应该力求将信息检索中的漏检现象和误检现象控制到最低限度。

三、信息检索语言的类型

检索语言的种类很多，根据不同的划分标准可以划分不同类型。

1. 按规范化程度分

可以分为自然语言和规范化语言。

（1）自然语言

就是直接从原始信息中抽取出自由词作为检索点的信息检索语言。这种检索语言对主题概念中的同义词、多义词等不加处理，取其自然状态，因此称为自然语言。我们常用的单元词和关键词就是自然语言。自然语言具有许多优点，如不用编制词表、选词灵活多变、标引和检索速度快、能及时反映事物的发展变化、准确表达新概念等。在互联网日益普及的今天，自然语言能够充分满足信息用户的检索需求。但是自然语言也有致命的缺点，例如，不同用户对同一事物的表达用词不同将导致检索结果的不同。

（2）规范化语言

也叫受控语言，或人工语言，就是人为地对标引词和检索词加以控制和规范，使每个检索词智能表达一个概念。这些语言经过规范化控制，词和事物概念之间具有一一对应的关系，排除了自然语言中同义词、多义词、同形异义词现象，从而提高了检索结果的准确率。

2. 按包括的专业范围分

可以分为综合性检索语言和专业性检索语言。

（1）综合性检索语言

它是指在一定的范围内或国际范围内通用的检索语言，如各国的图书分类法。

（2）专业性检索语言

它是指适用于某一专业领域的检索语言，如各国的专利分类法等。

3. 按描述信息的特征分

可以分为表达信息外部特征的检索语言和表达信息内部特征的检索语言。

（1）表达信息外表特征的检索语言

该类检索工具就是我们常使用的各种索引，例如题名索引、著者索引等，这种检索工具使用起来比较简单，就像使用字典一样容易掌握。

（2）表达信息内部特征的检索语言

就是我们常用的分类语言和主题语言。由于分类语言和主题语言是我们常用的主要检索语言，所以我们这里单独作介绍。

四、分类语言和主题语言

1. 分类语言

分类语言是用分类号和相应的分类款目来表达各种主题概念的，它以学科体系为基础，将各种概念按学科性质和逻辑层次结构进行分类和系统排序，并按分类号编排组织成一个完整的体系。最常见的分类语言是体系分类语言，它按照学科体系从综合到一般、从复杂到简单、从高级到低级的逻辑次序逐级展开。一部完整的分类法由分类表、辅助表和使用说明三个部分组成。例如我们的中国图书馆图书分类法就是典型的分类语言。

（1）分类语言的优点

分类语言有以下几个优点：第一，分类语言是以学科体系划分类目，符合人们认识事物的规律和处理事物的习惯，比较容易被人们掌握和利用。第二，分类语言强调知识的系统性，方便人们按照学科、专业系统检索有关信息，能够达到族性检索，可以获得较高的查全率。第三，便于文献信息的管理与组织。

（2）分类语言的不足

首先，信息用户要检索信息时必须首先了解所需信息的学科体系才能顺利查找到相应的类目，如果不熟悉学科体系，检索时会有一定的困难。第二，分类语言采用尽量列举类目的方法，但是受到类目的数量的限制，缺乏专指性，查准率不高。第三，由于分类表的结构是固定的，不便于随时修订和增设新的类目，所以它总是落后于科学技术的发展，难以及时反映新兴学科和边缘学科的内容。第四，由于分类语言采用分类号作为检索标识，所以在进行信息检索时需要将检索信息的主题内容换成分类号，这样在转换过程中容易造成误差，产生误检。

目前，分类语言已经广泛应用于图书、资料的分类和排架以及各类信息的检索。在我国常用的分类法有《中国图书馆图书分类法》（简称中图法）、《中国科学院图书馆图书分类法》（简称科图法）以及《人民大学图书馆图书分类法》（简称人大法）。国外常用的分类法有《杜威十进分类法》（简称杜威法）、《美国国会图书馆图书分类法》（简称国会法）等。

2. 主题语言

主题语言是一种描述语言，是用自然语言中的名词、名词性词组或句子描述信息所论述或研究的事物的概念。这些名词或名词性词组就是主题词或者主题语言。主题语言又可以分为标题词语言、关键词语言和叙词语言等。

（1）标题词语言

标题词语言是指从文献的题目和内容中抽出来的，经过规范化处理的表达文献内容特征的词或词组。标题词语言是以标题词作为文献内容标识和检索依据的一种主题语言。比如美国《国会图书馆标题词表》就属于这类。

（2）关键词语言

关键词，又称键词，是指从文献的题名、文摘甚至正文中抽取出来的具有检索意义的词，对揭示文献内容比较关键。用关键词作为信息内容标识和检索所依据的标识系统，就称为关键词语言。它是为了适应信息数量急剧增加和检索迅速快捷的需要，随着计算机检索技术的发展而逐步成熟的一种检索语言。例如，一篇题名为"论网络环境下图书馆职业道德建设"的论文，其中"网络环境"、"图书馆"、"职业道德"三个词可以有效地表达该论文的主题，并且具有检索意义，可以作为关键词，而"论"、"下"两个词没有检索意义，一次不能作为关键词。关键词没有经过规范化处理，即对同义词、近义词等不进行严格的优选，可以保持原形。

（3）叙词语言

叙词语言是以自然语言为基础的一种检索语言，综合了多种语言的优点，是一种比较完善的检索语言。目前，各国多采用叙词语言编制检索工具，以方便信息用户的使用。例如，我国编制的《汉语主题词表》。这部词表于1980年出版试用本，目前已经广泛应用于各个信息机构和图书馆。

第四节　信息检索方法

所谓信息检索，就是从信息的汪洋大海中找出用户所需要的那部分信息。信息检索方法就是实现这个过程所采用的手段和技术。信息检索方法可以分为两大部分：传统的信息检索方法和现代的信息检索方法（主要指计算机检索）。

一、传统的信息检索方法

1. 检索方法

（1）直接法

指直接阅读原始文献，从中获取所需要的信息的方法。这也是信息用户最习惯使用的方法。具体地说就是从本专业的核心期刊中或其他原始文献中直接查找最新信息。其优点在于可以直接看到原文，马上判断是否需要，还可以从中得到本专业发展动态和最新信息。缺点是这种方法具有盲目性和偶然性，尤其是在当前信息急剧增长、分布日益分散的情况下，单凭这种方法很难做到快、准、全地获取所需信息，因此它仅仅是检索信息的一种辅助方法。

（2）间接法

也称常用法。就是利用文摘、题录、索引等各种检索工具查找信息的方法。它又可以分为顺查法、倒查法和抽查法。顺查法就是顺着时间顺序，由远而近地利用检索工具查找。倒查法就是与顺查法相反，逆着时间顺序由近及远地利用检索工具查找。抽查法就是利用检索工具，选择与课题相关的一个时间段利用检索工具查找。

（3）追溯法

又称引文回溯法。指从现有文献的参考文献入手，逐一查找原文，再从这些原文后面附的参考文献入手，不断扩大检索线索，就像滚雪球一样，依据文献之间的引用关系，获得越来越多的内容相关的文献。这些文献可能反映了某一课题的立论依据和立项背景，在某种程度上反映了课题的某个观点或某种发展过程。

（4）综合法

又称循环法。这种方法把常用法和追溯法结合起来使用综合运用。首先利用检索工具查出一定时期内的一批有关文献，然后利用这些文献后面的参考文献，用追溯法检索出前一段时间的文献，如此分期分批地循环交替使用这两种方法就可以获得满意的检索结果。

2. 检索途径

检索途径主要是指具体的检索工具而言的。常见的检索途径有反映文献外表特征的著者途径、题名途径、号码途径，反映文献内容特征的分类途径、主题途径。

（1）著者途径

这是根据已知著者姓名查找信息的一种途径，依据的是著者索引，包括个人著者索引和团体著者索引。一般来讲，在某一学科领域都有自己的学术带头人，他们发表的文献在一定程度上代表了该学科的发展方向，利用著者索引追踪这些学术带头人的成果可以了解该学科的前沿成果和学术动态，为自己在该方向的发展提供帮助。

（2）题名途径

这是根据文献的题名来查找文献的一种途径，依据题名索引，标识是书、刊、篇名本身，按字顺排列，使用方法和查字典一样非常方便。

（3）号码途径

也叫序号途径，是以文献的编号为特征进行编排和查找文献的途径。常用的号码途径有专利号索引、合同号索引、报告号索引等。这些索引都是按照号码的顺序排列的，在已知某编号的前提下，利用号码途径查找文献是比较方便快捷的，但是局限性较大。

（4）分类途径

按文献所属的学科性质检索的途径。按分类途径查找首先应该掌握检索工具中的"分类表"或"分类目录"，确定所要检索的信息所属的分类号，根据分类号逐期或逐卷检索。在检索某一课题的有关各个方面的文献时，所需的文献专业范围较窄，可以利用分类途径。

（5）主题途径

这是通过文献内容的主题进行检索的途径。主题途径依据的是各种主题索引或关键词索引，这些索引都是按照检索词的字顺排列的，检索者只要确定了课题的检索词，便可以像查字典一样，按照字顺查找。只要查到主题词，就可以查到相关的文献，它具有直观、专指、方便等特点，是一种主要的检索途径。

3. 检索步骤

传统的信息检索要经过以下几个步骤。

（1）分析研究课题

首先要分析所要检索的信息所涉及的学科范围、课题的内容实质，确定需要的信息类型、年限等。选择能够代表主题概念的检索词，有时还要把检索词与检索工具中的词表或类表进行核对，力求检索的主题概念准确。

（2）选择检索工具，确定检索方法

根据课题相关要求，选择与所查课题相应的检索工具。选择检索工具通常采用两种方法：一是浏览检索刊物，二是通过查阅国内外出版的检索工具指南进行选择。在选择检索工具时要注意所报道的学科专业范围、所包括的语种以及所收录的文献类型是否合适等，注意综合性检索工具与专业性检索工具相结合，以提高检索效率。

（3）确定检索途径

检索工具提供了多种检索途径，具体利用哪种检索途径，要从课题的特点和要求出发，根据已有的线索确定。例如，要了解某个科学家的近期研究成果，可以利用著者途径，要了解某一课题的发展情况，可以利用主题途径等。

(4) 确定检索标识

检索途径确定后,就要根据课题要求拟定相应的检索标识,从主题途径检索,就要确定主题词,从分类途径入手就要确定分类号。

(5) 查找文献线索

这一步是信息检索的核心,确定检索途径和检索标识后,通过有关索引进行检索,根据实际情况及时调整检索策略,直到查到满意的结果。如果结果太多,就缩小范围,通过增加限定性的检索词可以减少检出的文献量。反之,则扩大检索范围。

(6) 获取原文

这是信息检索的最后一个步骤,也是至关重要的一步。首先要文献的判断出版类型,是期刊、图书,还是专利文献、学位论文等。之后根据出版类型在图书馆或情报所查找馆藏目录或联合目录确定馆藏。最后通过一定程序,如馆际互借等获取原文。

二、现代的信息检索方法

1. 检索方法

(1) 确定信息检索的目标

要检索出自己所需要的信息,首先就要确定信息检索的目标。这就要求用户对自己所需要的信息进行详细的分析,包括检索的目的、检索策略、检索所要涉及的学科范围、所需要的信息类型等。

(2) 选择信息检索工具和检索系统

根据以上的分析和用户自己的实际需要,选择合适的检索工具或检索系统。通常采用手工检索与计算机检索相结合的方法进行。在利用计算机进行检索时要考虑使用数据库的类型,是否选择收费数据库,是否选择联机检索等。

(3) 选择适当的检索语言构造检索表达式

检索表达式是信息用户与检索系统交流的入口语言,对检索效率有极为重要的影响。检索表达式通常分为简单表达式和复合表达式。简单表达式指单独使用一个检索词进行检索的表达式;复合表达式指将两个或两个以上的检索词用各种逻辑算符、位置算符以及系统认可的其他符号连接起来的表达式。复合表达式广泛应用于计算机检索系统和网络信息检索系统中。

（4）上机检索

这是信息用户的实际操作，通常信息检索很难一次完成，在检索过程中，信息用户需要不断地根据检索结果对检索式进行调整和修改，重新选择检索词，经过反复的检索，最终获得比较满意的结果。

（5）检索结果的整理与评价

对于检索的结果要进行整理，从中选择出自己需要的信息。为此就要对检索结果进行评价，评价指标有两个：查全率和查准率。

查全率（Recall factor，简写 R）是系统在进行某一检索时，检出的相关信息量与系统信息库中相关信息总量的比率，即 R =（检出的相关信息量/系统信息库中相关信息总量）×100%

查准率（Precision factor，简写 P）是系统进行某一检索时，检出的相关信息量与检出的信息总量的比率，即 P =（检出的相关信息量/检出的信息总量）×100%

2. 检索技术

这主要是指应用于信息检索过程中的原理、方法、策略、设备条件和检索手段等因素的总称。通常主要是指计算机检索中使用的检索技术。

（1）检索提问式的定义

概括地说，检索式是检索策略的逻辑表达式，是指计算机信息检索中用来表达用户检索提问的逻辑表达式，由检索词和各种布尔逻辑算符、位置算符以及系统规定的其他组配连接符号组成。

（2）检索提问式的类型

布尔逻辑检索式：是目前使用最普遍的检索式，也是目前检索理论中比较成熟的理论之一，它通过布尔逻辑算符来实现，即用布尔算符（and、or、not）将检索词组合起来。

位置算符检索式：是对布尔逻辑检索式的一种改进，式中不仅有布尔算符，而且有位置算符，用以指明检索词之间的位置关系，从而解决了布尔算符组配检索词时没有词序的问题，进而提高了查准率。

（3）构成检索提问式的 5 种符号

位置算符：表示所连接的各个单元词词间位置关系的符号，在不同的系统中往往以不同的符号表示。

字段后缀符：限制检索词在数据记录中出现的字段位置，主要是题名、文摘、叙词和标识词字段，分别缩写为 TI、AB、DE 和 ID。通常是在检出的文献量较多的情况下才考虑使用。

限制符：挑选命中文献的文种、文献类型、出版时间和重要文章，约束检索结果。其形式和用法同上。

字段前缀符：其作用与限制符一样，都是表示文献的外部标志，不反映文献的内容，对检索式的命中文献从非主题方面加以限制。

截词符：其作用是在保证关键词检索的前提下，扩大检索范围。

除了以上 5 种符号外，构造检索式还常常用到括号。括号可以规定运算的优先次序。一般说来，使用布尔算符、括号、截词符和位置算符，就可以构造出一个比较完善、切题的检索式了。

3. 布尔逻辑检索技术

（1）布尔逻辑算符及其使用方法

布尔逻辑算符有三种：逻辑与（and）、逻辑或（or）和逻辑非（not）。用这些逻辑算符将检索词组配起来，构成检索提问式，计算机将根据提问式与系统中的记录进行匹配，当两者相符时则命中，并自动输出匹配的文献记录。

下面以"计算机"和"文献检索"两个词来解释三种逻辑算符的含义。

"计算机"AND"文献检索"，表示查找文献内容中既含有"计算机"又含有"文献检索"词的文献。

"计算机"OR"文献检索"，表示查找文献内容中含有"计算机"或含有"文献检索"以及两词都包含的文献。

"计算机"NOT"文献检索"，表示查找文献内容中含有"计算机"而不含有"文献检索"的那部分文献。

布尔逻辑检索技术可以用图 5-1 表示。

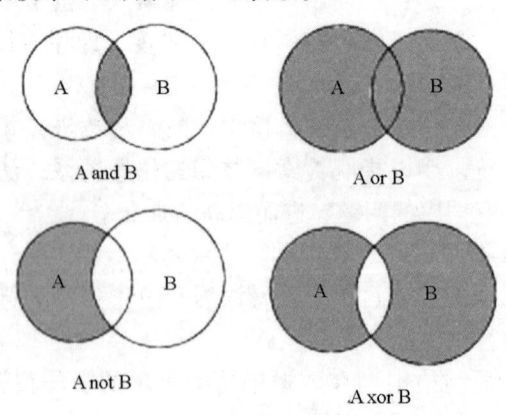

图 5-1 布尔逻辑关系图

从上述例子和图示中我们可以看出，逻辑"与"（and）检索时，命中信息同时含有两个概念，专指性强；逻辑"或"（or）检索时，命中信息包含所有关于逻辑 A 或逻辑 B 或同时有 A 和 B 的，检索范围比 and 扩大。逻辑"非"（not）则命中信息只包括逻辑 A，不包括逻辑 B 或同时有 A 和 B 的，排除了不需要的检索词。逻辑"异或"（xor）表示命中信息包含逻辑 A，也包含逻辑 B，但不包含同时含有 A 和 B 的信息。

（2）使用注意事项

检索中逻辑算符使用是最频繁的，对逻辑算符使用的技巧决定检索结果的满意程度。用布尔逻辑表达检索要求，除要掌握检索课题的相关因素外，还应注意下面问题。

一个是在不同的检索系统里，布尔逻辑的运算次序是不同的，因此会导致检索结果的不同。

另外就是通常运算次序有这样几种形式：①按算符出现的顺序，如果是 and、or、not，就按 and、or、not 的顺序运算；如果是 or、not、and，就按 or、not、and 的顺序运算；②默认 and 优先运算，其次是 or、not；③默认 or 优先运算，然后是 and、not；一般来讲，检索系统的"帮助"文件中都会有这类说明，只要注意查看即可；④在中文数据库里，布尔逻辑运算符有时用 and、or、not 下拉菜单形式表示，供用户选择；有时用"＊"号表示逻辑"与"，用"＋"表示逻辑"或"，用"－"表示逻辑"非"。

4. 位置算符检索技术

即运用位置算符（position operators）表示两个检索词间的位置邻近关系，又叫邻接检索（proximity）。这种检索技术通常只出现在西文数据库中，在全文检索中应用较多。如果说布尔逻辑算符是表示两个概念之间的逻辑关系的话，位置算符表示的是两个概念在信息中的实际物理位置关系。

（1）常用的位置算符

常用的位置算符，如表 5－1 所示。

表 5－1 常用的位置算符

算符	功能	表达式	检索结果
With (W)	两词相邻，按输入时顺序排列（也有数据库允许顺序颠倒）	education（W）school，或 education with school	education school, education schools, (school of education, schools of education)

续表

算符	功能	表达式	检索结果
（nW）	两词相邻，按输入时顺序排列，两词中间允许插入 0~n 个词	education（1W）school	education school，education schools，education and music school
Near（N）	两词相邻，顺序可以颠倒	Education（N）school	education school，school education
（nN）	两词相邻，顺序可以颠倒，两词中间允许插入 0~n 个词	Education（2N）school	education and music school，school of education
Field（F）	两词出现在同一字段中，如在同一题名或文摘中，顺序可以颠倒	Education（F）school	The School Role in Lively Education and Student's Mental Health
Subfield（S）	两词出现在同一子字段中（子字段通常用分号隔开）或同一句子中，比 F 算符检索范围小	Education（S）school	Muliticultural Education and School Reform

（2）使用注意问题

不同的检索系统使用的位置算符可能不同，准确的使用方法应查阅检索系统的帮助文档。例如"（W）"算符，在 Dialog 检索系统表示两词相邻，输入顺序不变；而在 ProQuest 系统中，"（W）"算符表示输入的两个词相邻，但顺序可变。

5. 截词检索技术

截词检索主要用于西文数据库检索，因为西文构词灵活，在词干上通过添加不同的前缀、后缀就构成了表达不同词性或时态的新词汇。为了避免多次输入或漏检，而采用将检索词从某处截断，用截词符号"?"或"*"或"$"取代检索词中部分字母，达到同时检索一组概念相关或同一词根的词。这种检索方式可以扩大检索范围，提高查全率。

（1）截词方式

根据截词的位置不同，分为后截断、中间截断。

后截断：是前方一致检索，又称右截断，截词符放在被截词的右边，是最常用的截词检索技术。主要用于检索词的单复数、词根检索，例如输入 compan??，可检索 company、companis；输入 automat????，可检索 automatic、 automate、automation 等。

中间截断：把截词符放在检索词的中间。例如输入 analy？？e，可检索 analyze、analyse。这种方式查找英美不同拼写的概念最有效。

（2）截词检索类型

根据截断的数量不同，分为有限截断和无限截断。

无限截断：不限制被截断的字符数量，例如输入 educat?，可检索 education、educator、educators、educated、educating 等。

有限截断：限制被截断的字符数量，例如输入 educat??，表示被截断的字符只有两个，可检索 educator、educated 两个词。

（3）词根检索

有些检索系统不支持使用截词符的截词检索技术，系统默认的是词根检索，即输入一个词，系统会自动检索出同一词根的一组词，例如输入 gene，可以检索出 gene、genic、genome 等。这是一种智能检索方式，但要求系统内必须预先配置词根表。

IEE/IEEE 全文数据库默认词根检索，有些数据库需要加入词根运算符如"＄"才进行词根检索。

第五节　网络搜索引擎

搜索引擎（Search Engine）是随着网络信息的迅速增加，从 1995 年开始逐渐发展起来的技术。其指导思想是按照一定的策略，在互联网中搜集、发现信息，对信息进行理解、提取、组织和处理，并为用户提供检索服务，从而起到信息导航的目的。搜索引擎提供的导航服务已经成为互联网上非常重要的网络服务，搜索引擎站点也被美誉为"网络门户"。搜索引擎技术因而成为计算机工业界和学术界争相研究、开发的对象。

一、什么是搜索引擎

互联网是一个巨大的信息资源宝库，几乎所有的互联网用户都希望宝库中的资源越来越丰富，使之应有尽有。的确，每天都有新的主机被连接到互联网上，每天都有新的信息资源被增加到互联网中，使互联网中的信息以惊人的速度增长。然而互联网中的信息资源分散在无数台主机之中，如果用户想将所有主机中的信息都做一番详尽的考察，无异于大海捞针。那么用户如何在数百万个网站中快速有效地查找到想要得到的信息呢？这就要借助于互联网中的搜索引擎。

搜索引擎是互联网上的一个网站，它的主要任务是在互联网中主动搜索其他 Web 站点中的信息并对其自动索引，其索引内容存储在可供查询的大型数据库中。当用户利用关键字查询时，该网站会告诉用户包含该关键字信息的所有网址，并提供通向该网站的链接。

二、搜索引擎的分类

搜索引擎按照不同的划分方法，可分为许多不同的类型。

1. 按索引方式划分

可以分为目录型搜索引擎、索引型搜索引擎。

目录型搜索引擎主要采用人工或机器搜索信息，由人工对搜集的信息进行甄别、分类、加工，建立分类导航或分类编排网站目录，提供分类检索的引擎，这类检索工具如搜狐、雅虎等，它主要提供族性检索模式，符合人们从分类角度检索信息的习惯。目录型搜索引擎对网上信息的分类清晰明确、条理性强，类目设置基本反映人们关注的主要问题。但因人工分类成本高、费时费力，标引速度慢，故这类引擎的及时性不强、信息量不大。

索引型搜索引擎主要采用搜索软件自动搜索信息，建立网页信息索引库提供全文检索，用户在检索框中输入关键词/组进行检索，这类搜索引擎如天网、网络指南针等，它主要提供特性检索，适于检索专指性较强的问题。索引型搜索引擎及时性好、信息量大。

随着网络检索工具的发展，现在的搜索引擎大多都提供分类检索和关键词两种方式，只不过各搜索引擎的侧重点不同，因此，目录型搜索引擎和索引型搜索引擎的界限也越来越模糊，既提供主题指南又有索引功能的混合型检索工具是当今网络检索工具发展的主流和趋势。

2. 按检索时搜索的检索工具数量划分

可以分为独立型搜索引擎、集合型搜索引擎。

独立型搜索引擎也称单一搜索引擎，它拥有自己的索引数据库，提供基于自身索引库的查询服务，如雅虎、搜狐、Google 等。

集合型搜索引擎是多个独立型搜索引擎的组合也称多元搜索引擎、元搜索引擎，一般说来，它没有自己的索引数据库，只提供集成的查询界面；它将用户的检索请求处理后提交给多个事先选定的独立型搜索引擎，并将各引擎的搜索结果处理后集中显示给用户，如"3721"智能搜索、Profusion 等。

3. 按检索网络资源的类型划分

可以分为 Web 资源检索工具、非 Web 资源检索工具。

Web 资源检索工具是以 Web 资源为检索对象，这是当前网上检索工具的主流几乎成了网络检索工具的代称。按其搜集信息的内容又可分为：综合性的搜索引擎和专题性的搜索引擎。综合性的搜索引擎广泛收集网上各个学科、专业的信息，包括科学、人文、生活、社会、新闻、休闲、娱乐等各方面信息，如 Google、搜狐等。专题性搜索引擎只收录网上某一专业领域的信息，如眼科搜索、图行天下等，前者只收录眼科方面的信息；后者只收录地图信息。

非 Web 资源检索工具是查找网上非 Web 资源（FTP、Gopher、Usenet、Telnet 等），如查找 Usenet 新闻组的 Deja News、查找 FTP 资源的 Archie、查找 Telnet 资源的 Hytelent、检索电子邮件列表的 List 等。随着 Web 资源的迅速发展，非 Web 资源检索工具正在逐步 Web 化，使 Web 资源检索工具成为检索网络信息资源的集成化工具。

三、搜索引擎应用的技术原理

尽管目前存在数量众多的搜索引擎，但根据它们所基于的技术原理，可以把它们分成三大主要类型：基于 Robot 的搜索引擎、目录（Directory，也叫做 Catalog）和 Meta 搜索引擎。

1. 基于 Robot 的搜索引擎

这种搜索引擎的特点是利用一个称为 Robot（也叫做 Spider、Web Crawler 或 Web Wanderer）的程序自动访问 Web 站点，提取站点上的网页，并根据网页中的链接进一步提取其他网页，或转移到其他站点上。Robot 搜集的网页被加入到搜索引擎的数据库中，供用户查询使用。互联网上最早出现的搜索引擎就是利用 Robot 来建立数据库，"搜索引擎"这个词的原意也只是指这种狭义上的基于 Robot 的搜索引擎。

基于 Robot 的搜索引擎由三个主要部分构成：Robot、Index 和搜索软件。

Robot 从一个事先制定好的 URLs 列表出发，这个列表中的 URLs 通常是从以往访问记录中提取出来的，特别是一些热门站点和"What's New"网页，从 Usenet 等地方检索得到的 URLs 也常被用作起始 URLs，此外，很多搜索引擎还接受用户提交的 URLs，这些 URLs 也会被安排在列表中供 Robot 访问。Robot 访问了一个网页后，会对它进行分析，提取出新的 URLs 将之加入到访问列表中，如此递归地访问 Web。Robot 作为一个程序，可以用 C、Perl、Java 等语言来编写，可以运行在 Unix、Solaris、Windows、NT、OS2 和 MAC 等平台上。Robot 设计是否合理将直接影响它访问 Web 的效率，影响搜索数据库的质量，另外，在设计 Robot 时还必须考虑它对网络和被访问站点的影响，因为 Robot 一般都运行在速度快、带宽高的主机上，如果它快速访问一个速度比较慢的目标站点，就有可能会导致该站点出现阻塞甚至当机。Robot 还应遵守一些协议，以便被访问站点的管理员能够确定哪些内容能被访问，哪些不能。

Index 是一个庞大的数据库，Robot 提取的网页将被放入到 Index 中以便建立索引，不同的搜索引擎会采取不同方式来建立索引，有的对整个 HTML 文件的所有单词都建立索引，有的只分析 HTML 文件的标题或前几段内容，还有的能处理 HTML 文件中的 META 标记或其他不可见的特殊标记。基于 Robot 的搜索引擎一般要定期访问大多数以前搜集的网页，刷新 Index，以反映出网页的更新情况，去除一些死链接，网页的部分内容和变化情况将会反映到用户查询的结果中，这是基于 Robot 的搜索引擎的一个重要特征。Index 在建立索引时，一般会给网页中每个关键词赋予一个等级值，表示该网页与关键词之间的符合程度。当用户查询一个关键词时，搜索软件将搜索 Index，找出所有与关键词相符合的网页，有时候这些网页可能有成千上万，等级值的用途就是作为一种排序的依据，搜索软件将按照等级值从高到低的顺序把搜索结果送回到用户的浏览器中。

不同的搜索引擎在计算等级值时使用了不同的方法，但它们都以关键词在网页中出现的位置和频率为基本依据，例如，关键词出现在标题中的网页可能比只出现在其他地方的网页更符合要求，关键词出现在网页的前面可能比只出现在网页的后面更符合要求，同一个关键词出现多次的网页又可能比只出现一两次的网页更符合要求，把这些因素综合起来考虑便可得出一个计算等级值的公式。不过，绝大多数搜索引擎都没有只按照上述因素来确定计算公式，它们还加入了一些特殊考虑，例如，Excite 能检查是否有很多链接指向同一个网页，如果是的话，它就把这个网页的等级值稍微提高一些，理由是这样的网页一般都具有更大的访问量。

尽管各个搜索引擎都有一套复杂的等级值计算公式，但仅仅依靠一个数值并不能真正反映出网页的质量，事实上，有些网页在设计时就考虑到了 Index 的特点，故意使用一些技巧让自己得到很高的等级值，以便能排在查询结果的前列，达到提高访问量的目的。

2. 目录

目录与基于 Robot 的搜索引擎所不同的是，目录的数据库是依靠专职编辑或志愿人员建立起来的，这些编辑人员在访问了某个 Web 站点后撰写一段对该站点的描述，并根据站点的内容和性质将其归为一个预先分好的类别，把站点的 URL 和描述放在这个类别中，当用户查询某个关键词时，搜索软件只在这些描述中进行搜索。很多目录也接受用户提交的网站和描述，当目录的编辑人员认可该网站及描述后，就会将之添加到合适的类别中。

目录的用户界面基本上都是分级结构，首页提供了最基本的几个大类的入口，用户可以一级一级地向下访问，直至找到自己感兴趣的类别，另外，用户也可以利用目录提供的搜索功能直接查找一个关键词，不过，由于目录只在保存的对站点的描述中进行搜索，因此站点本身的动态变化不会反映到搜索结果中来，这也是目录与基于 Robot 的搜索引擎之间的一大区别。

商业性质的目录一般都是依靠一群专职编辑来建立和维护的，最出名的商业目录 Yahoo 雇用了大约一两百名编辑，他们维护的目录一共收集了上百万个站点。不少学术或研究性质的目录是依靠志愿者来建立和维护的，这些志愿者可能是普通的互联网用户，也可能是一群大学生，还有可能是专家学者，1998 才成立的 Open Directory 采取了开放管理模式，所有互联网用户都可以申请成为它的志愿编辑，目前 Open Directory 的编辑人员已超过了 14 000 人。

由于目录是依靠人工来评价一个网站的内容，因此用户从目录搜索得到的结果往往比从基于 Robot 的搜索引擎得到的结果更具参考价值，Yahoo 能取得成功，与此有着莫大的关系。事实上，现在很多搜索站点都同时提供有目录和基于 Robot 的搜索服务，以便尽可能地为用户提供全面的查询结果。

3. Meta 搜索引擎

Meta 搜索引擎也叫做 Multiple Search Engine，它的特点是本身并没有存放网页信息的数据库，当用户查询一个关键词时，它把用户的查询请求转换成其他搜索引擎能够接受的命令格式，并行地访问数个搜索引擎来查询这个关键词，并把这些搜索引擎返回的结果经过处理后再返回给用户。

严格意义上来讲，Meta 搜索引擎只能算是一种用户代理，而不是真正的搜索引擎。多数 Meta 搜索引擎在处理其他搜索引擎的返回结果时，只提取出每个搜索引擎的结果中前面 10~50 条，并将这些条目合并在一起返回给用户，因此最后结果的数量可能会远少于直接在一个搜索引擎上进行查找所得到的数量，这就是为什么很多互联网用户都喜欢使用 Meta 搜索引擎来查找信息的原因。

Meta 搜索引擎实现起来比较简单，但是它也有一定的局限性，例如多数 Meta 搜索引擎都只能访问少数几个搜索引擎，并且通常不支持这些搜索引擎的高级搜索功能，在处理逻辑查询时也常常会出现错误。

第六节　搜索引擎实例

网络搜索引擎作为探询网上信息资源宝库的一把钥匙，自它出现之日起就备受关注，人们投入了大量的人力、物力和财力进行开发研究。到目前为止，网上搜索引擎大大小小已有上千个。但由于每个搜索引擎的收录范围、查询理论、查询技术、查询方法等都不尽相同，使得每个搜索引擎在查全率、查准率和易用性等方面差别很大。因此，有必要对其进行详尽系统地研究和分析，以达到帮助用户方便地使用的目的。这里介绍的多为一些常用的、综合性的搜索引擎。

一、常用英文搜索引擎

1. Google

网址为：http://www.google.com.tw/，主页如图 5-2 所示。

图 5-2　google 英文主页

Google 在比较专业的查询领域是使用率最高的搜索引擎，Google 是基于 Robot 型的搜索引擎。Google 由两个斯坦福大学博士生 Larry Page 和 Sergey Brin 设计，于 1998 年 9 月发布测试版，一年后正式开始商业运营。Google 发布至今才不过短短几年，就由于对搜索引擎技术的创新而获奖无数。它最大的特点是易用性和高相关性。不仅如此，Google 提供一系列革命性的新技术，包括完善的文本对应技术和先进的 Page Rank 排序技术，还有非常独特的网页快照、手气不错等功能。此外还有很多英文站点的独有功能,比如:目录服务、新闻组检索、PDF 文档搜索、地图搜索、电话搜索、图像搜索,还有工具条、搜索结果翻译、搜索结果过滤等。凭借其优越的性能,Google 成为当时最流行的搜索引擎。

2. Yahoo

网址为:http://www.yahoo.com/,主页及高级检索界面如图 5-3、5-4 所示。

图 5-3 Yahoo 主页

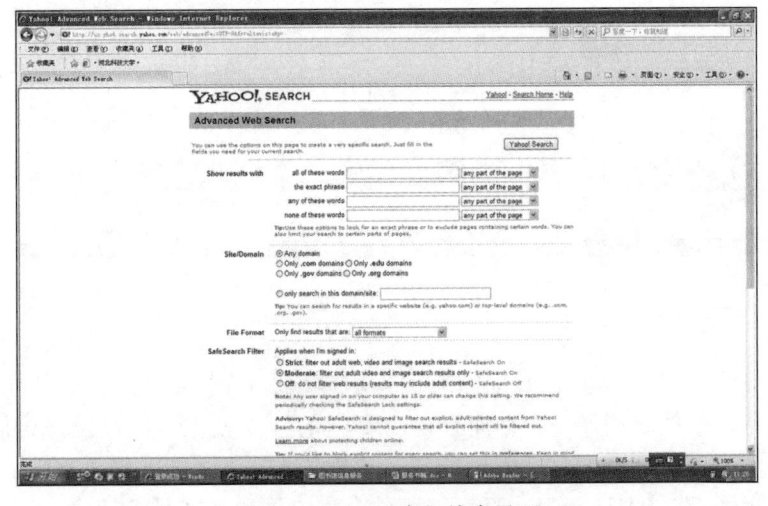

图 5-4 Yahoo 高级检索界面

Yahoo 可能是 WWW 上最常用的搜索引擎，属于目录索引类搜索引擎，提供了三种信息查询方式：归类信息浏览、主题查询和关键词搜索。归类信息方式可以浏览如最新消息、当前热点、冷门信息等内容。在主题查询方式中，将信息分成 12 大类：艺术、商业和经济、计算机和互联网、教育、娱乐、政府、健康、新闻、休闲和运动、参考消息、区域、科学和社会科学。每一类又分成多个小类，用户可以按主题逐步深入，直至列出所需要查询的网址。而进行关键词搜索时只需要输入关键词，指定检索范围（Yahoo 索引网址、Usenet 或 E-mail 地址）即可。以关键词搜索时，网站排列基于分类目录及网站信息与关键字串的相关程度。包含关键词的目录及该目录下的匹配网站排在最前面。但 Yahoo 提供的关键词搜索功能有限，只能用 AND、OR 控制关键词的关系进行模糊串检索和精确匹配检索，不能进行更全面、更高级的检索，好在搜索结果较为丰富，包括对应条件的网址指向目录、满足条件的实际网址和相关的网址等信息。

3. Ask

网址为 http://www.ask.com/，主页和高级检索界面如图 5-5 所示。

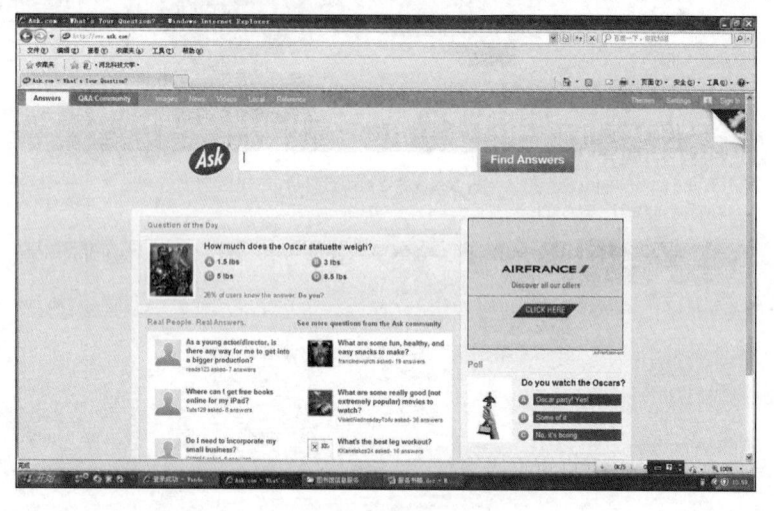

图 5-5　Ask 主页

Ask 于 1996 年建立，属提问式搜索引擎，是一个人工操作的目录索引，它不同于其他搜索引擎，Ask 拥有自己专门的搜索技术、门户及广告服务技术、自然语言处理技术对检索信息进行检索搭配处理。Ask 提供网页、图片、新闻、地图/路、本地新闻、天气、百科全书、词典、产品等搜索。用户可直接利用自然语言进行提问式检索，在搜索过程中 Ask 通过自然语言技术给出数据库中可能存在相关问题的列表，然后根据用户所选择的问题进行再次检索，最后提供网站链接。Ask 具有独特的目标锁定能力，对检索信息的反馈结果相关度非常高。

4. AltaVista

其网址为：http：//www.altavista.com/，主页如图 5-6 所示。

图 5-6　Altavista 主页

AltaVista 最早于 1995 年 12 月由美国 DEC（Digital Equipment Corporation）公司推出，现为 Yahoo 的子公司。属关键词型搜索引擎，它支持自然语言搜索，具有智能分析与处理网页内容的能力，因其功能的完善程度和搜索结果的精确度被誉为最好、最著名的全文搜索引擎之一，并有较详细的分类目录，可对网页、图片、MP3/音频、视频、新闻进行检索服务，搜索首页不支持中文关键词检索，但支持中文关键词搜索的页面。提供关键词检索（包括基本检索与高级检索）和主题目录浏览检索，检索时能识别大小写和专有名词，允许针对 20 多种不同语种进行搜索，并提供多语种的双向翻译。还提供日期、标题、语种、URL 等字段进行限制检索。

5. HotBot

网址为：http：//www.hotbot.com/，主页如图 5-7 所示。

HotBot 于 1996 年 5 月由 Wired Digital Inc 建立，现在被 Lycos 公司收购，是 The Lycos Network 的成员，属英文关键词型搜索引擎，提供多语种搜索。

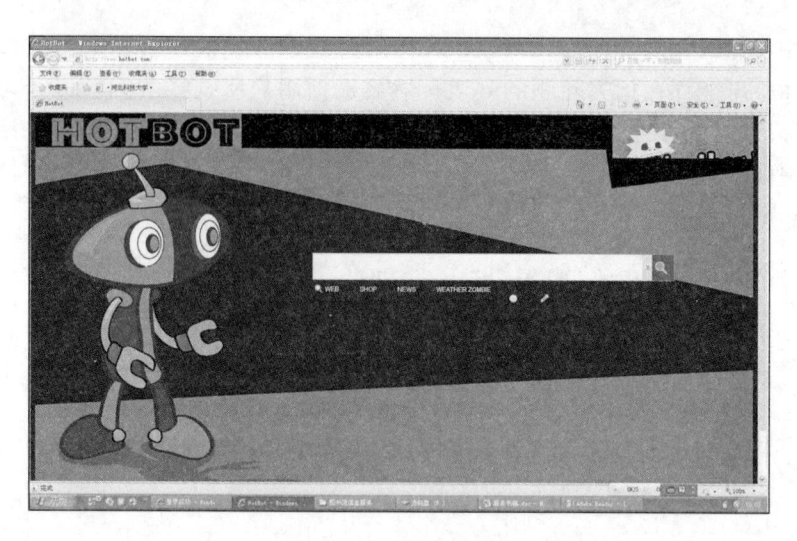

图 5-7　HotBot 主页

HotBot 有优秀的复杂查询、最新新闻查询、丰富的过滤选项等功能，它具有检索界面多颜色、多式样、简洁直观、类目的分类索引详细、搜索速度快等特点。可对音乐、黄页、白页、Email 地址、讨论组、公交线路、股票、工作与简历、新闻标题、FTP 等进行专类检索服务。HotBot 于 2002 年 12 月进行改版，新版 HotBot 与旧版 HotBot 或其他搜索引擎区别在于：虽然 HotBot 提供多个搜索引擎的检索功能，但新版 HotBot 可以不同时调用多个搜索引擎进行检索，而由检索用户自行在 HotBot、Google、Ask、Jeeves 等多个搜索引擎中选择一个搜索引擎进行检索。提供基本检索和高级检索，并提供语言、域名后缀、地区、日期范围、检索词、内容、文件类型、文件长度等限制检索。

6. Excite

网址为：http://www.excite.com/，主页如图 5-8 所示。

Excite 收集了 5 000 万网页数据，主要由 ExciteSearch、Excitecitynet、Excitelive 和 Excitereference 组成，其中，ExciteSearch 用于主题词检索，Excitecitynet 用于查看美国城市的信息，Excitelive 提供诸如运动、新闻、股市行情、电视节目、天气、电影评论等各种信息，而 Excitereference 提供黄页、寻人、电子邮件、地图、共享软件和字典等服务。在主题词检索方式中，Excite 采取的是概念查找方式：它不只是简单地查找含有相关单词的文件，而且还查找与概念相关的其他文件。它提供简单和高级搜索两种模式，高级搜索式支持布尔搜索和逻辑组，与 AltaVista 一样，允许使用 AND、OR、NOT 以及对关键

图 5-8 Excite 主页

词的"＋"、"－"限定。但是 Excite 不能控制检索结果的输出格式。

7. Lycos

网址为：http：//www.lycos.com/，主页如图 5-9 所示。

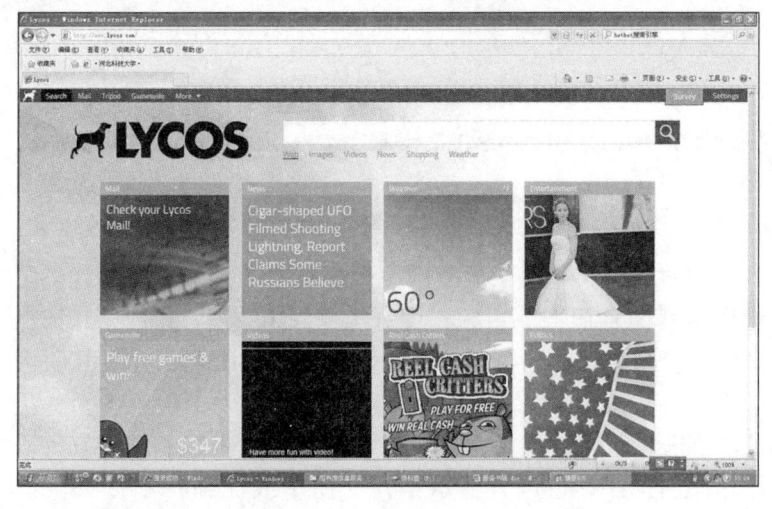

图 5-9 Lycos 主页

Lycos 问世较早，提供了关键词查询、热点新闻、网络主题、热点网址、城市导游、道路地图、股市、在线公司、找人等多种服务。它对 1 900 万个网址进行了索引，其中只有一部分进行了全文索引，所以它能够提供的搜索信息数量比较少。由于采用了 Centispeed 技术，每秒可处理 4 000 个查询要求，数据搜索速度很快。Lycos 不能支持布尔搜索，只能用 AND、OR 来控制关键词之间的关系，用通配符"＄"和英文句号"．"对单词的字母进行代替和限定。值得称道的是 Lycos 对搜索结果有非常灵活的处理方案：可以把最接近检索要求的网址放在前面，可以控制搜索结果显示的方式（标准、小结式或详细式），还可以控制每页显示的数目（10 条、20 条、30 条或 40 条）。

8. WebCrawler

网址为：http：//www.webcrawler.com/，主页如图 5－10 所示。

图 5－10　WebCrawler 主页

　　WebCrawler 是第一个提供大范围搜索的 WWW 搜索引擎，提供了主题查询和关键词搜索两种服务。主题查询分为文学和艺术、商业和财政、交谈、计算机、每日新闻、教育、娱乐、游戏、政府、健康和医疗、互联网、儿童和家庭、生活与文化、康复、参考台、科学、体育、旅游等 18 个大类。关键词搜索的功能非常强大，支持自然语言查询、布尔查询和接近查询，检索结果按主题相关性排序，可设置显示格式（简单或详细）和每页显示的数量（10、25 或 100 个），并用小图标或百分比表示网址相关性的优先等级。尤为突出的是在接近查询中，可以使用 NEAR/n（n 为两个关键词之间的单词数量）和 ADJ 控制关键词之间的距离和顺序。

二、常用中文搜索引擎

1. 新浪 Sina

网址为：http：//www.sina.com.cn/，主页如图 5－11 所示。

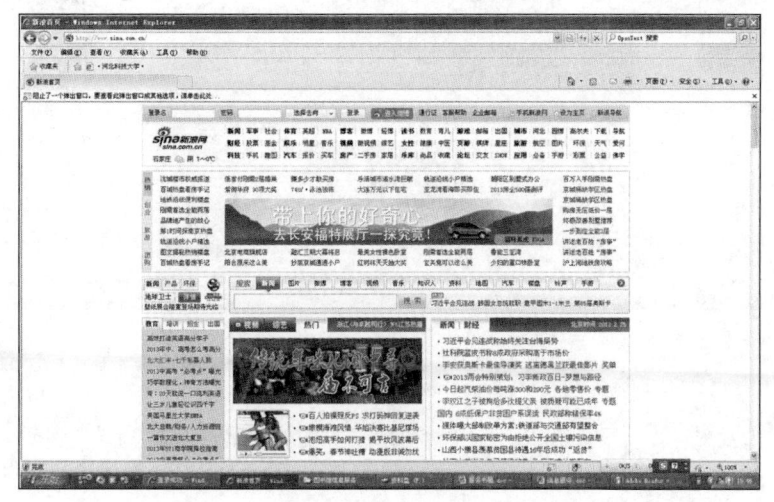

图 5－11　新浪主页

新浪网搜索引擎是面向全球华人的网上资源查询系统。提供网站、网页、新闻、软件、游戏等查询服务。网站收录资源丰富，分类目录规范细致，遵循中文用户习惯。目前共有 16 大类目录，1 万多个细目和数十万个网站，是互联网上最大规模的中文搜索引擎之一。新浪网推出新一代综合搜索引擎，这是中国第一家可对多个数据库查询的综合搜索引擎。在关键词的查询反馈结果中，在同一页面上包含目录、网站、新闻标题、新闻全文、频道内容、网页、商品信息、消费场所、中文网址、沪深行情、软件、游戏等各类信息的综合搜索结果。除了资源查询外，新浪网搜索引擎推出了更多的内容和服务，包括新浪酷站、本周新站、引擎世界、少儿搜索、WAP 搜索、搜索论坛等。

2. 搜狐 Sohu

网址为：http：//www.sohu.com/，主页如图 5－12。

作为爱特信公司创办的大型中文网络系统，搜狐是针对目前国际互联网上中文信息日渐丰富而信息查找却愈加困难的实际情况，根据中国人的文化传统专门为中国用户量身设计的网络分类式查找引擎。查询结果包括满足条

109

图 5-12　搜狐主页

件的目录及站点，信息量大，分类清晰，不愧为网路神探。搜狐引擎从中国文化的角度进行了非常精细的分类，而不单纯是机器搜索。分类搜索与关键字检索并重，是搜狐区别于其他中文搜索引擎的重要地方。比较适合于国人的一般查询要求。

3. 有道搜索

网址为：http：//www.youdao.com/，主页如图 5-13 所示。

图 5-13　有道搜索主页

110

有道搜索是网易自主研发的全新中文搜索引擎，提供网页搜索、图片搜索、视频搜索、购物搜索、网易返现、有道购物助手、有道词典、有道手机词典、有道翻译、有道云笔记、工具栏、网址导航、有道阅读等产品。有道提供多词搜索，词之间用空格隔开即可。如果输入的搜索词较长时，搜索引擎会依据搜索词自动做分词处理。当需要得到与搜索词完全匹配的搜索结果时，需要将搜索词用双引号标注。当需要排除搜索时，可使用减号"-"，需要注意的是，减号要紧邻要排除的搜索词，且和前一个搜索词之间必须有空格。可用站内搜索命令"site:"前缀，把搜索结果限制在某个站点范围内。也可用"inlink:"前缀，查看都有哪些网页上有指向您关注站点的链接。

4. 天网搜索

网址为：http://e.pku.edu.cn/，主页如图5-14所示。

图5-14 天网搜索主页

由北京大学网络实验室研制开发的天网中英文搜索引擎是国家"九五"重点科技攻关项目"中文编码和分布式中英文信息发现"的研究成果，并于1997年10月29日正式在CERNET上向广大互联网用户提供Web信息导航服务。包括天网主页服务、天网文件服务、天网目录服务、天网主题服务四大部分。其中天网文件服务特别引人注目，检索方式分为简单和复杂两种，多个检索词之间用空格分开，系统缺省时，以"与"（and）的关系查询。目前搜索1亿网页。

5. 中文 Yahoo

网址为：http://cn.yahoo.com/，主页如图 5-15 所示。

图 5-15　雅虎中文主页

美国雅虎公司于 1998 年 5 月开发了这一中文版的搜索引擎。它提供因特网上的中文站点信息检索服务，用户可利用简体或繁体进行浏览和搜索。这是一个浏览型的网络信息检索工具，主要依靠主题式网站分类目录查询信息。中文数据库由人工建立，资源的采集依靠网页制作者或用户提交新的网页，再由编辑人员加工，将其安排在合适的雅虎中文类目中。雅虎的检索分为分类浏览和关键词检索两种。确定的短语可用括号来界定。还可利用"＋"、"－"号来规定关键词是否包括或者排除在检索结果中。

第七节　搜索引擎展望

一、新的搜索引擎功能更加完备

自 20 世纪 90 年代初网络检索工具首次问世以来，短短几年时间，它已经历了从目录型与索引型工具相分离、仅提供基本检索功能的第一代，发展到整合浏览与检索功能、提供诸如多媒体检索、跨语言检索等高级检索功能，并对检索结果排序输出的第二代检索工具，目前已经出现了许多具有智能检索功能、界面更加友好的第三代检索工具。

在互联网上，搜索引擎是帮助用户查找 Web 信息不可缺少的工具，而搜索引擎，也从第一代的 Yahoo 等搜索引擎，进化到第二代的 Google。那么，谁是下一代搜索引擎的代表？下一代搜索引擎又将具有那些功能呢？

第一代搜索引擎，如早期的 Yahoo 等，所使用的搜寻方法是这样的：网页建构人将自己的网站加入到搜索引擎的资料库中，自行命名自己的网站，并用数行文字描述自己的网站；而在使用者键入搜索条件后，搜索引擎会找出和搜索条件一样或相近的网站名字或描述。也就是说，第一代搜索引擎希望网页建构者自行决定可以代表自己网站的词句。其最大的缺点，就是无法针对网页内容进行搜索。正因如此，第二代搜索引擎便应运而生了。

Google 作为第二代搜索引擎的代表，它所搜索的是网页的内容，这也是第二代搜索引擎强大的地方。相对于第一代搜索引擎的"由网页建构人自行键入资料"，第二代搜索引擎不需要键入任何资料，取而代之的，是由搜索引擎使用一个 Robot 程序，让它在网络上查找资料，并自动将搜索结果存入资料库中。也就是说：如果你建立了一个网站，并将它公布到网上，则 Google 的 Robot 就随时有可能将你的网站及与之相连的所有网页加入它的资料库中。因此，Google 号称其资 Google 料库中有 10 亿以上的资料，且这些资料随时都会被更新。Google 最大的缺点，就是它所搜索到的结果确实太多，以致使用者真正想要的资料有时候无法很精确地被显示在前几页。而最好的搜索引擎，就是可以把使用者最想要的结果显示在第一或至少在第二页的搜索引擎。因此，如何从庞大的资料中精确地找到真正所需要的资料，就成为下一代搜索引擎的重要课题了。

第三代搜索引擎又会以怎样的风采示众呢？由 Digtial 公司开发的全新搜索引擎 Pandango，以其先进的对等搜索理念将搜索引擎技术提升到一个新的层次，它的诞生将有可能对在该领域领先的 Google 搜索引擎形成强大压力。分析家认为，Pandango 搜索引擎属于第三代搜索引擎，并将是其中的杰出代表之一。

Pandango 搜索引擎与目前使用的其他各类搜索引擎相比，最大的优势在于它采用了其他搜索引擎以往从未采用过的对等（P2P）搜索理念来对互联网络进行全方位的搜索。长久以来，如何将搜索结果按照相关性进行排序一直是困扰搜索引擎技术的一大难题，Pandango 搜索引擎从一个全新的角度尝试解决了这一问题，即通过大规模检查网络计算机的访问记录决定搜索结果的排序顺序（在搜索的过程中，以点击率为基准，以降序来排列搜索结果）。

二、新的搜索引擎技术不断创新

P2P 是 peer–to–peer 的缩写，翻译成"端对端"或者"点对点"，其在加强网络上人的交流、文件交换、分布计算等方面大有前途。长久以来，人们习惯的互联网是以服务器为中心，人们向服务器发送请求，然后浏览服务器回应的信息。而 P2P 将以用户为中心，所有的用户都是平等的伙伴。相隔万里的用户可以通过 P2P 共享硬盘上的文件、目录乃至整个硬盘。所有人都共享了他们认为最有价值的东西，这将使互联网上信息的价值得到极大的提升。

把这一理念具体运用到搜索引擎技术上来：P2P 将使用户能够深度搜索文档，而且这种搜索无需通过 Web 服务器，也可以不受信息文档格式和宿主设备的限制，可达到传统目录式搜索引擎（只能搜索到 20%～30% 的网络资源）无可比拟的深度（理论上将包括网络上的所有开放的信息资源）。

目前的搜索引擎延续的搜索原理归根到底还是由搜索引擎公司提供服务器，人们在需要搜索信息的时候要向服务器发出指令，由服务器把检索出来的相关目录通过一定的排序法则呈现在用户面前，这就会不可避免地带来一些问题，如：①如果服务器信息更新周期长，将有大量过时的信息产生。②如果服务器不加鉴别、只是一味地搜集信息，将带来许多无价值的垃圾信息。③服务器收集的信息有限（受设备条件影响）。④受服务器制约，一旦出现故障其后果不堪设想等。

如果通过采用对等搜索技术的 Pandango 搜索引擎来搜索（Pandango 搜索引擎目前还没有用于商业运作）的话，那用户的搜索范围就不再局限于 Pandango 搜索引擎服务器提供的信息量了。通过它采集到的信息不再是多的、无用的、过期的内容，取而代之的是有用的，实时的信息。可以说，Pandango 搜索引擎的对等（P2P）搜索理念的运用为互联网的信息搜索提供了全新的解决之道。

另外，由于通过搜索引擎查询信息时，大部分时间都浪费在等待中。于是又出现了网络搜索的前端软件，通过它们可以在不同的搜索引擎上同时查找所需信息。例如，Turbo Start 是一个强力的搜索软件，它可以同时向 270 个搜索引擎发出请求，进行检索。国人任良开发的"飓风搜索通"全中文免费软件，也是这种搜索软件中出色的一款。它内置简体中文、繁体中文、英文搜索、软件搜索、驱动程序搜索、音乐搜索、寻人搜索、股票行情、新闻搜索、注册搜索等 66 个搜索引擎，可以根据信息的类别在不同类型的搜索引擎上分别搜索，同时系统自带一个简易浏览器，可直接浏览搜索结果。

总而言之，搜索引擎的改良，可以大幅度地造福使用者。

第六章 中文网络文献资源

伴随着各种信息技术的逐步成熟，传统印刷型信息资源在数字化和网络化发展方面得到了更好的技术支持，许多网上期刊全文数据库、论文全文库、行业信息库相继出现，为用户创造了十分便利的信息获取条件。由于篇幅所限，本章节仅对中文利用率较高、影响范围较广的几个中文网络检索数据库进行介绍。

第一节 中国知网

一、中国知网概述

中国知网，是中国国家知识基础设施（China National Knowledge Infrastructure，CNKI）的成果。由清华大学、清华同方发起，始建于1999年6月，已经发展成为集期刊杂志、博士论文、硕士论文、会议论文、报纸、工具书、年鉴、专利、标准、国学、海外文献资源为一体的网络出版平台。平台提供单库检索、跨库检索、高级检索等方式的中文文献资源检索以及 CNKI 学术搜索（Scholar）的外文资源题录信息获取，同时还可以建立一个属于自己的个性化数字图书馆。其主页见图 6-1。

二、中文文献资源包含的数据库

1. 中国学术期刊网络出版总库

中国学术期刊网络出版总库（China Academic Journal Network Publishing Database，CAJD）基本完整收录了我国公开出版发行的全部学术期刊（含英文版）全文文献，包括基础与应用基础研究、工程技术、高级科普、政策指导、行业指导、实用技术、职业指导类期刊。分为基础科学辑、工程科技Ⅰ辑、工程科技Ⅱ辑、农业科技辑、医药卫生科技辑、信息科技辑、哲学与人文科学辑、社会科学Ⅰ辑、社会科学Ⅱ辑、经济与管理科学辑共10个专辑。

图 6-1　中国知网主页

2. 中国博士学位论文网络出版总库

中国博士学位论文网络出版总库（China Doctoral Dissertations Full-text Database，CDFD）收录全国 985 工程重点高校、、211 工程重点高校、中国科学院、社会科学院等 400 多家培养单位的博士学位论文。分为基础科学辑、工程科技Ⅰ辑、工程科技Ⅱ辑、农业科技辑、医药卫生科技辑、信息科技辑、哲学与人文科学辑、社会科学Ⅰ辑、社会科学Ⅱ辑、经济与管理科学辑共 10 个专辑。

3. 中国优秀硕士学位论文全文数据库

中国优秀硕士学位论文全文数据库（China Master's Theses Full-text Database，CMFD）收录全国 985 工程重点高校、211 工程重点高校、中国科学院、社会科学院等 530 多家培养单位的硕士学位论文。分为基础科学辑、工程科技Ⅰ辑、工程科技Ⅱ辑、农业科技辑、医药卫生科技辑、信息科技辑、哲学与人文科学辑、社会科学Ⅰ辑、社会科学Ⅱ辑、经济与管理科学辑共 10 个专辑。

4. 中国重要会议论文全文数据库

中国重要会议论文全文数据库系列化收录了高校重点实验室、研究中心及院系主办的学术会议文献，全国性学会及其分会主办的学术会议或论文评选，全国性行业协会及其分会主办的行业活动或发布的行业报告，地方性学会/协会主办的特色会议文献。会议主办单位近 8 000 余家，基本覆盖了我国各学科重要会议论文。分为基础科学辑、工程科技Ⅰ辑、工程科技Ⅱ辑、农业科技辑、医药卫生科技辑、信息科技辑、哲学与人文科学辑、社会科学Ⅰ辑、社会科学Ⅱ辑、经济与管理科学辑共 10 个专辑。

5. 中国重要报纸全文数据库

中国重要报纸全文数据库收录 2000 年以来国内中央级、全国性报纸和发行量大、有一定影响力的地方性报纸及特色报纸的学术性、资料性文献。中央及地方重要报纸近 500 种。分为基础科学辑、工程科技Ⅰ辑、工程科技Ⅱ辑、农业科技辑、医药卫生科技辑、信息科技辑、哲学与人文科学辑、社会科学Ⅰ辑、社会科学Ⅱ辑、经济与管理科学辑共 10 个专辑。

6. 中国专利全文数据库（知网版）

中国专利全文数据库（知网版）包含发明专利、实用新型专利、外观设计专利三个子库，由"中国知网"与国家知识产权局知识产权出版社合作建设。与通常的专利数据库相比，中国专利全文数据库的每条专利都通过知网节集成了与该专利相关的最新文献、科技成果、标准等信息，可以展现该专利产生的背景、最新发展动态、相关领域的发展趋势，也可以浏览发明人与发明机构更多的论述以及在各种出版物上发表的文献。

7. 中国标准数据库

中国国家标准全文数据库由"中国知网"与中国质检出版社（原名：中国标准出版社）合作建设。收录了由中国质检出版社出版的、国家标准化管理委员会管理的、中华人民共和国国家质量监督检验检疫总局发布的国家标准。每一个标准条目都通过知网节细览页链接了相关的国内外标准、学术期刊、学位论文、会议论文、报纸、年鉴、专利和科技成果等，以了解每条标准的产生背景、最新发展动态和相关领域的发展趋势。

8. 国家科技成果数据库（知网版）

中国科技项目创新成果鉴定意见数据库（知网版）数据来源于中国化工信息中心的"国家科技成果数据库"，收录正式登记的中国科技成果，按行业、成果级别、学科领域分类。每项成果通过知网节集成了与该成果相关的最新文献、科技成果、标准等信息，可以展现该成果产生的背景、最新发展动态、相关领域的发展趋势，也可以浏览成果完成人和成果完成机构更多的论述以及在各种出版物上发表的文献。

9. 中国年鉴网络出版总库

中国年鉴网络出版总库收录了国内中央、地方、行业和企业等各类年鉴的全文文献，在展示纸质年鉴文献原貌的同时，运用数图开发技术将年鉴内容以条目为基本单位，重新整合、标注、归类入库，进而形成一个涵盖全面、系统反映国情资讯的信息资源库。覆盖基本国情、地理历史、政治军事外交、科学技术、教育、文化体育事业、医疗卫生、人物、统计资料等各个领域。

10. 中国工具书网络出版总库

中国工具书网络出版总库收录了我国200多家出版社正式出版的近6 000册工具书，包括语言词典、专科辞典、百科全书、鉴赏辞典、图谱年表、手册指南等，内容涵盖社会科学、自然科学、工程技术等各个方面。提供字、词、句、专业术语、事实、数据、人名、地名、翻译等百科知识检索服务，同时通过超文本技术建立了知识之间的链接和相关条目之间的跳转阅读，达到了在一个平台上获取分散在不同工具书里的、具有相关性的知识信息。

三、中文文献资源的出版方式

中文文献资源针对不同的网络用户，推出了不同出版方式，有"Web版"、"镜像站点"、"光盘版"、"流量计费"。其中"Web版"则较适用于网络条件较好、使用频率高的机构；"镜像站点"适用于硬件条件较好、有内部局域网的机构；"光盘版"适用于网络条件和硬件条件都不太好的机构；"流量计费"适用于使用频率不太高的个人和家庭使用。虽然出版方式不同，但检索使用方法大同小异，鉴于目前多数高校图书馆、科研机构普遍采用"Web版"方式，因此下文以此种方式为例进行介绍。

四、中文文献资源的浏览器安装

浏览、下载阅读中文文献资源需要安装CAJ全文浏览器，它支持后缀名为CAJ、PDF、KDH、NH、CAA、TEB类型的文件。网站主页提供下载地址链接。

五、中文文献资源的检索方式

中文文献资源提供一框检索、出版物检索、高级检索、专业检索、二次检索（在检索结果中进行检索）等多种检索方式，每种检索方式均支持单库检索、跨库检索。

1. 一框检索

一框检索方式高效快捷，检索框内不支持 and、or 构建的逻辑检索式。适用于检索目的不太明确的用户，需要从检出的结果中逐步细化所需文献。

（1）选择切换数据库

系统默认的检索界面为"文献"一框检索方式，见图 6-2。"文献"为跨库，包括期刊、博硕士、国内重要会议、国际会议、报纸和年鉴。

页面还列出了期刊、博硕士、会议、报纸等常用的几个数据库，点击进行切换。如果想切换其他数据库，点击"更多＞＞"，选择所需数据库即可，如图 6-3 所示。如果想同时选择多个数据库，点击"跨库选择"，见图 6-4 所示。

图 6-2　一框检索页面

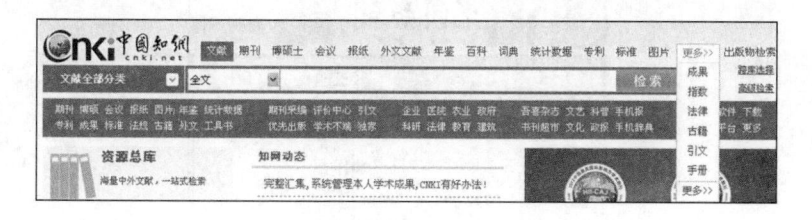

图 6-3　单库切换

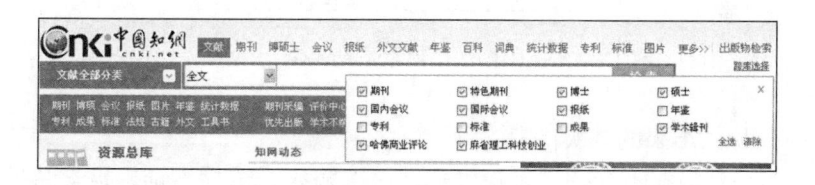

图 6-4　跨库选择

（2）选择文献分类

系统默认为"文献全部分类"，如果需要具体的某一学科类别，则点击"文献全部分类"的 |∨|，展示 10 个专辑，每一专辑又进行了细分。见图 6-5 所示。

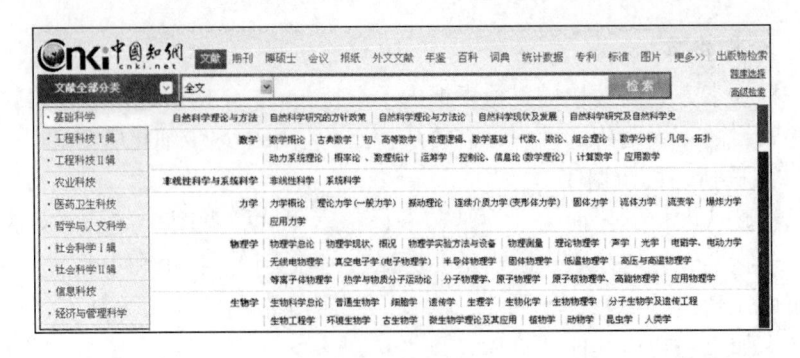

图6-5 文献分类选择

(3) 选择检索字段

系统默认为"全文",提供主题、篇名、作者、单位、关键词、摘要、参考文献、中图分类号、文献来源10种检索字段,见图6-6。其中主题检索是在题名、关键词、摘要三个字段中同时检索。

图6-6 检索字段选择

(4) 检索结果的二次检索

因为一框检索不支持逻辑检索式,一次输入一个检索词,检索结果往往不尽如人意,因此需要再次输入检索词,点击 结果中检索 ,进行二次限定检索。二次检索可进行多次,直到出现理想的检索结果。

以检索范围为"文献",检索文献类型为"环境科学与资源利用",首次主题检索为"烟气脱硫",二次主题检索为"焦化废水为例"为例,检索结果见图6-7。每次检索的条件出现在检索框的下面,当点击 x 时,检索结果返回上次检索条件的结果。

120

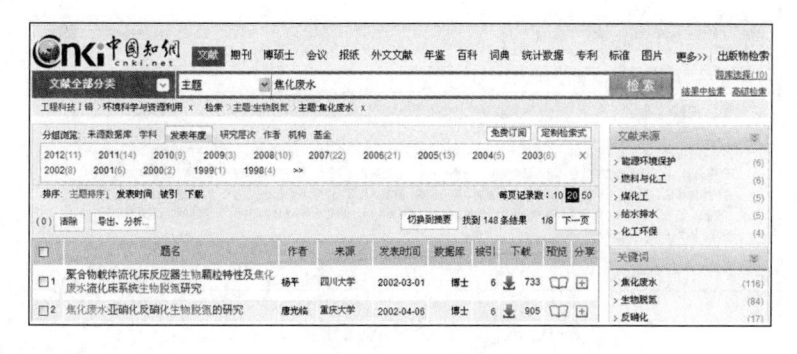

图6-7 二次检索

(5) 检索结果的排序

排序是将检索结果进行纵向分析，提供主题排序、发表时间、被引、下载四种排序方式。

主题排序，根据文献与检索词的相关度高低进行排序。系统默认按主题降序排序，将最相关的文献排前面，减少文献挑选时间。

发表时间排序，根据文献发表时间的先后进行排序。可以发现对该主题进行研究的最早起始年份，以及最新的研究进展。

被引排序，根据文献被引用的次数进行排序。可以发现该主题文献中的高影响力文献，从而了解该主题文献的全貌。

下载排序，根据文献下载量的多少进行排序。可以发现该主题文献的最新关注热点。

(6) 检索结果的分组浏览。

分组浏览是将检索结果进行横向分析，提供来源数据库、学科、发表年度、研究层次、作者、机构、基金7种方式进行分组。每一分组后面都显示了该组的文献数量，点击某个分组之后，背景色为红色，检索结果则发生相应的变化。系统默认按发表年度进行分组。

(7) 检索结果的显示方式

每页记录数的改变，系统默认每页显示记录数是20条，提供10、20、50三种显示方式。设置之后，每次检索结果则按照设置的记录数进行显示。

记录格式的改变，系统默认为列表格式，点击 切换到摘要 ，则可以将检索结果变为摘要模式，见图6-8所示。设置之后，每次检索结果则按照设置的格式进行显示。

(8) 检索结果的文献知网节

在检索结果页面，点击文献标题，进入文献知网节页面。知网节提供单

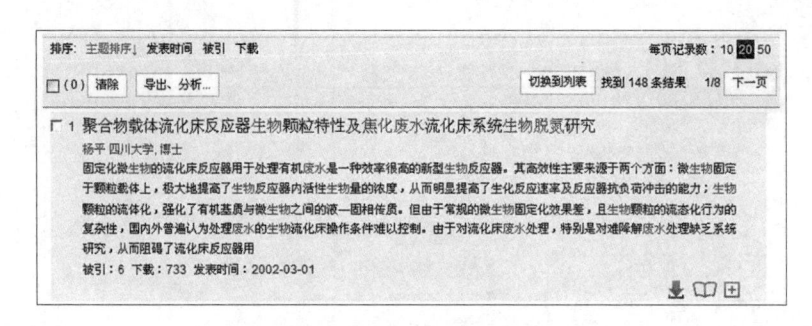

图6-8 检索结果的摘要显示方式

篇文献的详细信息和扩展信息的浏览页面，不仅包含单篇文献的题录摘要，还是提供该文献各种扩展信息的链接点。节点信息包括：篇名（中文/英文）、下载阅读方式、作者、导师、作者基本信息、摘要（中文/英文）、关键词（中文/英文）、文内图片、网络出版投稿人、网络出版年期、分类号、被引频次、下载频次、攻读期成果、节点文献全文快照搜索、知网节下载。不同文献类型的知网节包含的信息不同，博硕文献知网节见图6-9、图6-10。

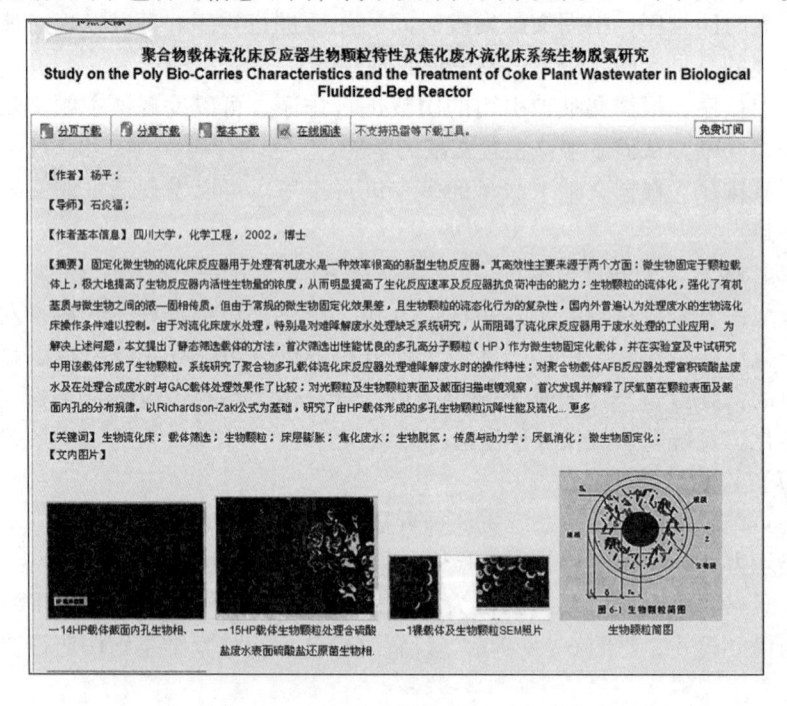

图6-9 知网节文献文摘及文内图片

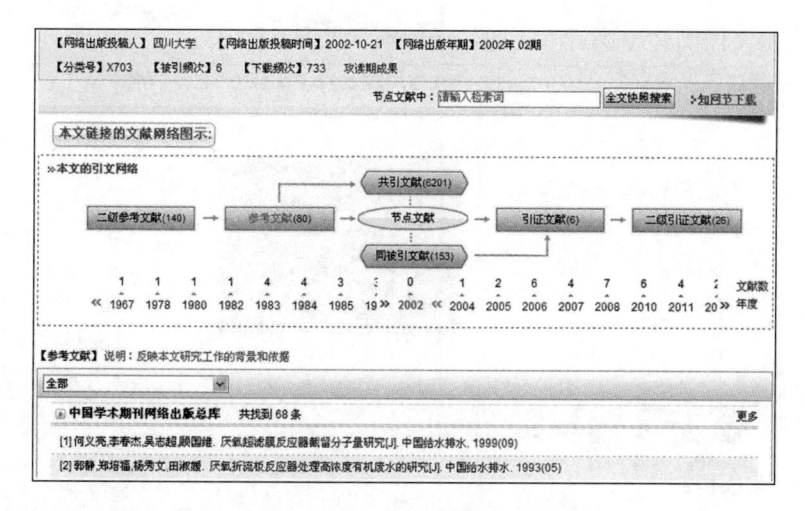

图 6-10 知网节文献网络链接

点击知网节中作者、导师、作者单位、关键词和网络投稿人中的某一字段，都可以直接链接到点击字段在中国学术期刊网络出版总库、中国博士学位论文全文数据库、中国优秀硕士学位论文全文数据库、中国重要会议论文全文数据库、国家科技成果数据库等数据库中包含的相关信息。例如：点击作者"杨平"，显示作者为"杨平"的文献，当然显示结果包含同名作者的文献，见图 6-11 所示。

图 6-11 作者文献链接

123

点击文内图片,则进入了图片详细页,见图6-12。

图6-12 图片详细页面

在节点文献中输入关键词,点击 全文快照搜索 ,即在下方显示出节点文献中含有所输入关键词的内容,见图6-13。

图6-13 节点文献搜索

"文献网络图示"将本文的引文网络以图形方式显示出来,包括二级参考文献、参考文献、引证文献、二级引证文献、共引文献、同被引文献,每类文献的数量都有显示。点击其中某一类文献,则在下方将该类文献以列表的方式显示。如果点击 知网节下载 ,则将文献网络链接的所有文献在新的网页以列表的方式显示,见图6-14。在新网页中点击 打印本页 ,可将文献列表通过打印机打印出来。

"文献分类导航"将文献所属的分类逐级展开,所属分类以红色字体显示,见图6-15。从导航的最底层可以看到与本文研究领域相同的文献,从导航的上层可以浏览更多相关领域的文献。

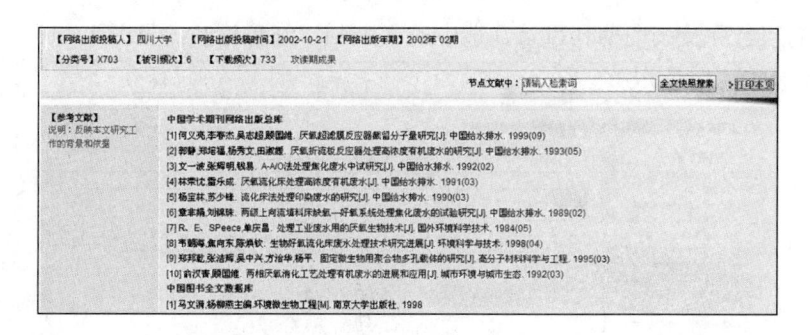

图6-14　知网节下载

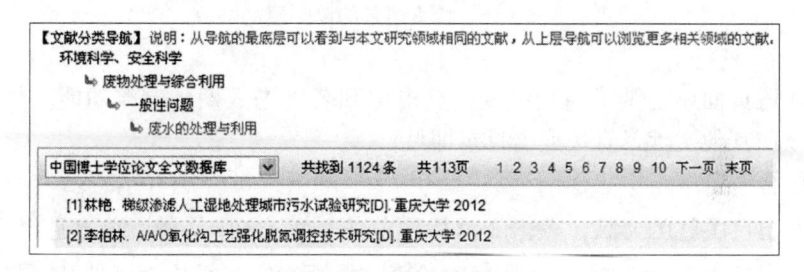

图6-15　文献分类导航

（9）检索结果的文献分享

在检索结果页面，点击⊞，可以将该篇文献分享至新浪、腾讯、人人网等微博。

（10）检索结果的文献下载

文献的下载有多种途径，直接在检索结果页面点击![]，进行文献下载；或在检索结果页面点击文献标题，进入文献知网节页面进行下载；或在在线预览页面点击页面上部的文献标题，进入文献知网节页面进行下载。

（11）检索结果的预览

当文献摘要还不足以反应所需信息时，可以先对文献进行预览，再决定是否下载。该功能对于流量计费方式用户特别重要，可以节省不必要的费用。提供文献10%（按文献页数计），最多10页的免费预览，超过之后需要付费。如果24小时之内再次预览或者下载，不重复收取费用。

单一预览

通过点击检索结果页面中的📖图标，进行预览，对于不同类型的文献，其预览的格式是不同的。期刊文献以纸本期刊的模式进行预览，显示文献来源的期刊名称及该期期刊目录，选中的文献则以红色标注，见图6-16。

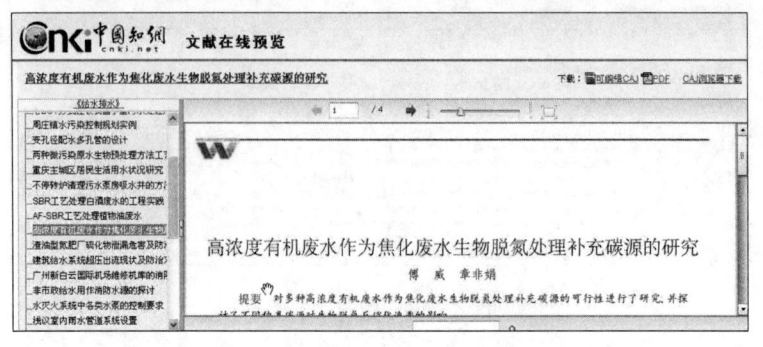

图6-16　检索结果的单一预览

在该页面还提供了期刊链接，点击期刊名则进入期刊导航功能。如果要浏览该期其他文献，直接点击目录即可。

组合预览

对自己关注的文献，点击文献标题前的 □ ，选中文献，最多选择50条记录，然后点击 分析/阅读 ，生成新的检索结果页面，显示检索条件及选择的检索结果，见图6-17。点击 阅读 ，以目录的形式显示文献组合，并对同类型文献进行归类，见图6-18。

图6-17　检索结果的组合

文献互引分析

在检索结果组合页面，点击 分析 ，以图形的方式显示所选文献间的互引关系，见图6-19。

(12) 检索结果的导出

检索结果的导出步骤与检索结果的预览步骤相同，首先选中文献，然后点击 导出/参考文献 ，生成新的检索结果页面，显示检索条件及选择的检索结果。提供"导出/参考文献"、"定制"、"生成检索报告"功能，见图6-20。

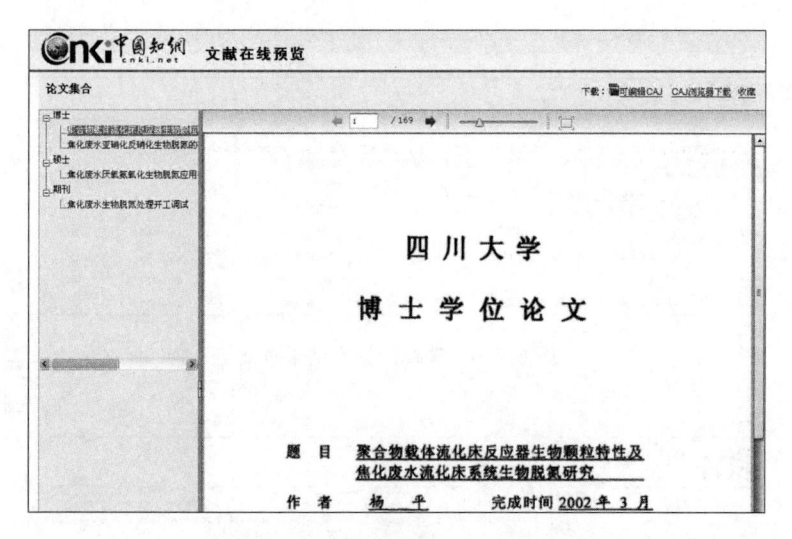

图6-18　检索结果的组合预览

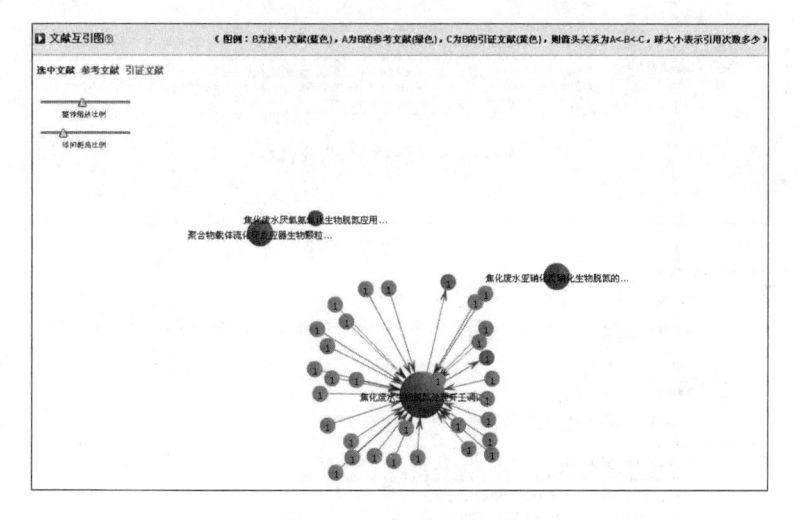

图6-19　文献互引分析

在选择的检索结果页面，再次勾选文献。点击 导出/参考文献，则进入保存页面，提供多种保存格式，见图6-21。点击 定制，则将自己的检索式进行保存，前提是已经注册自己的个人图书馆。点击 生成检索报告，则将本次检索生成检索报告，见图6-22，该功能方便了工作人员对服务工作的记录备案。

127

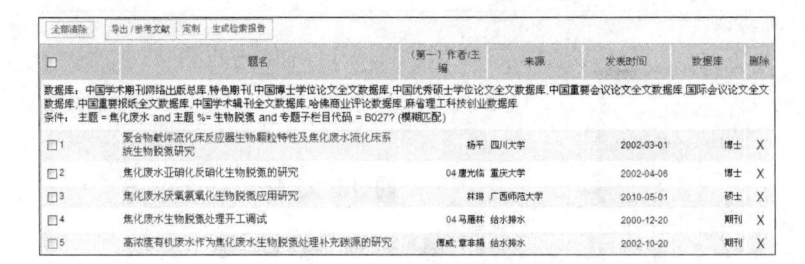

图6-20　选择的检索结果页面

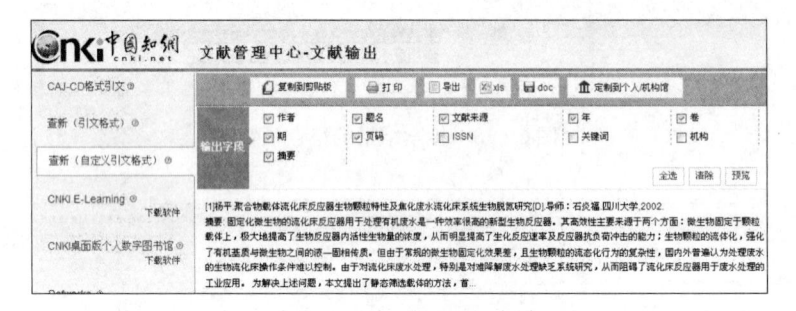

图6-21　保存格式选择

图6-22　检索报告

2. 单库组配检索及高级检索

在检索首页，选择要检索的数据库，然后点击"高级检索"，则直接进入所选择数据库的检索页面，不同的数据库提供的检索字段及检索条件选择控制不同，期刊数据库提供主题、篇名、关键词、作者、单位、刊名等检索字段，出版年限、刊物来源类别检索条件控制，见图6-23。

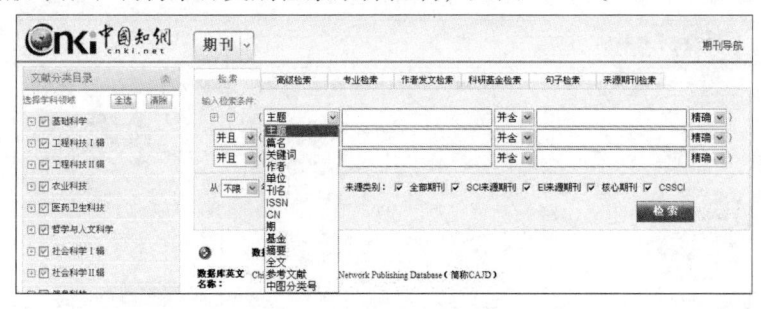

图6-23 期刊组配检索

点击数据库检索页面上的"高级检索"，则进入所选择数据库的高级检索模式，高级检索是将部分检索字段调整到检索条件，增加了"词频"控制，"词频"表示该检索词在文中出现的频次，见图6-24。

图6-24 期刊高级检索

组配检索及高级检索页面均可以通过 ⊞ 和 ⊟ 按钮用来增加和减少检索条件。各检索条件之间提供"并含"、"或含"、"不含"三种组配方式。检索词的匹配提供"精确"和"模糊"两种方式。"精确"是指检索结果中含有与检索词完全匹配的词语；"模糊"则是指检索结果包含检索词或检索词中的词素。

组配检索及高级检索适用检索目的比较明确，通过多种检索条件的限定，

129

直接得到检索结果。

3. 跨库高级检索

在检索首页，直接点击"高级检索"，则进入跨库高级检索页面，见图6-25。检索字段及检索条件选择控制，与单库高级检索相似；不同之处是可以点击页面上"跨库选择"进行数据库选择。

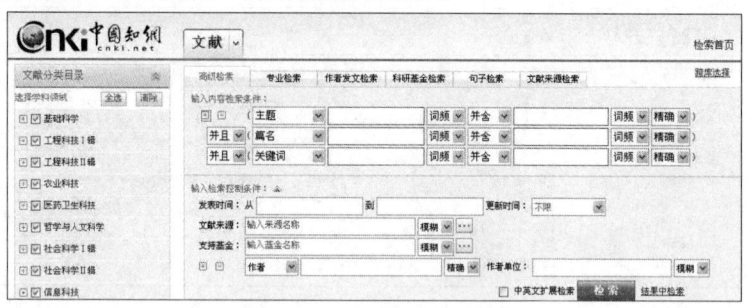

图6-25　跨库高级检索

4. 专业检索

专业检索是使用逻辑运算符和关键词构造检索式进行检索，适用于单个检索项多检索词检索和多个检索项检索。在单库高级检索页面或跨库高级检索页面，点击"专业检索"，即进入专业检索页面，见图6-26。

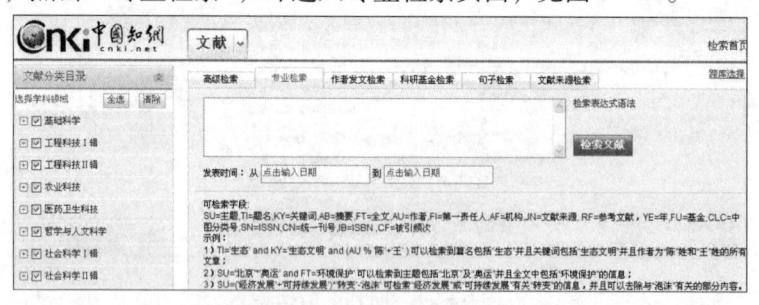

图6-26　专业检索

检索页面显示检索式的构造方法，需要注意的是：

所有符号和英文字母，都必须使用英文半角字符。

"+"、"-"、"*"分别代表"或者"、"不包含"、"并且"，用于检索词之间的匹配。例如，检索主题中同时包含"生物脱氮"、"焦化废水"的文献，可以输入：主题=生物脱氮*焦化废水。

"AND"、"OR"、"NOT"三种逻辑运算符的优先级相同，使用时前后要空一个字节，用于检索项之间的匹配。例如，检索主题为"生物脱氮"，作者为"杨平"的文献，可以输入：主题=生物脱氮 and 作者=杨平。

用英文半角圆括号"( )"将检索条件括起，用来改变检索条件的组合顺序。

5. 句子检索

句子检索是将检索词限定在文献正文中的一句话或一个段落中。在单库高级检索页面或跨库高级检索页面，点击"句子检索"，即进入句子检索页面，见图6-27。

句子检索适用于对文献内容进行检索，通过 ⊞ 和 ⊟ 按钮用来增加和减少检索条件，以便得到最精确的段落内容。

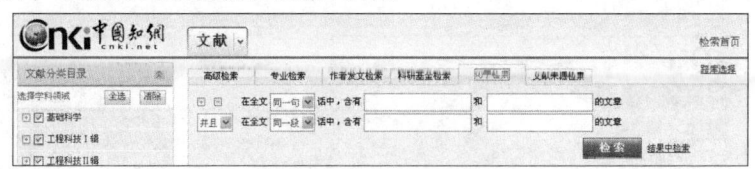

图6-27 句子检索

6. 出版物检索

在检索首页，直接点击"出版物检索"，即进入出版物检索页面，提供字母导航和分类导航。如果点击数据库名称，则进入该数据库导航页，数据库不同导航选项不同，并且字母导航在不同的数据库提供不同的导航内容。期刊导航页面见图6-28，博士学位授予单位导航页面见图6-29。

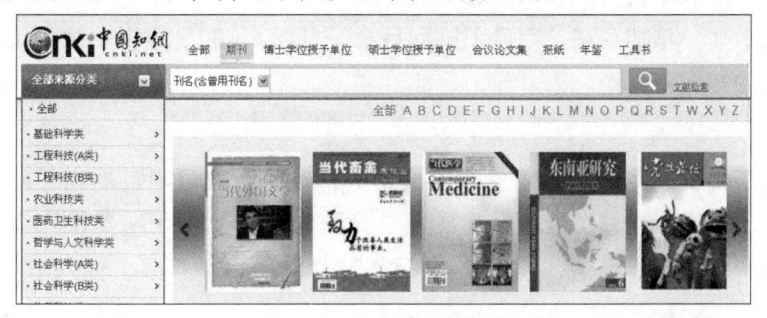

图6-28 期刊导航

以期刊导航为例，在"刊名"选项中输入"环境"，则检索到所有刊名

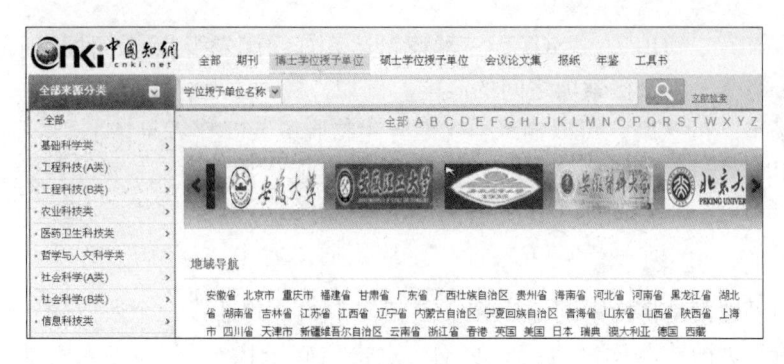

图 6-29　博士学位授予单位导航

中包含"环境"的期刊列表，并显示期刊的主办单位、影响因子、被引次数等信息，见图 6-30。

图 6-30　检索期刊名称

点击所关注的期刊名称，则进入该期刊的导航页面，提供出版年的导航及最新一期的文献目录，见图 6-31。

选中某一年某一期，则显示该期目录，见图 6-32。点击文献目录则进入该文献的知网节页面。

7. 特刊检索

期刊检索是在学术期刊范围内检索的，对于特刊可通过期刊导航，直接检索刊名；或者通过点击检索首页的"资源总库"，在期刊分类下点击"中国学术期刊网络出版总库_特刊"，即进入特刊检索。

六、CNKI 学术搜索 SCHOLAR

在检索首页，点击"国际文献总库"则进入 CNKI 学术搜索页面，见图 6-33，点击"高级检索"，则进入高级检索页面，见图 6-34。

图6-31　所选择的期刊导航

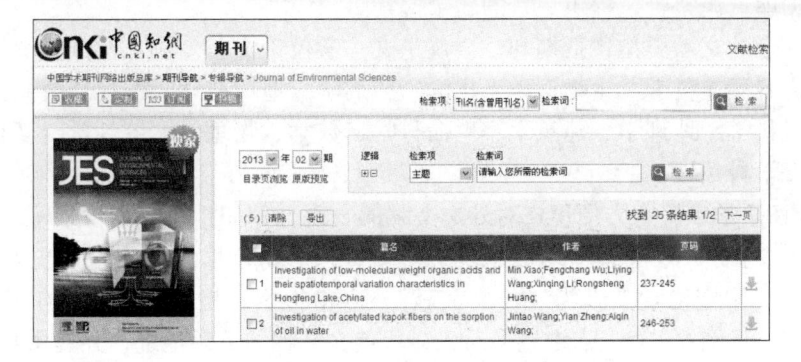

图6-32　所选择的期刊目录

图6-33　CNKI学术搜索-简单检索

图6-34　CNKI学术搜索－高级检索

CNKI学术搜索是"中国知网"与Springer、Taylor & Francis、Wiley、Cambridge University Press等100多家国际出版社进行版权合作，将数百个学术数据库资源整合，提供免费的题录检索。

整合的文献类型包括期刊、会议论文、学位论文，专利，标准，图书等。文献内容涵盖科学、生物医学、化学、药剂学、地球科学、医疗与公共卫生、计算机科学、地理学、建筑学、生命科学、数学、物理学、统计学、工程学、环境等学科领域。

CNKI学术搜索方便用户对外文文献的发现，例如：将两个检索字段均限定为"文摘"，在检索框内分别输入"guar"、"graft"，两个检索项匹配为"并且"，限定检索文献为"外文文献"，点击检索，检索到有关瓜尔胶接枝的文献，见图6-35。点击题名后，显示英文文献的下载地址，并提供相似文献的链接，见图6-36。

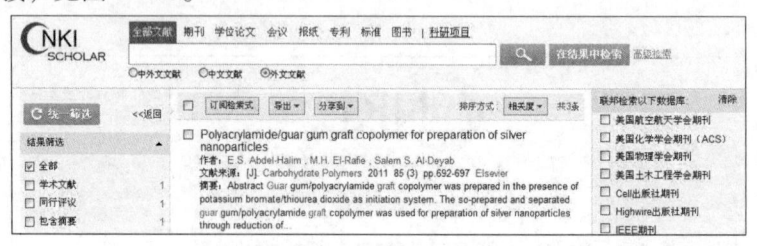

图6-35　高级检索结果

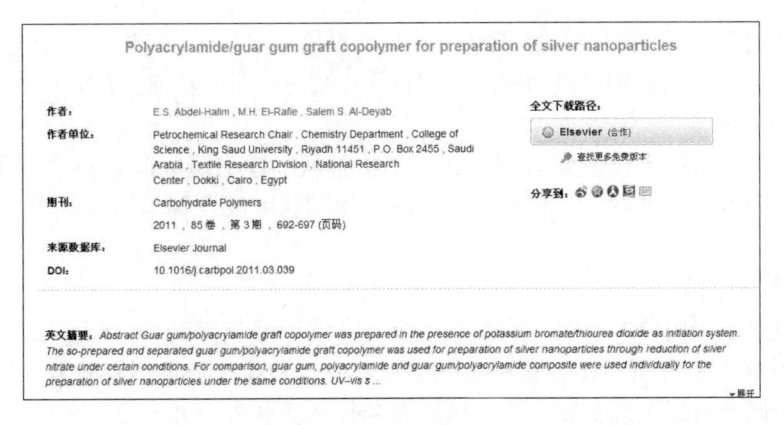

图 6-36 文献的下载地址

第二节 万方数据资源系统

一、万方数据资源系统概述

万方数据资源系统是中国科技信息研究所、万方数据集团公司开发的网上数据库检索系统，以完整的科技信息为主，同时涵盖经济、文化、教育等相关信息。系统资源汇集了期刊、学位论文、会议论文、科技成果、专利、标准、机构、政策法规等数据库。

1. 万方数据资源系统包含的数据库

（1）期刊数据库

收录了1998年以来国内出版的各类期刊7千余种，其中核心期刊2 800余种。

（2）学位论文

收录了1980年以来我国自然科学领域各高等院校、研究生院以及研究所的硕士、博士以及博士后论文共计约150万余篇。其中211高校论文收录量占总量的70%以上。

（3）会议论文

收录了由中国科技信息研究所提供的，1985年至今世界主要学会和协会主办的会议论文，以一级以上学会和协会主办的高质量会议论文为主。

（4）外文文献

包括外文期刊论文和外文会议论文。外文期刊收录了1995年以来世界各国出版的 20 900 种重要学术期刊。外文会议论文收录了 1985 年以来世界各主要学协会、出版机构出版的学术会议论文，部分文献有少量回溯。

（5）标准

综合了由国家技术监督局、建设部情报所、建材研究院等单位提供的相关行业的各类标准题录。包括中国标准、国际标准以及各国标准等 29 万多条记录。

（6）专利

收录了国内外的发明、实用新型及外观设计等专利 3 000 余万项，其中中国专利 600 万余项，外国专利 2 400 万余项。内容涉及自然科学各个学科领域，中国专利每两周更新一次，国外专利每季度更新一次。

（7）成果资源

主要收录了国内的科技成果及国家级科技计划项目。内容由《中国科技成果数据库》等十几个数据库组成，收录的科技成果总记录约 60 万项，内容涉及自然科学的各个学科领域。

（8）法规资源

收录自 1949 年建国以来全国各种法律法规 28 万余条。内容不但包括国家法律法规、行政法规、地方法规，还包括国际条约及惯例、司法解释、案例分析等。

检索结果按内容、效力级别、法律法规的颁布日期进行分类，让您能从众多的检索结果中快速筛选出您要找的标准。根据您选择查看的标准提供相关检索词，便于进一步了解相关领域的知识。

（9）机构信息系统

机构信息系统是在《中国企业、公司及产品数据库》的基础上扩展的数据库系统，现有《中国企业、公司及产品数据库》、《中国科研机构数据库》、《中国科技信息机构数据库》、《中国中高等教育机构数据库》四个数据库组成。收录了 20 多万家企业机构、科研机构、信息机构和教育机构的科研产出（包括发表论文、承担科技成果、申请专利、起草标准）和媒体报导情况，便于了解与分析相关机构的社会信用、科研能力、经营状况、发展方向等。针对各类机构的特点进行分类导航。

2. 万方数据资源系统的浏览器安装

万方数据资源为 PDF 格式文献，阅读全文需要安装所需的浏览器。

二、万方数据资源系统的检索方式

万方数据资源系统提供一框式检索、浏览检索、高级检索、专业检索等检索方式。检索方式支持单库检索和跨库检索。

1. 一框式检索

一框式检索，简单易用。与中国知网不同的是，该系统的一框式检索支持 PQ 表达式，不提供检索字段选择。

（1）选择切换数据库

登陆后，系统主页即为一框式"学术论文"检索页面，"学术论文"为跨库检索，包括期刊、学位、会议、外文文献。见图 6-37。页面还列出了期刊、专利、会议、标准等常用的几个数据库，点击进行切换。

图 6-37 万方数据资源系统主页

（2）输入检索式

在检索框内输入"石墨烯*纳米带*量子点"，点击"检索"，显示检索结果，文献记录格式为全记录格式，记录格式不能改变。如果文献被引用，显示文献的被引用次数。对于期刊文献还显示该期刊被数据库收录的情况。见图 6-38。

检索结果提供学科分类、论文类型、年份、按刊分类四种分类方式，还提供学术研究趋势图。

支持二次检索，但二次检索的检索字段已经限定，不能选择，如果想在标题内进行二次限定，就只能在"标题"框内输入检索词，如果想从关键词的角度进行二次限定，就只能在"关键词"框内输入检索词。

支持 PQ 表达式、文献记录的显示方式不能改变、二次检索字段限定，这是与中国知网的一框检索方式不同之处。

（4）检索结果的排序

提供"相关度优先"、"新论文优先"、"经典论文优先"、"仅相关度"、

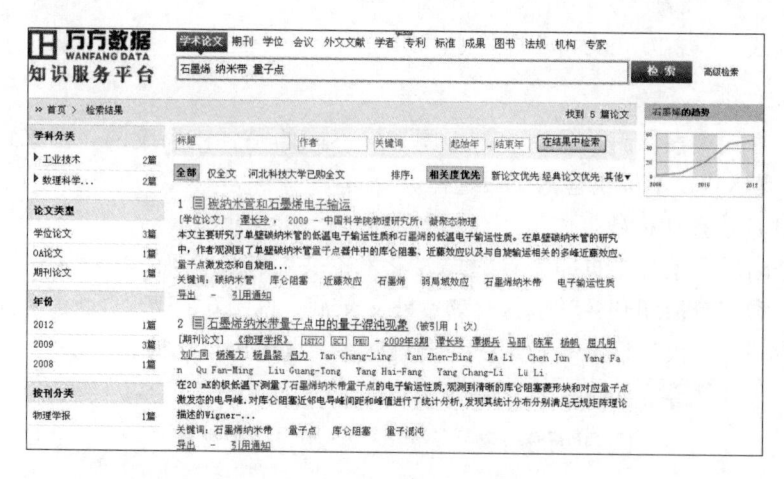

图 6-38 一框式检索结果

"仅出版时间"、"仅被引次数"六种排序方式。"相关度优先"、"新论文优先"、"经典论文优先"是分别在论文关键词匹配的基础上、论文出版的时间、论文被引次数的基础上又综合了其他的因素。

(5) 检索结果的浏览与下载

在检索结果页面点击文献标题，进入文献的预览及下载页面，见图6-39。点击 查看全文，进行文献的在线浏览，点击 下载全文，进行文献的保存。

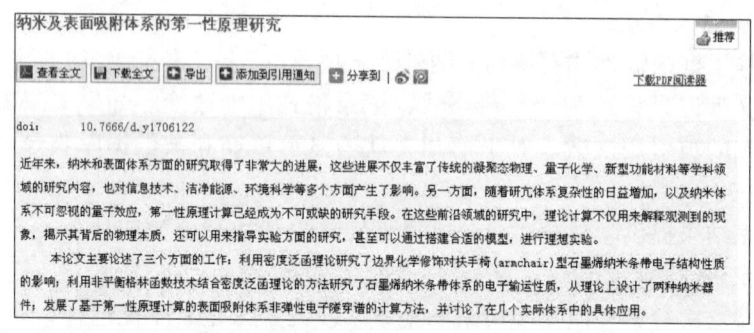

图 6-39 文献的浏览与下载

(6) 知识脉络分析

在检索结果页面，点击学术趋势图，显示所检索文献主题的研究趋势，提供经典文献、前沿文献、相关学者的链接。见图6-40、图6-41。

138

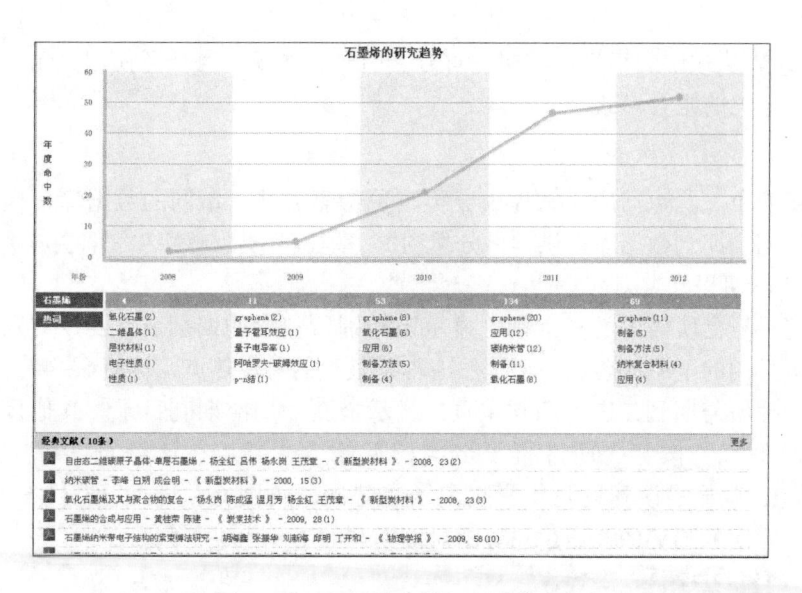

图6-40　知识脉络分析-经典文献

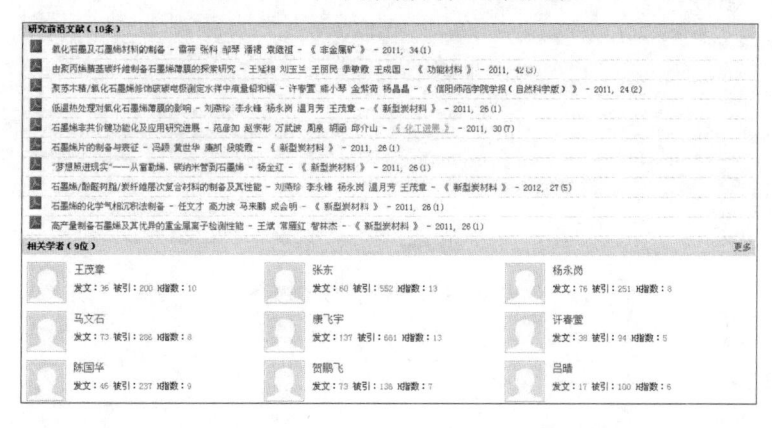

图6-41　知识脉络分析-前沿文献

（7）PQ表达式的构建

PQ表达式由多个空格分隔的部分组成，空格代表"并且"关系。每个部分又用冒号分隔符"："分隔为左右两部分，左侧为限定的检索字段，右侧为要检索的词或短语。例如"主题：生物脱氮 date：2000-"表示主题词中含有"生物脱氮"并且出版年限为2000年以后的文献。

如果精确匹配检索词，可使用引号""或书名号《》将检索词括起来。

出版年限中"-"的前后分别为限定的年限的上限和下限，上限和下限可以省略一个，表示没有上限或下限，但"-"不可省略。

139

PQ 表达式中的符号（空格、冒号、引号、横线）可任意使用全角、半角符号及任意的组合形式。

2. 分类浏览检索

切换单一的数据库后，提供分类浏览检索方式。不同的数据库，提供的分类不同。期刊数据库提供学科分类浏览、地区分类、首字母三种方式。

（1）期刊分类浏览

选择自己所需的学科类别，显示该类别所包含的期刊名，及该类别文献近1个月内的下载排名，一目了然地得到最近的关注热点，见图6-42。

选择所需期刊，进入期刊主页，显示最新一期的期刊目录。其他该刊所收录的文献，按年、期进行了分类，见图6-43。在该浏览界面，点击 统计分析 ，则显示该刊近几年影响因子趋势图，见图6-44。还提供发文量、总被引频次的趋势图，通过趋势图对该期刊的影响力进行判断。

图6-42　期刊分类浏览

图6-43　选定期刊浏览

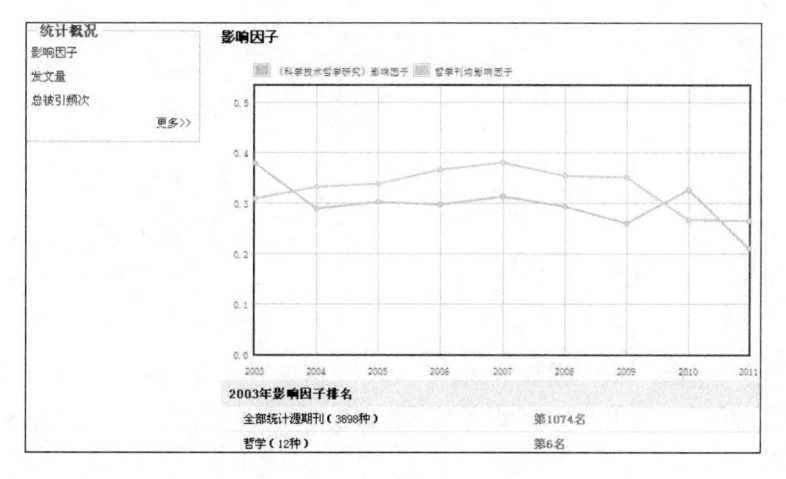

图6-44　影响因子趋势图

（2）期刊地区分类浏览

按期刊的出版地进行分类，点击"北京"，则显示所有出版地为"北京"的期刊列表，见图6-45。

图6-45　地区分类浏览

（3）期刊首字母浏览

按期刊的首字母进行排序，点击"A"，则显示所有首字母为"A"的期刊列表，见图6-46。

3. 高级检索及专业检索

（1）高级检索

在检索首页，点击"高级检索"，则进入跨库高级检索方式，数据库可根据自己的需要进行选择，见图6-47。可通过 和 按钮用来增加和减少检索条件，各检索条件之间提供"与"、"或"、"非"三种组配方式。检索词的

141

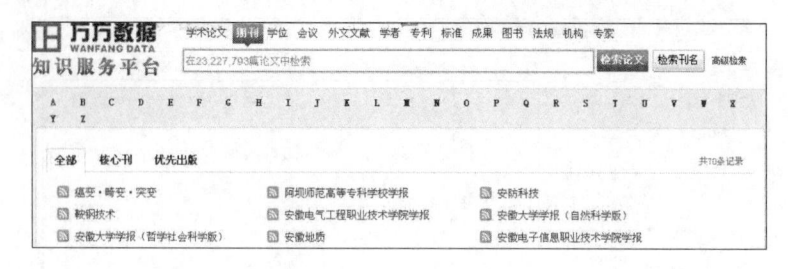

图 6-46　首字母浏览

匹配提供"精确"和"模糊"两种方式。"精确"是指检索结果中含有与检索词完全匹配的词语;"模糊"则是指检索结果包含检索词或检索词中的词素。

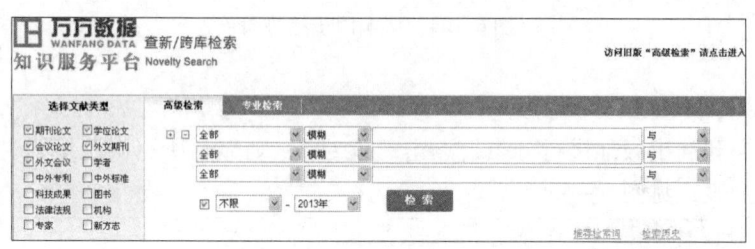

图 6-47　高级检索

(2) 专业检索

在高级检索页面,点击 专业检索 ,则进入专业检索方式。专业检索式采用 PQ 表达式。例如,在检索框内输入检索式"主题=石墨烯*纳米带*量子点",其检索结果见图 6-48。

(3) 检索结果导出

高级检索、专业检索提供文献导出功能,在检索结果页面,点击文献标题前的 □ ,选中文献,然后点击 导出(3) ,生成新的页面,显示所选择的文献。提供参考文献格式、自定义格式等多种格式进行选择,见图 6-49。

(4) 导出文献的清除

如果一次进入系统,进行一次检索并导出后,若再次检索并导出,则导出结果不仅仅显示当前的导出文献,还显示上次的导出文献,可一次性地对两次导出结果进行保存。如果不希望显示第一导出结果,可点击,在此页面对不需要导出的文献进行清除,见图 6-50。

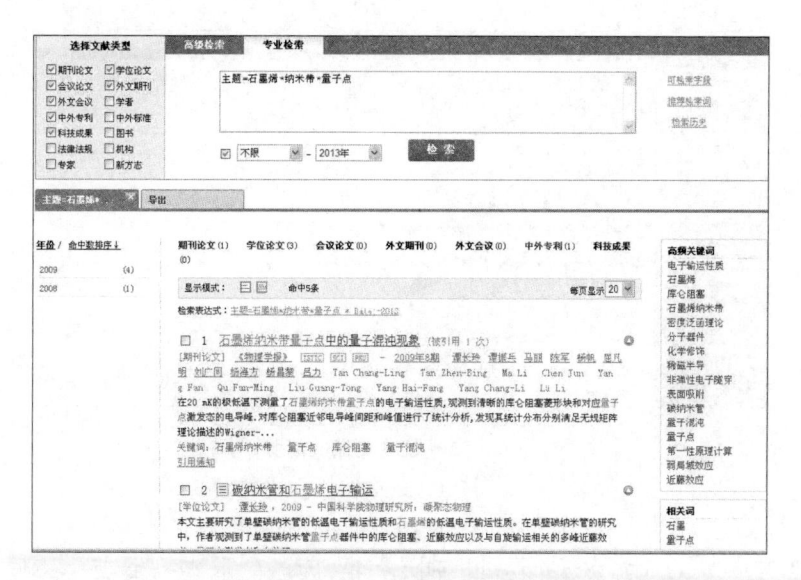

图 6-48 专业检索结果

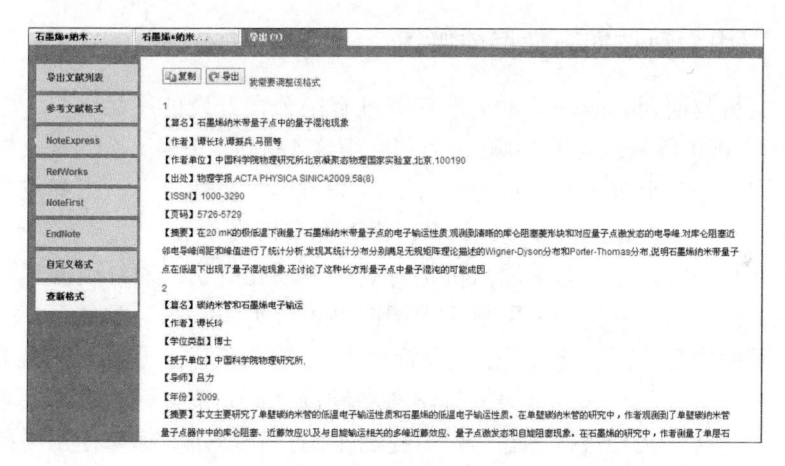

图 6-49 检索结果的导出

图 6-50　导出文献的清除

第三节　中文科技期刊数据库（重庆维普资源）

一、中文科技期刊数据库概述

中文科技期刊数据库是重庆维普资讯有限公司开发的产品之一，收录中文期刊 12 000 余种，全文 3 000 余万篇，引文 4 000 余万条，分为全文版、文摘版、引文版三个版本。学科专辑分为社会科学、自然科学、工程技术、农业科学、医药卫生、经济管理、教育科学、图书情报 8 个专辑。

中文科技期刊数据库采用人机结合的半自动化标引，对标引流程进行了严格规范的管理。分类标引采用《中国图书馆分类法》为分类体系，并根据每篇文献的内容特征进行入类。主题标引参照《汉语主题词表》、《机械工程叙词表》、《化工汉语主题词表》等学科主题词表，并依据《检索期刊条目著录规则》等标引规则进行主题标引。提高了用户在海量数据库使用中的查全率和查准率。

该数据库提供 PDF 格式数据，需下载相应的浏览器，才能阅读全文。

二、中文科技期刊数据库检索方式

该数据库提供快速检索、传统检索、高级检索、期刊导航 4 种检索方式。

1. 快速检索

用户登录后，系统默认为快速检索方式，见图 6-51。

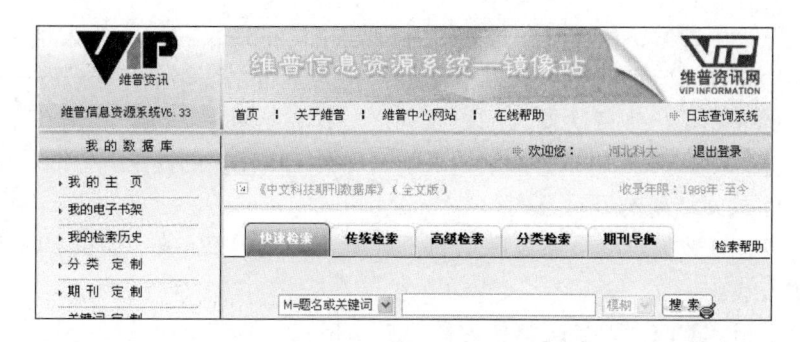

图6-51 快速检索界面

(1) 选择检索字段

选择检索字段后直接在检索框中输入检索词，检索词可为多个检索词，可用"*"、"+"、"-"构建检索词之间的关系。例如输入"石墨烯*纳米带"，点击"搜索"，即可得到检索结果列表，见图6-52。

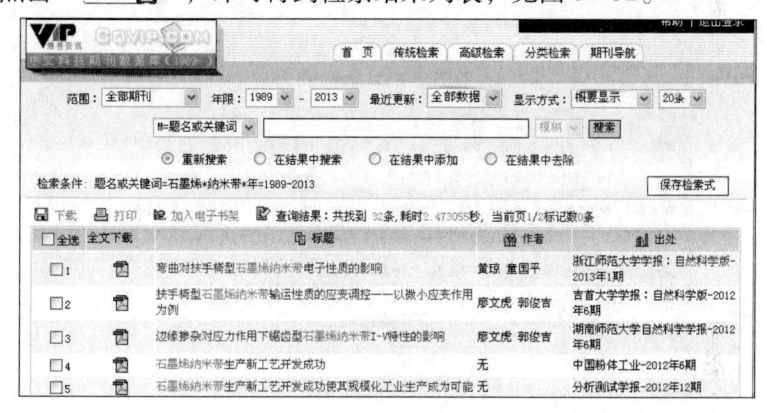

图6-52 快速检索结果

快速检索提供题名或关键词、关键词、刊名、作者、第一作者、机构、题名、文摘、分类号、作者简介、基金资助、栏目信息12种检索字段。其中需要注意的是"栏目信息"是指某种杂志特定的专栏文章、短讯等，用此入口检索到的结果有的是论文形式，有的只是"全文快照"——即短讯形式。

(2) 检索范围的限制及二次检索

在初次检索结果页面，提供出版年限、期刊范围选择（全部期刊、重要期刊、核心期刊）两种限制方式。

二次检索提供在结果中检索、在结果中添加、在结果中去除三种检索方

145

式。在结果中检索，相当于布尔逻辑的"与"、"and"、"*"，检索结果必须出现两次输入的检索词；在结果中添加，相当于布尔逻辑的"或"、"or"、"+"，检索结果出现两次输入的检索词之一；在结果中去除，相当于布尔逻辑的"非"、"not"、"－"，检索结果不出现第二次输入的检索词。

(3) 检索结果的显示方式

每页记录数的改变，系统默认每页显示记录数是 20 条，提供 20、50 两种显示方式。

记录格式的改变，系统默认为概要显示格式，通过下拉菜单，还可以选择文摘显示或全记录显示模式，全记录显示见图 6－53 所示。

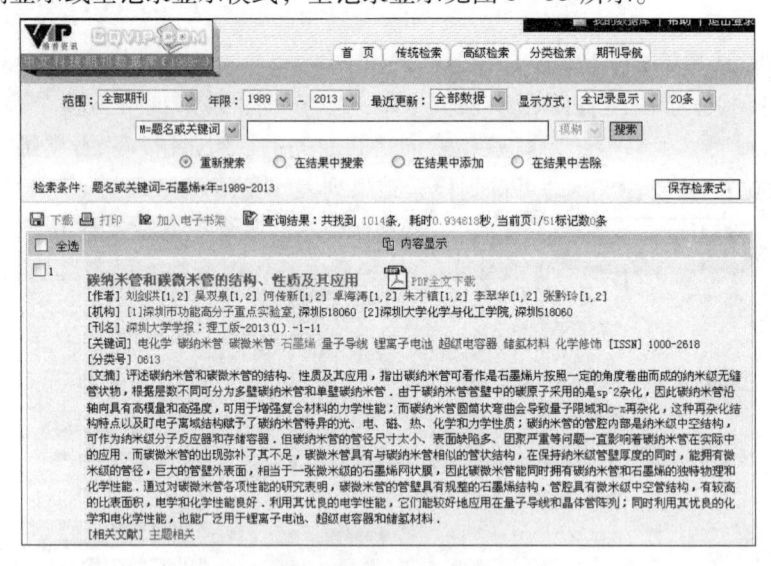

图 6－53　全记录显示

(4) 检索结果的下载

在检索结果页面，点击 ，进行全文下载。

(5) 检索结果的导出

在检索结果页面，点击文献标题前的 ，选中文献，然后点击 下载，显示下载内容选择，见图 6－54。选择所需的内容后，点击下载，导出文献以文本文件进行保存，见图 6－55。

2. 传统检索

在主页面，点击"传统检索"，即进入传统检索页面，见图 6－56。与快速检索相比，传统检索增加了期刊范围、出版年限、专辑导航、分类导航功

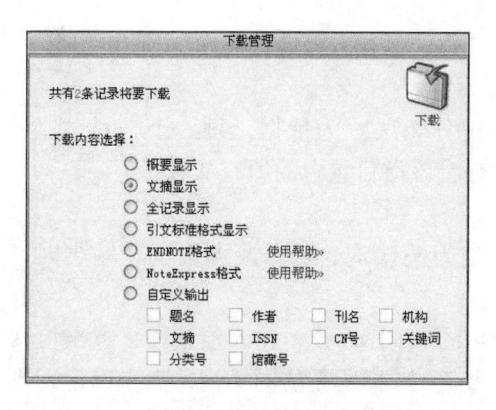

图6-54　下载管理

图6-55　导出文献

能。在检索时，可以从所需的角度进行范围限制，缩小检索范围，提高检索速度并获得精准文献。

图6-56　传统检索页面

支持二次检索，二次检索可以输入检索词，也可以输入检索式。当检索式是构建的检索词出现在不同的检索字段内时，需要将检索字段限定为"任意字段"。

（1）专辑导航

所有资源分为社会科学、经济管理、教育科学、图书情报、自然科学、农业科学、医药卫生、工程技术八个专辑。每个专辑又按树形结构展开相应的专题。点击专题名称,可查看该专题包含的所有文献。

(2) 分类导航

以《中国图书馆分类法》为依据,每一个学科分类都按树形结构展开。点击类目名称,可查看该类目包含的所有文献。

(3) 同义词

当检索字段限定为关键词、题名或关键词、题名时,可使用"同义词"功能,降低漏检率。

勾选页面左上角的"同义词",输入检索词,点击检索后,可查看到该词的同义词,见图6-57,选择所需的同义词,点击确定,则显示包含同义词的检索结果。

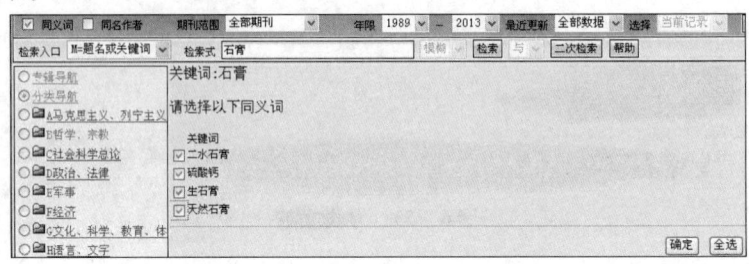

图6-57 选择同义词

(4) 同名作者

当检索字段限定为作者、第一作者时,可使用"同名作者"功能,排除同名作者,提高检索结果的准确度。

勾选页面左上角的"同名作者",输入检索词"李伟",点击"检索"按钮,即可找到作者名为"李伟"的作者单位列表,见图6-58,选择正确的单位列表后,点击确定,显示检索结果。

3. 高级检索

在主页面,点击"高级检索",即进入高级检索页面,见图6-59。高级检索提供组配检索、检索式检索两种方式。

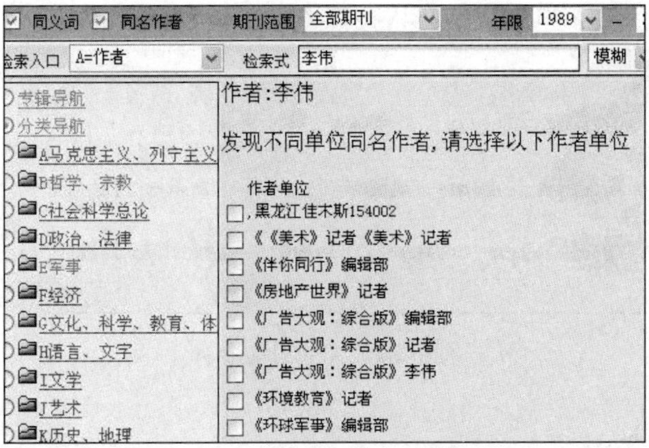

图6-58 选择同名作者

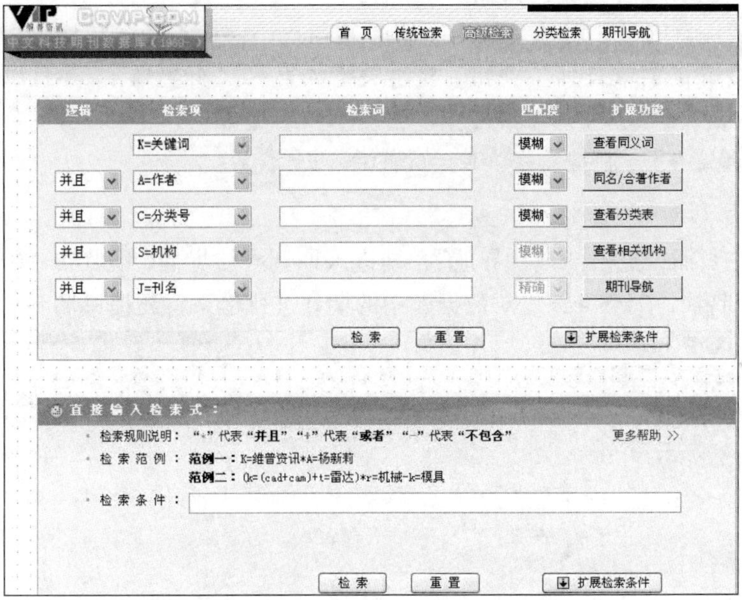

图6-59 高级检索页面

(1) 组配检索

组配检索提供多个检索字段进行逻辑运算。各检索字段之间提供"与"、"或"、"非"三种组配方式。检索词的匹配提供"精确"和"模糊"两种方式。提供相应字段扩展信息的限定。点击 扩展检索条件，则可从时间、专辑、期刊范围的角度进一步限定，见图6-60。

149

需要注意的是，组配检索严格按照检索项由上到下的顺序进行检索。

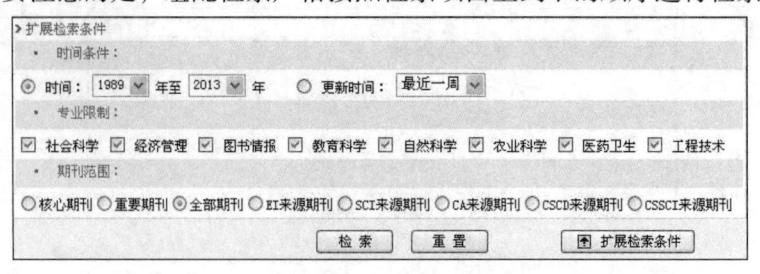

图 6-60 扩展检索条件

（2）专业检索

专业检索是使用逻辑运算符和关键词构造检索式进行检索，适用于单个检索项多检索词检索和多个检索项检索。

需要注意的是，该系统检索字段必须用代码，检索字段的代码可以通过检索字段下拉菜单查到。例如，检索关键词含有"石墨烯"，并且题名含有"制备"或"合成"的文献，检索式为：K=石墨烯*T=（制备+合成）或（K=石墨烯*T=制备）+（K=石墨烯*T=合成）。

4. 期刊导航

在主页面，点击"期刊导航"，即进入期刊导航界面，见图 6-61。可以输入"刊名"、"ISSN 号"对数据库中的期刊进行检索，还提供期刊名称首字

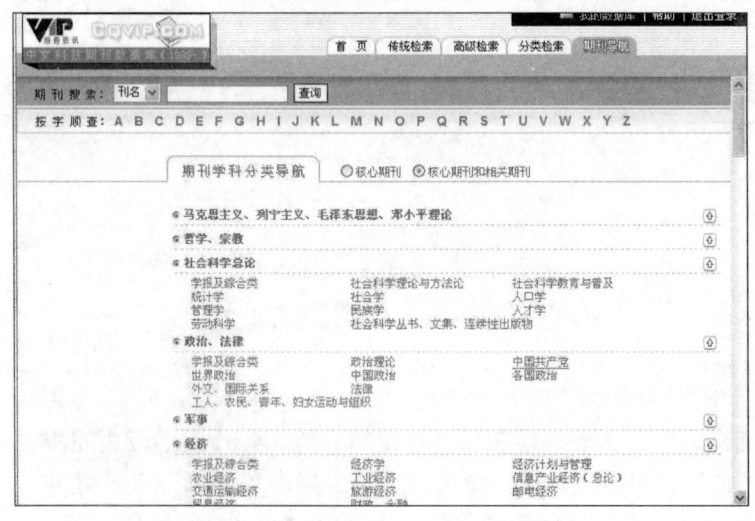

图 6-61 期刊导航页面

母顺序、学科分类导航、期刊范围分类三种检索方式。

第四节 其他中文网络资源

一、中国高等教育文献保障体系

中国高等教育文献保障系统（China Academic Library & Information System，简称 CALIS）（http://www.calis.edu.cn/），是经国务院批准的我国高等教育"211 工程"总体规划中三个公共服务体系之一。作为全国最大的中国高校图书馆联盟，其宗旨是实现信息资源共建、共知、共享，以发挥最大的社会效益和经济效益，为中国的高等教育服务，建立了一系列国内外文献数据库，包括联合目录数据库、中文现刊目次库等自建数据库和引进的国外数据库，开发了联机合作编目系统、联机公共检索（OPAC）系统、馆际互借与文献传递系统等，形成了较为完整的 CALIS 文献信息资源服务网络。并在此基础上开展了公共目录查询、信息检索、馆际互借、文献传递、网络导航等网络化、数字化文献信息服务。其主页见图 6-62 。

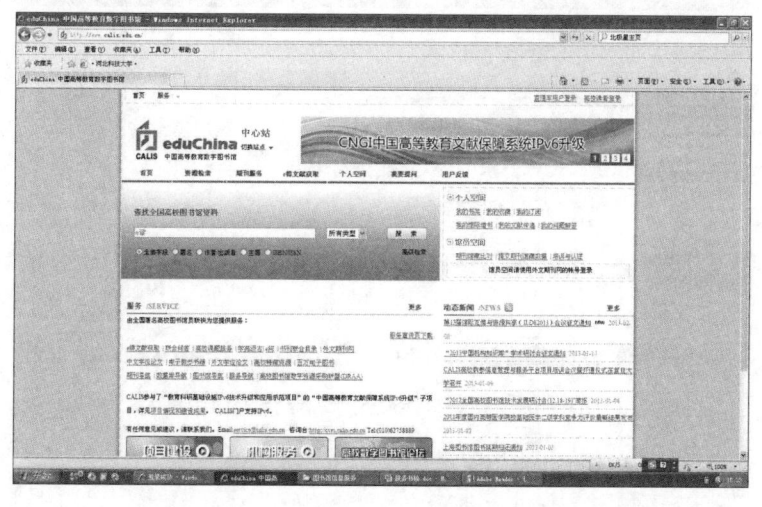

中国高等教育文献保障系统主页上链接了各参建单位针对本单位重点学科建立的数据库，会员馆用户通过点击相应数据库进行检索，然后通过馆际互借协议，来获取全文。

图 6-62 中国高等教育文献保障系统主页

二、中国科学院国家科学图书馆

中国科学院国家科学图书馆（http：//www.las.ac.cn/），成立于1950年4月，原名"中国科学院图书馆"，1985年11月改为中国科学院文献情报中心。2000年，中心联合中国科技信息研究所等8个科技信息机构，共同组建了"国家科技图书文献中心"，并在其中承担着国家科学图书馆的职能和任务。文献收藏形成了以自然科学、基础学科和高新技术文献为主的特色和优势，网上数字化信息资源丰富，面向社会开放，为用户提供书目检索、网络检索、电子文献阅览、多媒体视听、远程原文传递等多项网络服务。2006年3月中国科学院文献信息中心改名为中国科学院国家科学图书馆，它由4个中国科学院院级文献情报机构整合成，是支撑我国科技自主创新、服务国家创新体系、促进科学文化传播的国家级科技文献情报机构，主要为自然科学、交叉科学和高技术领域的科技自主创新提供文献信息保障、战略情报研究服务、公共信息服务平台支撑和科学交流与传播服务，同时通过国家科技文献平台和开展共建共享来支持国家创新体系其他领域的信息需求。其主页面见图6-63。

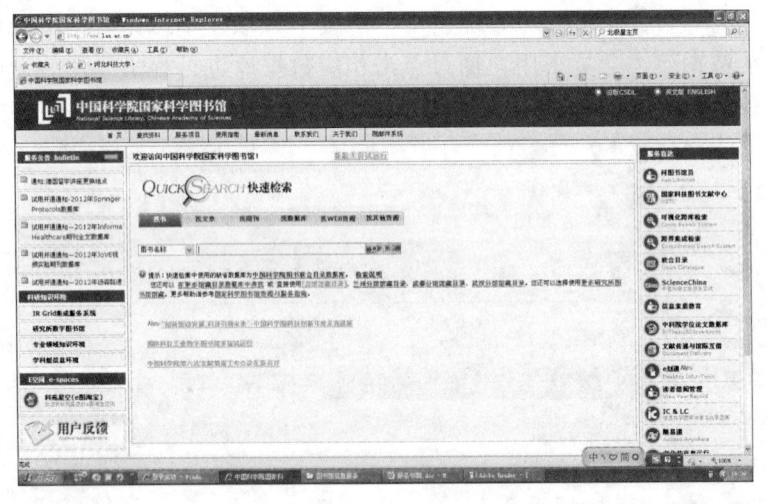

图6-63 中国科学院国家科学图书馆主页

第七章 外文网络文献资源

第一节 科学引文索引 Web of Science

一、Web of Science 数据库概述

Web of Science 数据库是综合性文摘索引数据库,是汤森路透 Web of Knowledge 平台下的产品之一。数据库收录了自然科学、工程技术、生物医学、社会科学、艺术与人文等领域 10 000 多种高影响力的学术期刊。提供多角度的分析及后处理功能,链接了课题组网站、研究人员博客、科技新闻等互联网上的学术信息。

Web of Science 数据库由 3 个引文数据库、2 个会议论文引文数据库和 2 个化学数据库构成。引文数据库为:Science Citation Index Expanded(SCI – EXPANDED)、Social Sciences Citation Index(SSCI)、Arts & Humanities Citation Index(A&HCI);会议论文引文数据库为:Conference Proceedings Citation Index – Science(CPCI – S)、Conference Proceedings Citation Index – Social Science & Humanities(CPCI – SSH);化学数据库为:Current Chemical Reactions(CCR – EXPANDED)、Index Chemicus(IC)。

其中 A&HCI 数据库收录考古学、建筑、艺术、亚洲研究、电影/广播/电视、民俗、历史、哲学、语言、语言学、文学评论、文学、音乐、哲学、诗歌、宗教、戏剧等学科领域,且除常规的引用外,还对论文作者提及的油画、照片、建筑图、乐谱等文献进行标示;Current Chemical Reactions 收录一步或多步反应的新方法,数据源自重要期刊和专利授权机构的专利,每一步反应都提供精确的反应式及反应详细信息;Index Chemicus 收录国际期刊中报导的新颖有机化合物结构及重要的相关数据,许多记录具有从原料到最终产物的反应过程。

二、Web of Science 数据库登录

数据库通过 IP 范围控制访问权限,在 IP 范围内,通过登录 Web of Knowledge 平台，点击 Web of Science 链接进行访问。

三、检索途径

数据库为用户提供了普通检索、被引参考文献检索、化学结构检索、高级检索等检索方式。登录后，系统默认为普通检索页面。

1. 普通检索

提供研究主题、标题、作者、ResearcherID、团体作者、编者、出版物名称、DOI、出版年、地址、机构扩展、会议、语种、文献类型、基金资助机构、授权号、入藏号 17 种检索字段。其检索页面见图 7-1。

支持截词符（?、*）进行截词检索及逻辑算符（AND、OR、NOT、SAME）连接单词或短语检索。其中 ? 为中间截断，代表一个字符；* 为后截断，代表无限个字符；SAME 算符连接的检索词的位置更近，一般出现在同一个字段中。

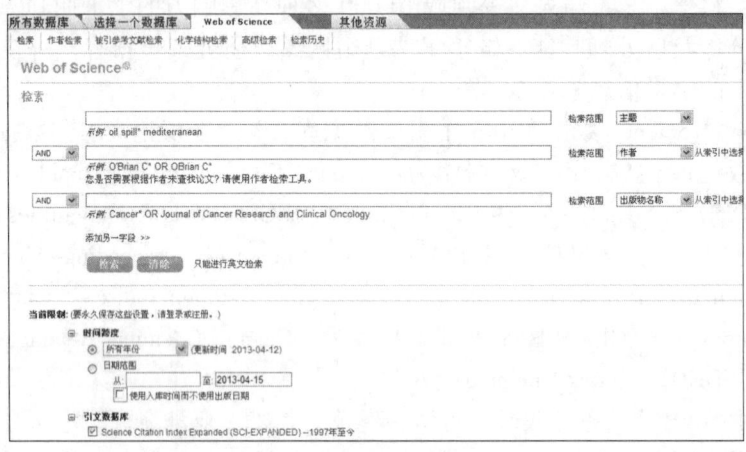

图 7-1 普通检索

2. 作者检索

作者检索途径与普通检索途径下作者检索相比，增加了研究领域选择及组织机构选择。其检索页面见图 7-2。

3. 被引参考文献检索

提供被引作者、被引著作和被引年份等检索字段。其检索页面见图 7-3。

在进行被引作者检索时，一般以第一作者进行检索，若以其他作者进行检索，如果 Web of Science 数据库没有收录，将得不到检索结果，并且被检索

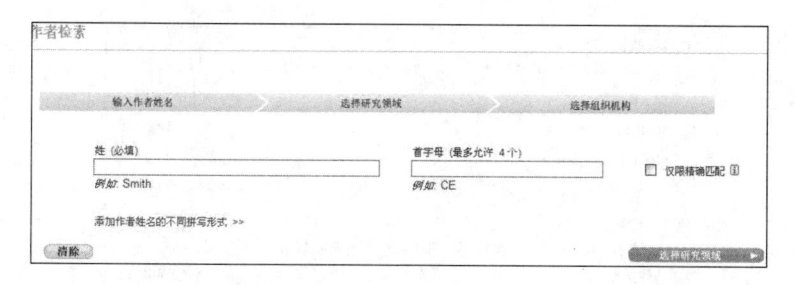

图7-2 作者检索

图7-3 被引参考文献检索

文献的非标准著录格式也将检索不到。

4. 化学结构检索

提供化学结构式或反应式、化合物数据、化学反应数据三种检索方式。其检索页面见图7-4、7-5。

图7-4 化学结构式检索

155

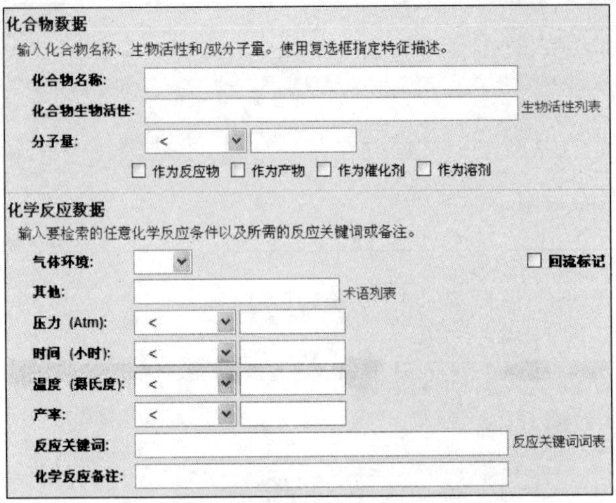

图7-5 化合物数据及化学反应数据检索

进行化学结构式或反应式检索时需要下载并安装插件 Chemistry Plugin，用于绘制和显示结构式或反应式。其检索步骤为：点击 Draw Query，弹出画图页面→绘制化学结构式或反应式→点击绿箭头，将检索式添加到检索框中→选择检索式匹配方式为子结构或精确匹配→检索。

化合物数据检索提供化合物名称、化合物生物活性、分子量三种检索字段。还可以对化合物在反应过程的作用进行限定。

化学反应数据检索提供气体环境、气压、温度、反应时间、产量、反应关键词（组）、反应注释、其他等反应条件作为检索字段。

5. 高级检索

高级检索提供两种检索方式，一是运用逻辑运算符、字段标识符、括号来构建检索式进行检索；二是通过对该检索页面下的检索历史进行逻辑运算。其检索页面见图7-6。其字段标识符见图7-7。检索历史见图7-8。

四、检索实例

1. 检索实例一（文献检索）

有机共轭聚合物

（1）输入检索词

在普通检索页面，选择检索字段为"主题"，在检索框内输入检索词"organic conjugat* polymer*"，可以限定文献时间跨度、选择数据库，点击

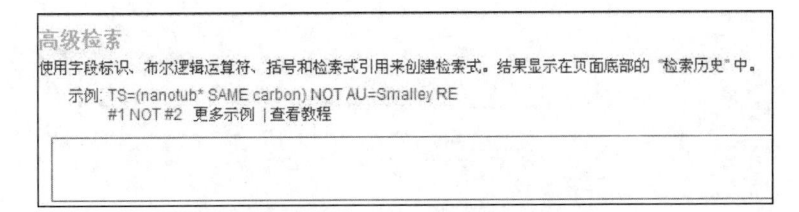

图7-6　高级检索

图7-7　字段标识符

图7-8　检索历史

"检索",得到检索结果。见图7-9。

（2）检索结果排序

在检索结果页面,利用 排序方式:出版日期（降序） 下拉框,选择出版日期降序（或升序）、入库时间降序（或升序）、被引频次降序（或升序）、相关性、第一作者降序（或升序）、来源出版物降序（或升序）、会议标题降序（或升序）对检索结果进行重新排序。被引频次降序可以快速获得该领域高影响力文献。

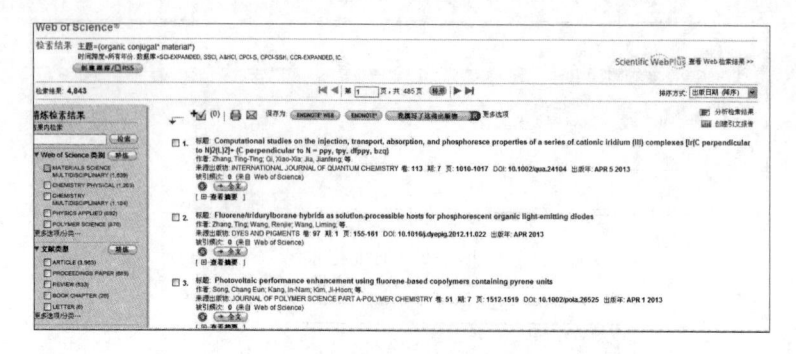

图7-9 检索结果

(3) 检索结果分析及引文报告

在检索结果页面，点击检索结果页面右侧上方的 分析检索结果，进入分析选项页面，见图7-10。

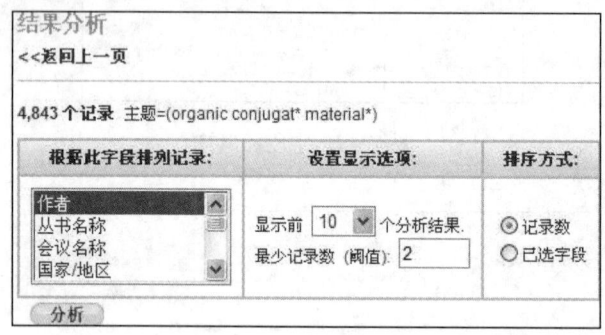

图7-10 分析选项页面

提供作者、丛书名称、会议名称、国家/地区、出版年、来源出版物、文献类型、机构、基金资助机构、授权号、团体作者、语种、学科类别、编者、组织、组织扩展、研究方向等分析选项。选择分析字段为"来源出版物"，设置显示结果记录数及排序方式，得到该领域发文量排在前10位的期刊，从而发现目标投稿期刊，见图7-11。作者分析可发现该领域主要研究人员及潜在的合作者。出版年分析可了解该领域的研究历史和发展。

在检索结果页面点击 创建引文报告，以柱状图形式显示总体文献每年的引文数，以列表形式显示单篇文献每年的引文数，见图7-12。通过引文数量的变化，可以看出该领域研究方向的变化趋势。

图 7-11　来源出版物分析结果

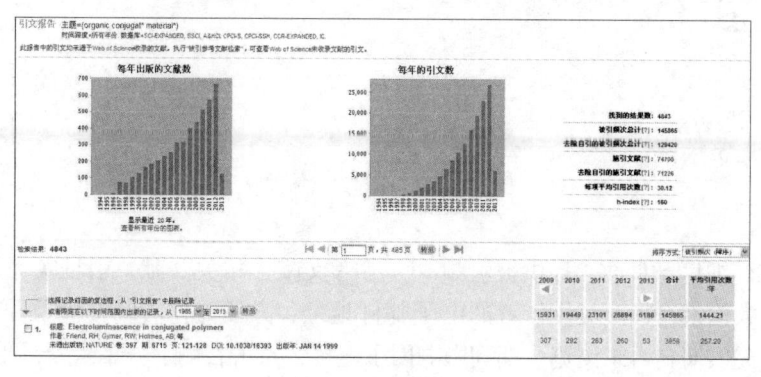

图 7-12　引文报告

(4) 检索结果的精炼

支持二次检索，可在检索框内输入检索词，进行二次检索。并提供 Web of Science 类别、文献类型、研究方向、作者、来源出版物等多途径限定。如在检索框内输入"Polaron"，进行二次检索，检索结果见图 7-13。如果想对

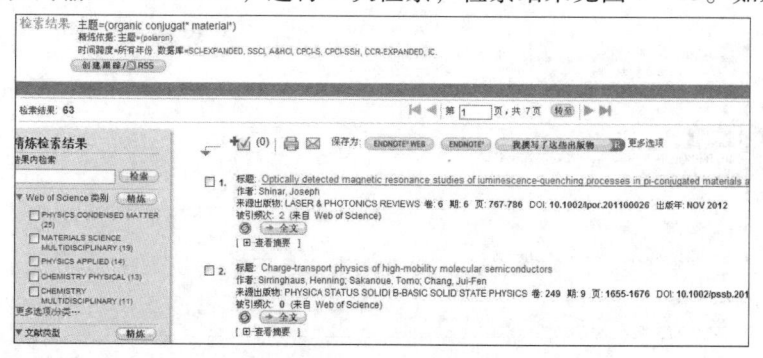

图 7-13　二次检索结果

159

该领域的进展进行快速了解，可以通过"文献类型"精炼方式，将"文献类型"限定为"review"，得到综述型文献。

（5）检索结果浏览

在检索结果页面，文摘的阅读有两种途径，一是点击 田 查看摘要，阅读文摘；二是点击文献标题，显示文献的详细信息，见图7-14。

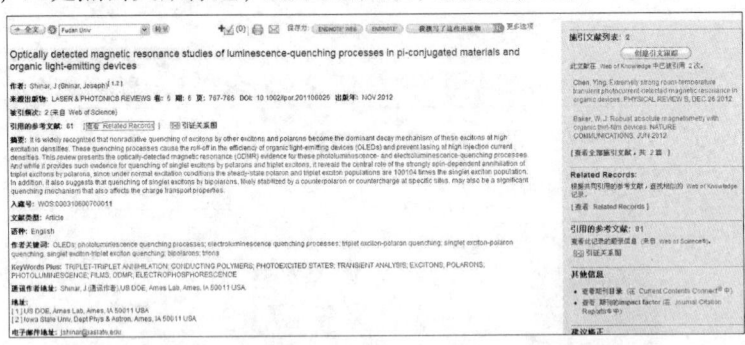

图7-14 文献详细信息

在详细信息页面，提供被引频次、参考文献、相关文献、引证关系图等链接，扩大检索途径。提供作者的电子邮件地址，方便与作者的交流及原文文献获取。提供期刊目录浏览、期刊影响因子链接，点击右侧下方 查看期刊目录，浏览期刊该期目录，见图7-15；点击 查看 期刊的impact factor，查看该期刊近几

图7-15 期刊目录浏览

年的影响因子，见图 7-16。

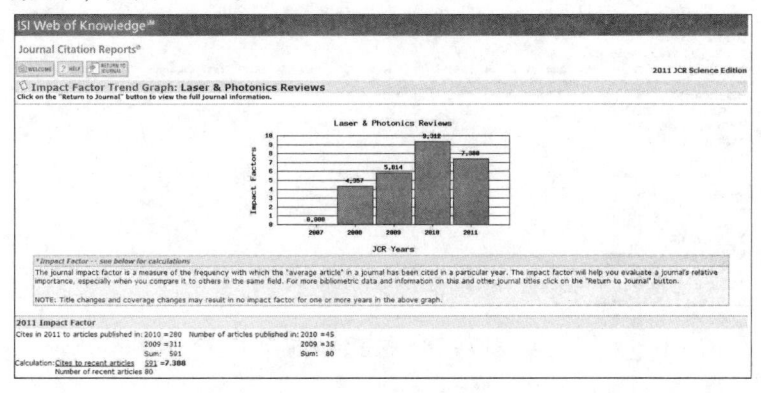

图 7-16 期刊影响因子

(6) 检索结果下载

对于目标文献，点击文献标题前的 ☐，选中文献 ✚☑，然后点击 ✚☑，选中的文献数量显示在后，如选中 4 篇文献，则显示为 ✚☑ (4)。点击文献数量，显示文献输出项选择，见图 7-17。选择后，点击 🖨，则输出文献，见图 7-18。

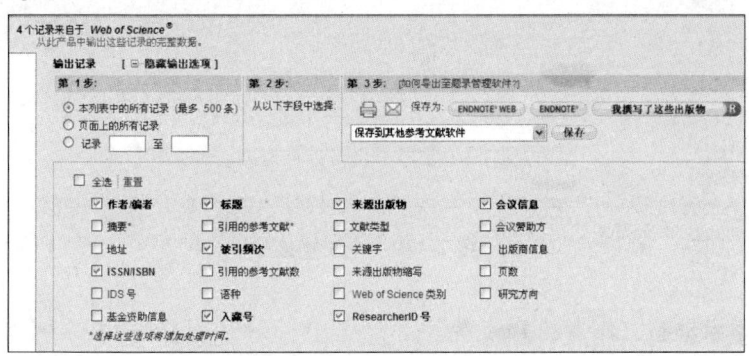

图 7-17 输出项选择

(7) 检索结果原文获取

在检索结果页或文献详细信息页，点击 → 全文 ，可获得原文链接，见图 7-19。如果是该机构已经购买的资源，则可阅读原文全文。

(8) Web 信息获取

在检索结果页面，点击页面上方的 查看Web检索结果 ，链接到互联网上课

161

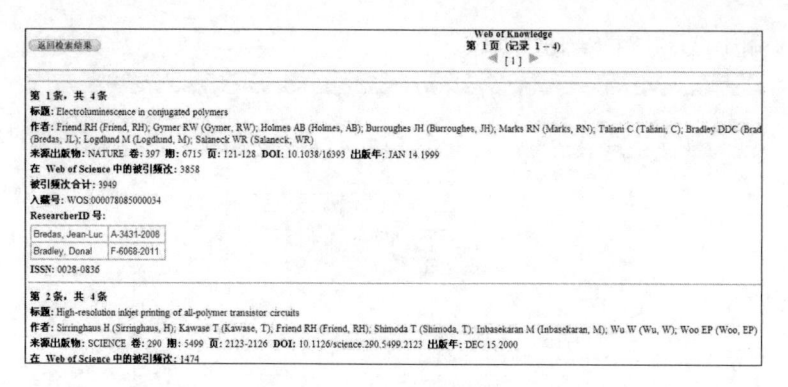

图7-18　检索结果输出

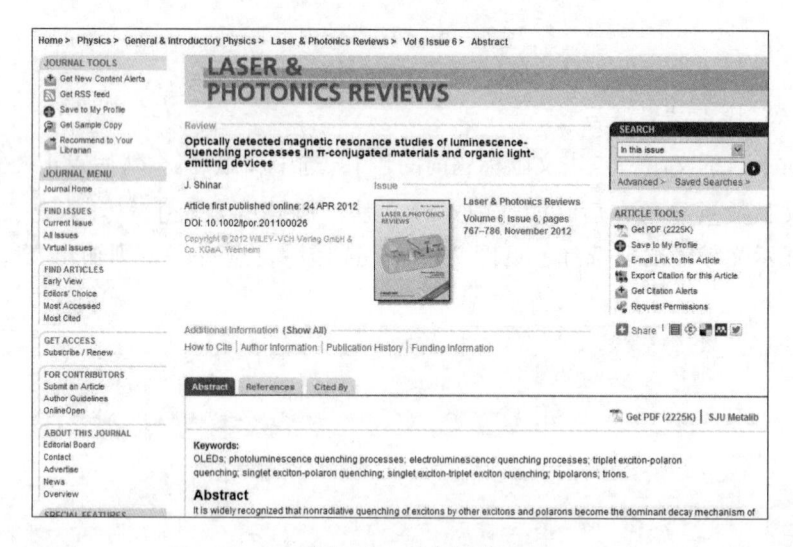

图7-19　全文链接

题组的学术动态、作者的Blog等。

2. 检索实例二（他引文献检索）

作者Friend，Rh发表在Nature，文献Electroluminescence in conjugated polymers的引用

（1）输入检索词

在被引参考文献检索页面，选择被引标题字段，输入检索词"Electroluminescence"；选择被引著作字段，输入检索词"nature"；选择被引年份字段，输入检索词"1999"，见图7-20。

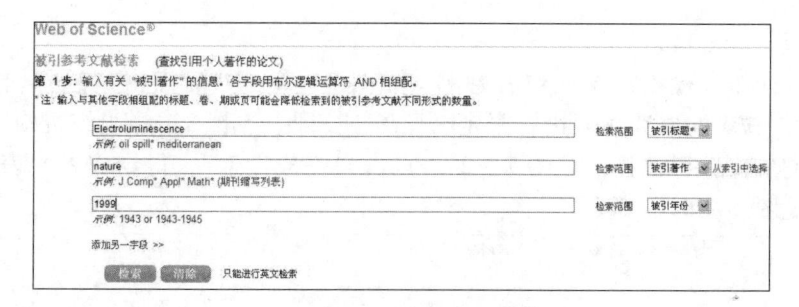

图 7-20　输入检索词

（2）选择被引文献

点击检索，显示可供选择的被引文献，见图 7-21。选中被引文献，点击"完成检索"，得到文献的引用结果，见图 7-22。

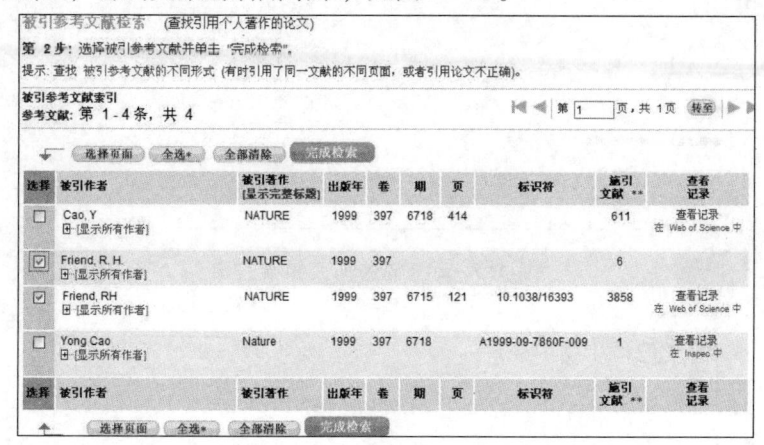

图 7-21　被引文献选择

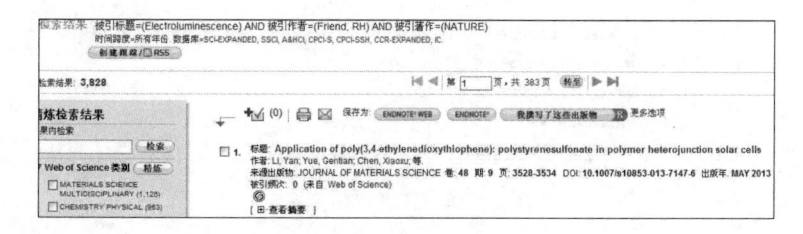

图 7-22　文献的引用结果

(3) 作者检索

选择作者检索，输入作者姓名，见图 7 – 23；然后点击"选择研究领域"，对作者的研究领域进行限定，见图 7 – 24；点击"选择组织机构"，对作者的单位进行选择，见图 7 – 25。点击"完成检索"，得到作者发表的文献，见图 7 – 26。

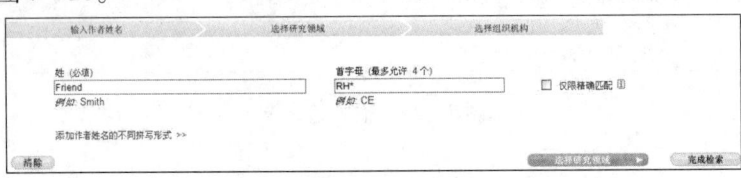

图 7 – 23　输入作者姓名

图 7 – 24　选择研究领域

图 7 – 25　作者单位选择

(4) 排除自引

选择高级检索方式，查看下面的检索历史，有两个检索结果集，分别为文献引用结果集#1 和作者发表文献结果集#2，见图 7 – 27。在检索框内输入

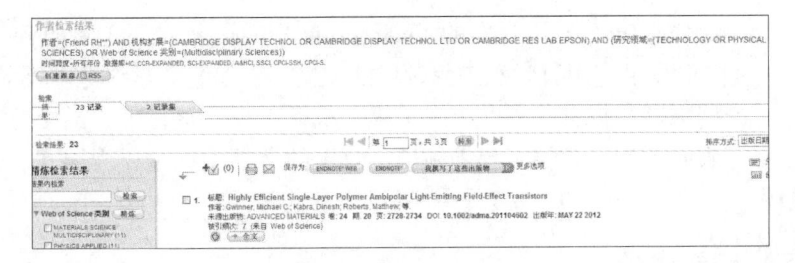

图 7-26　作者检索结果

"#1 not #2",点击"检索",在检索历史中得到新的检索结果集#3,见图 7-28。点击检索结果数字,得到文献的他引结果,见图 7-29。

图 7-27　检索结果集

图 7-28　新的检索结果集

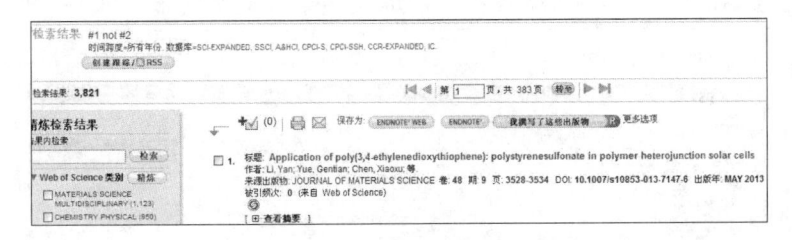

图 7-29　文献的他引

第二节　工程索引 Compendex

一、Compendes 数据库概况

Compendes 即美国工程索引 Engineering Index 数据库,是 Elsevier Engineering Information Inc. 公司开发的 Engineering Village 平台下的数据库之一。Compendes 侧重收录应用科学和工程领域的文摘索引信息。学科范围覆盖计算机科学、应用物理、控制工程、土木工程、机械工程、材料工程、交通运输、化学工程、农业工程、生物工程等领域。收录的文献类型主要为期刊、会议、技术报告。

二、检索途径

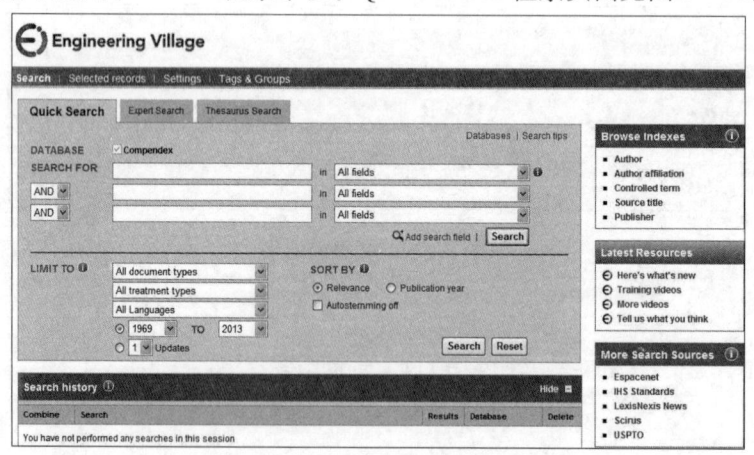

数据库为用户提供了 Quick Search、Expert Search、Thesaurus Search 三种检索方式，并提供 Author、Author affiliation、Controlled term、Source title、Publisher 索引辅助浏览。登录后，系统默认为 Quick Search 页面。

1. Quick Search

提供 All fields、Subject/Title/Abstract、Abstract、Author、Author affiliation、Title、Ei Classification Code、CODEN、Conference information、ISSN、Ei main heading、Ei controlled term 等 16 种检索字段。其中 Ei 受控词 Ei controlled term 来自 Ei 叙词表，是从专业的角度将同一概念的主题进行归类，使用受控词检索能得到比较准确的检索结果。检索字段之间的逻辑关系可选择 and、or、not。

提供文献类型、处理类型、出版语言、出版年 4 种限定方式。还提供是否自动执行词根检索 autostemming off 选项，当选中时，系统不执行词根检索。词根检索不适用于 Author 检索字段。Quick Search 检索页面见图 7-30。

图 7-30 Quick Search 页面

2. Expert Search

Expert Search 是运用逻辑运算符、字段标识符、括号、位置算符来构建检索式进行检索。提供出版年的限定。检索页面见图 7-31。

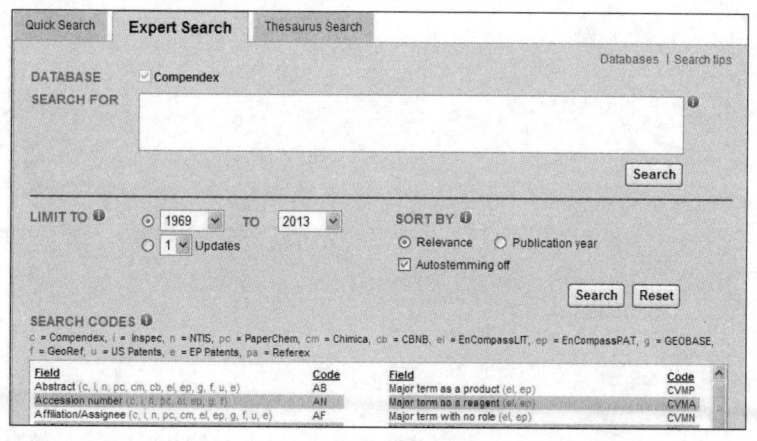

图 7-31　Expert Search 页面

位置算符 NEAR/x，表示前后两个检索词之间有 0~x 个字符，两个检索词位置可以交换；ONEAR/x，表示前后两个检索词之间有 0~x 个字符，但两个检索词位置不能交换；NEAR/x diode，表示前后两个检索词出现在同一检索字段中，之间有 0~x 个字符，两个检索词位置可以交换。

Expert Search 不自动进行词根检索。如果需要词根检索，可在检索词前加上"$"符号。如：$ operation 可检到 operate、operation、operational、operating 等词。

3. Thesaurus Search

Thesaurus Search 是通过叙词表进行检索，检索页面见图 7-32。

图 7-32　Thesaurus Search 页面

输入检索词后，检出匹配的叙词，选择检索词，选中的检索词出现在下面的检索框内，见图 7-33。然后确定检索词之间的关系为"or"，点击检索，

167

得到检索结果。

图7-33 选择检索词

三、检索实例

1. 检索实例一（文献检索）

共轭聚合物能量转移

（1）输入检索词

选择"Quick Search"方式，选择检索字段为"Ei controlled term"，在检索框内输入检索词"conjugated polymers"，可以限定文献类型、文献时间跨度、文献语言等，点击"Search"，得到检索结果。见图7-34。

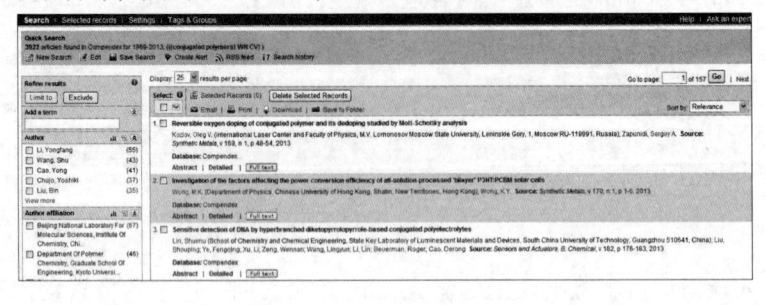

图7-34 检索结果

（2）二次检索

检索结果支持二次检索，在检索框内输入"power conversion"，得到二次检索结果，见图7-35。检索结果提供相关度、出版时间（升序/降序）、作者（升序/降序）、来源（升序/降序）、出版者（升序/降序）9种排序方式。还提供作者、作者单位、控制词表、分类代码等多种途径精炼检索结果。

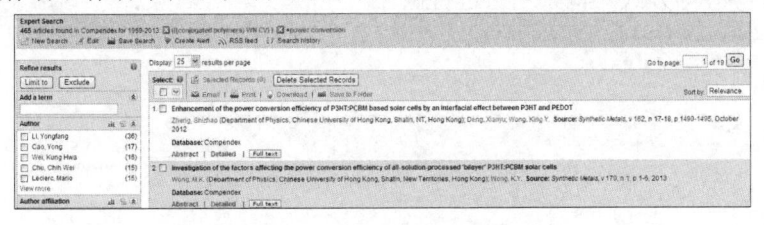

图7-35 二次检索结果

（3）检索结果的浏览

在检索结果页面，点击每条记录下面的Abstract，显示该记录的文摘；点击记录下面的Detailed显示该记录的详细著录信息，见图7-36；点击文献标题，同样显示该记录的详细信息，只是格式稍有不同，见图7-37。

图7-36 详细著录格式

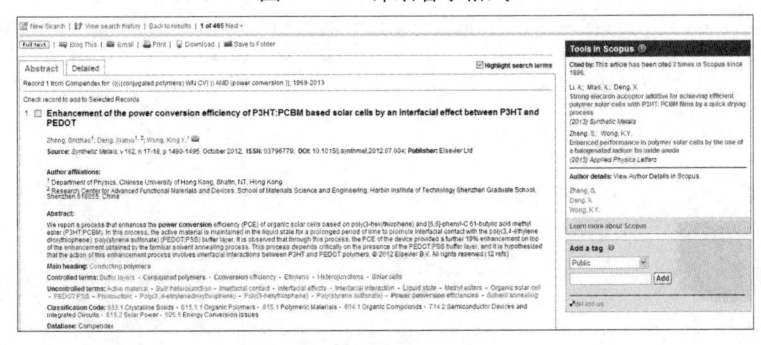

图7-37 文摘详细信息

169

(4) 检索结果的下载

对于目标文献，点击文献标题前的 ▢，选中文献，选中的文献数量显示在 Selected Records 后，如选中 3 篇文献，则显示为 Selected Records (3)，点击后，显示所选择的记录，见图 7-38。可选择 Email、Print、Download 等方式对检索结果进行保存。

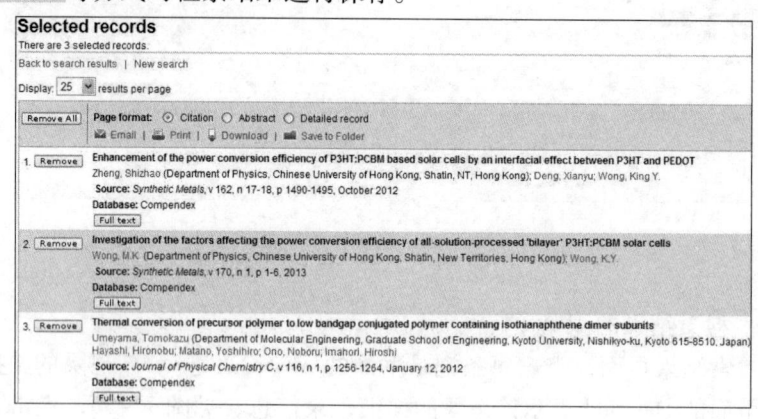

图 7-38　选择的记录

(5) 原文获取

点击记录下面的 Full text，获得原文链接。如果是该机构已经购买的资源，则可阅读原文全文见图 7-39。

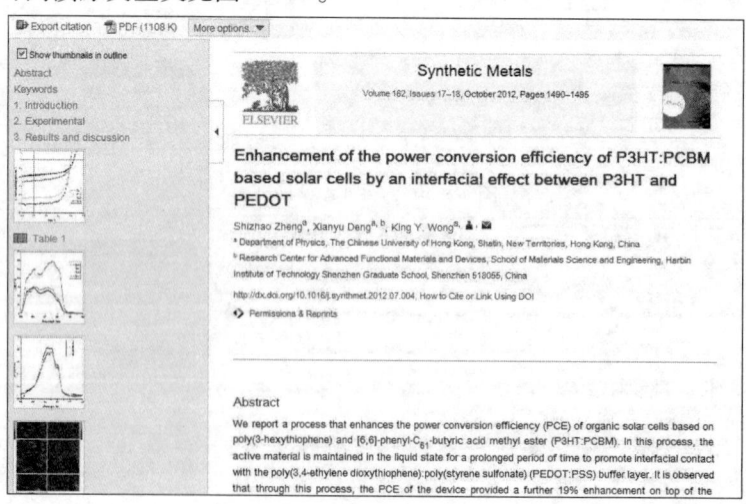

图 7-39　原文获取

2. 检索实例二（机构发文检索）

河北科技大学 2012 年以后 Ei 收录文献

（1）输入检索式

选择 Expert Search 方式，在检索框内输入检索式（Hebei ONEAR/0 University ONEAR/0 of ONEAR/0 Science ONEAR/1 Technology）wn AF，限定出版时间为 2012 年到 2013 年，见图 7－40。

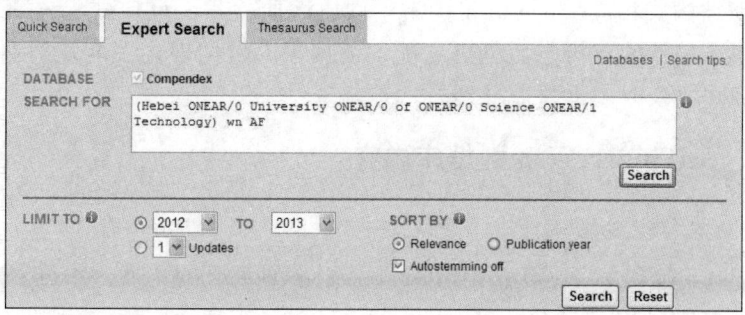

图 7－40　输入检索式

（2）检索结果的下载

点击"Search"，得到检索结果，见图 7－41。在检索结果页面点击 ▼，选择 Maximum (up to 500)，将结果选中，然后点击 Download，提供下载格式选择，见图 7－42。

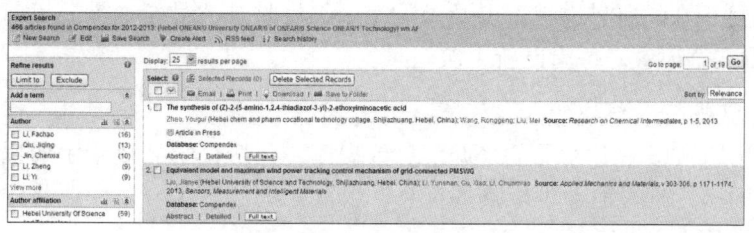

图 7－41　检索结果

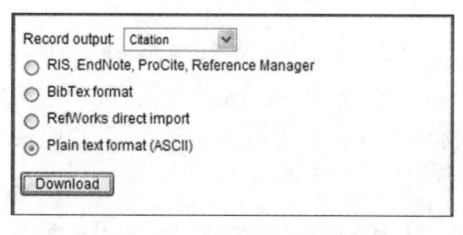

图 7－42　输出格式选择

171

第三节 化学文摘 SciFinder Web

一、SciFinder Web 数据库特点

SciFinder Web 数据库在印刷版的基础上增加了结构式检索、亚结构式检索、相似结构式检索、markush 检索、物质性质检索、反应式检索等检索途径，提供了独特的分析与后处理功能，链接了大量的理化性能及商业来源信息。信息更新及时，最新信息延迟一天。

二、SciFinder Web 数据库内容

1. 化学文献数据库

CAPLUS 包含来自 150 多个国家、9 500 多种期刊的文献，覆盖 1907 年到现在的所有文献以及部分 1907 年以前的文献，主要有期刊、专利、会议记录、论文、技术报告、书等，涵盖化学、生化、化学工程以及相关学科，还有尚未完全编目收录的最新文献。目前大约有 2 500 万条文章记录，每天更新 3 000 条以上。

2. 医学文献数据库

MEDLINE 包含来自 70 多个国家、3 900 多种期刊的生物医学文献，覆盖 1951 年到现在的所有文献，以及尚未完全编目收录的最新文献。目前大约有 1 300 万文章记录，每周更新 4 次。

3. 商业来源数据库

CHEMCATS 是化学品的来源信息数据库，包括化学品目录手册以及图书馆等内的供货商的地址、价格等信息。目前大约有 893 万条商业化学物质记录，来自 734 家供货商的 834 种目录。

4. 被管控化学品库

CHEMLIST 包括从 1979 年到现在的管制化学品的信息，包括物质的特征、详细目录、来源以及许可信息等。目前大约有 23.7 万种化合物的详细清单，来自 19 个国家和国际性组织，每周更新大于 50 条新记录。

5. 化学物质登记库

REGISTRY 涵盖了从 1957 年到现在的特定的化学物质，包括有机化合物、生物序列、配位化合物、聚合物、合金、片状无机物。REGISTRY 包括了在

CA 中引用的物质以及特定的注册。例如：管制化学品列表如 TSCA 和 EINECS 中的注册。每天更新约 7 万条，每种化学物质有惟一对应的 CAS 注册号。

6. 化学反应数据库

CASREACT 包括从 1907 年到现在的单步或多步反应信息。REACT 中的反应信息包括 CAS 编目的反应记录以及下列来源：ZIC/VINITI 数据库（1974～1991，by InfoChem GmbH），INPI（Institut National de la Propriété Insutrielle，法国）1986 年以前的数据，以及由教授 Klaus Kieslich 博士指导编辑的生物转化数据库。每周更新约 700～1 300 条。

三、SciFinder Web 数据库的注册及登录

1. SciFinder Web 数据库的系统要求

（1）系统要求

Windows 用户支持 IE 7.x 或者 FireFox 2.x，Mac 用户支持 Firefox 和 Safari。

（2）Java 安装

安装 Java，用于支持化学结构式进行物质或反应式的检索（初次使用结构时自动安装）。Java 插件的下载地址为：http://www.java.com/zh_CN/download/，或者百度、google 中搜索"JAVA 下载"即可

2. SciFinder Web 数据库的注册

（1）找到 SciFinder Web 注册用网址

SciFinder 是以互联网的用户形式注册，允许建立自己的 SciFinder 用户名和密码。但注册的前提是必须通过购买机构提供的 URL。

（2）点击 URL 创建 SciFinder Web 账号

联系信息：姓名和电子邮件是必须的。在提交表格之后，CAS 会发送电子邮件，进行注册确认。需要注意的是该电子邮件地址必须是该购买机构的电子邮件域。

用户名：必须是唯一的，且包含 5～15 个字符。它可以只包含字母或字母组合数字或特殊字符。特殊字符如：-（破折号）、_（下划线）、.（句点）、@（表示"at"的符号）。

密码：必须包含 7～15 个字符，并且至少包含三个以下字符：混合的大小写字母、数字、非字母数字的字符（例如 @、#、%、&、*）。

新用户的 Email 确认：点击邮件中的确认链接，需要在 24 小时之内确认。

(3) 访问 SciFinder Web 数据库

在购买机构的 IP 范围内，登陆 Http：//scifinder.cas.org/或 Http：//originscifinder.cas.org/，输入注册的用户名和密码。

四、检索途径

SciFinder Web 数据库为用户提供了 Explore References、Explore Substances、Explore Reactions 三种检索途径。登录后，系统默认为 Explore References 检索界面。

1. Explore References 检索

提供研究主题（Research Topic）、著者姓名（Author Name）、公司或机构名称（Company Name/ Organization）、文档号（Document Identifier）、期刊名称（Journal）、专利（Patent）、标签（Tag）七种途径。其检索界面见图 7-43。

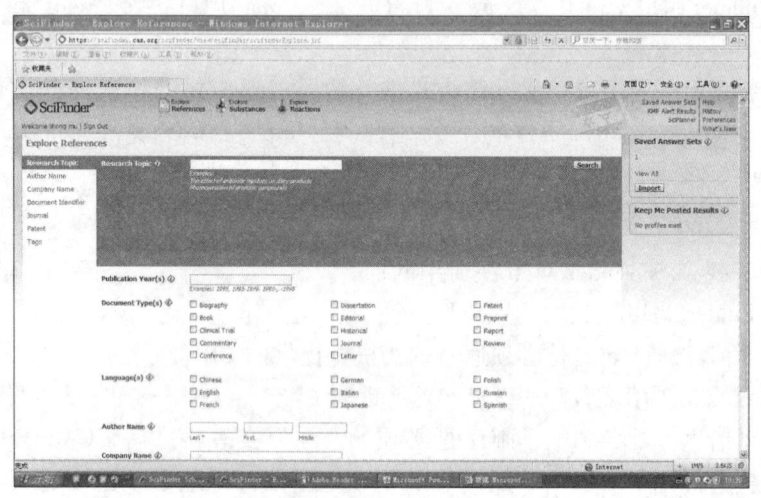

图 7-43 Explore References 检索页面

2. Explore Substances 检索

提供化学物质结构（Chemical Structure）、马库氏（Markush）、化学分子式（Moleclure Formula）、物质性质（Property）、化学物质名或登记号（Substances Identifier）五种途径。Markush 检索可直接获得包含该通式结构的所有专利文献，可以检索结构检索检不到的专利，是结构检索的补充。性质检索是将物质的某一性质限定在某一特殊值或某一范围进行检索。其检索界面见

图7-44。

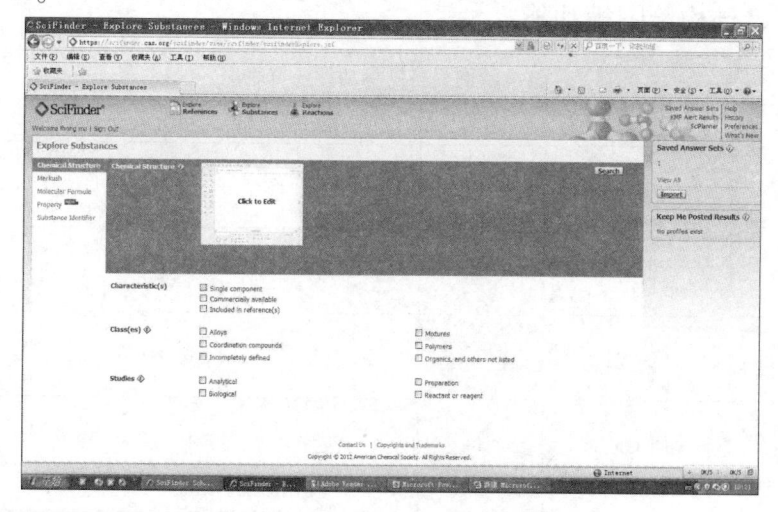

图7-44 Explore Substances 检索页面

3. Explore Reactions 检索

提供由化学物质结构作为反应物或产物的反应检索。其检索界面见图7-45

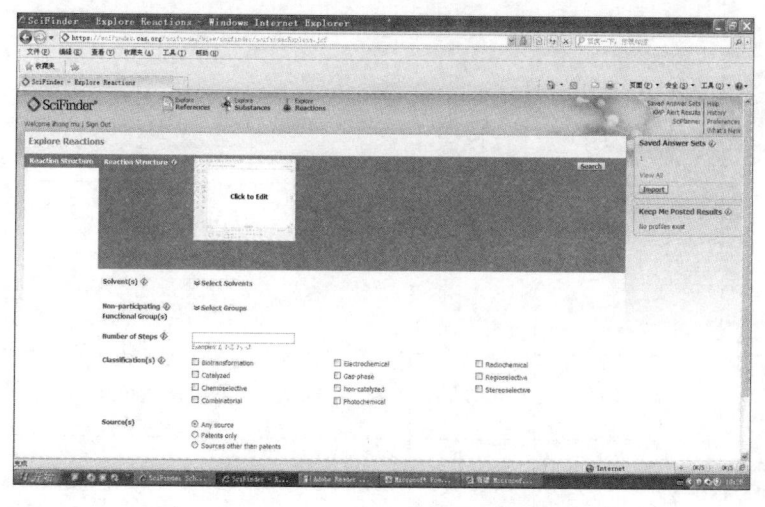

图7-45 Explore Reactions 检索页面

五、结构绘图板功能

结构绘图板各图标功能一览表

图标	功能	图标	功能
	铅笔		多元环工具
	碳链工具		橡皮
	元素周期表		索套选择工具
	R基团定义工具		选择工具
	可变基团		旋转工具
	常用基团		正电子
	重复基团工具		负电子
	可变位置连接工具		原子锁定工具
	画戊二烯环		环锁定工具
	画五烯环		反应中键断裂的位置
	画苯环		化学反应式
	画己烷环		反应箭头,指向具体的化学反应目的
	结构模板		选择反应物中的某个,其相应的原子出现在产物中

六、检索实例

1. 检索实例一（文献检索）

中草药治疗糖尿病

第一步：因为是关于主题的检索，所以选择"Explore References"检索方式。

第二步：在"Research topic"检索框内输入检索词"treatment of diabetes with herb"，可以限定出版年、文献类型等，点击"search"按钮。见图 7-46。

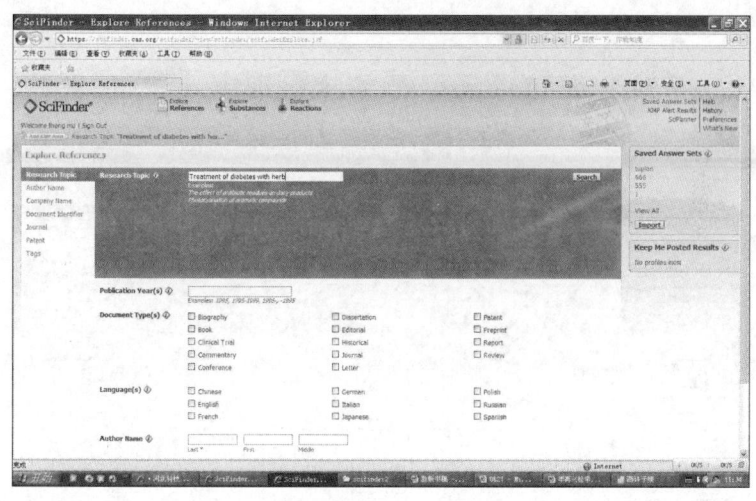

图 7-46　输入检索词

第三步：在新的界面中确定所希望的检索词关系，点击"Get References"，得到检索结果。见图 7-47、图 7-48。

第四步：在检索结果页面，利用"Sort By"下拉框，选择登陆号、作者名、引文排序、出版年、标题对文献检索结果进行重新排序。引文排序可以快速获得被引用次数最多的文献。

第五步：如果想对检索结果进行分析，可点击检索结果页面右侧上方的"analyze"下拉框，提供作者、CAS 登记号、公司/组织、索引词、来源期刊、语言类型、出版年等 12 个方面。作者分析可发现本领域、课题的主要研究人员。来源期刊分析可发现值得关注的相关学术期刊。索引词分析可了解文献研究的主要内容。出版年分析可了解该领域的研究历史和发展。

177

图 7-47　检索词之间关系

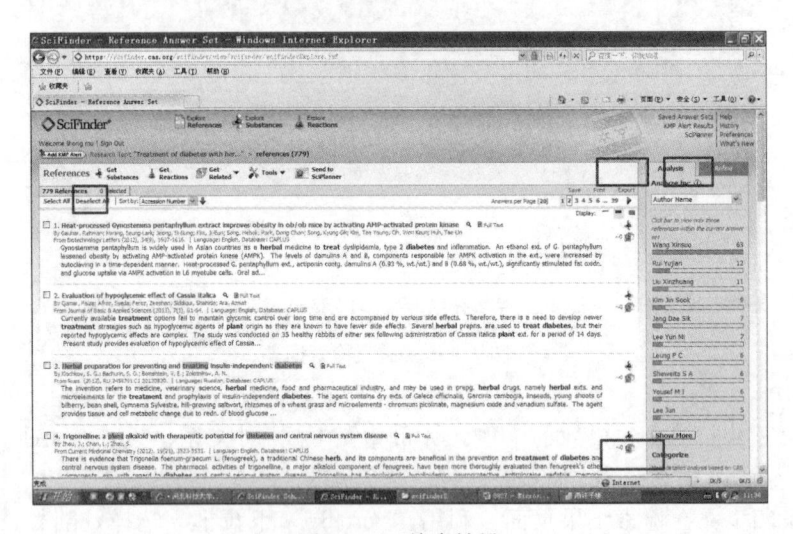

图 7-48　检索结果

第六步：如果想对检索结果进行精炼，可点击检索结果页面右侧上方的"Refine"下拉框，提供研究主题、作者姓名、机构名称、出版年、语言、所属数据库6个方面。

第七步：如果想对检索结果进行学科分类，可点击检索结果页面右侧下方的"Categorize"按钮。学科分类以目录多级目录方式显示，见图7-49。

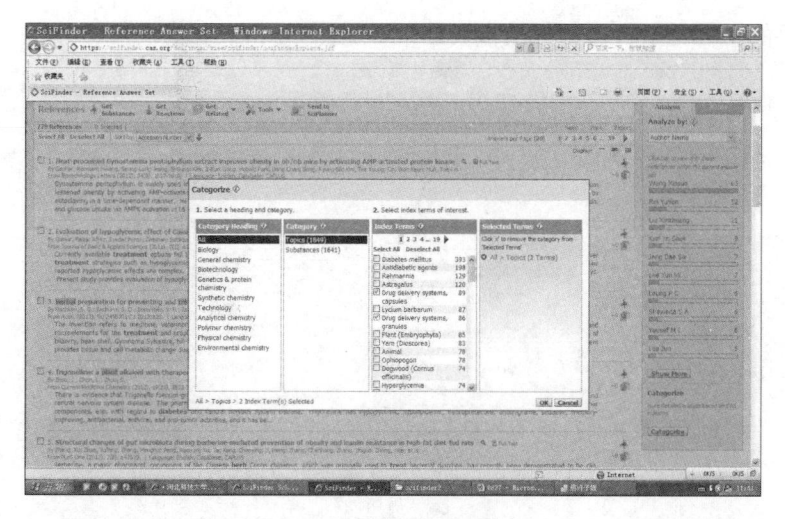

图7-49 学科分类

第八步:如果想检索"中草药但不包括姜黄用于糖尿病治疗"的相关文献,则需要对检索结果进行二次检索。在当前检索结果页面,点击"save",在新窗口内输入文件名并确定,将一次检索结果保存。见图7-50。

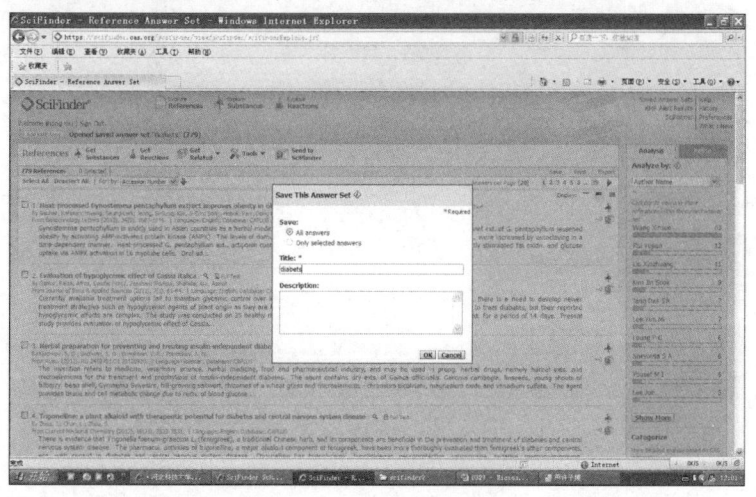

图7-50 一次检索结果保存

第九步:再次点击"Explore References",输入"treatment diabetes with curcumae"进行新任务检索。在新的检索结果界面下,点击"tools"下拉菜单,选择"combine answer sets",在新窗口内选择一次检索结果并确定两次检

179

索结果的逻辑关系，得到二次检索结果。见图7-51、图7-52。

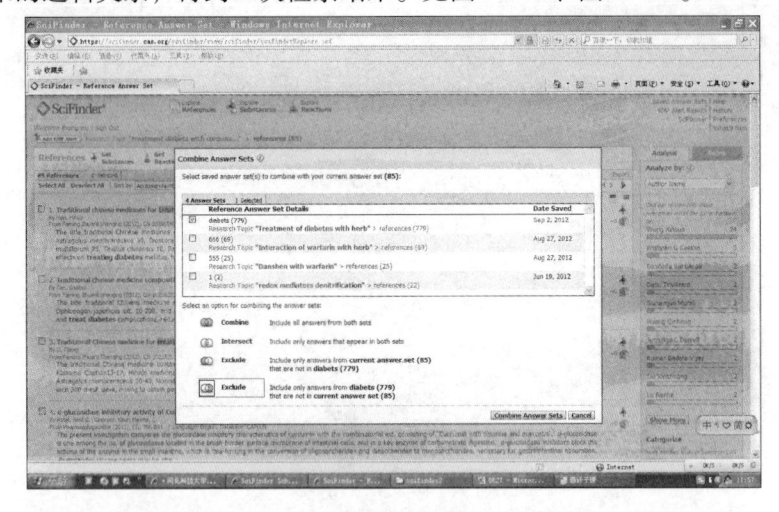

图7-51　两次检索结果集逻辑关系确定

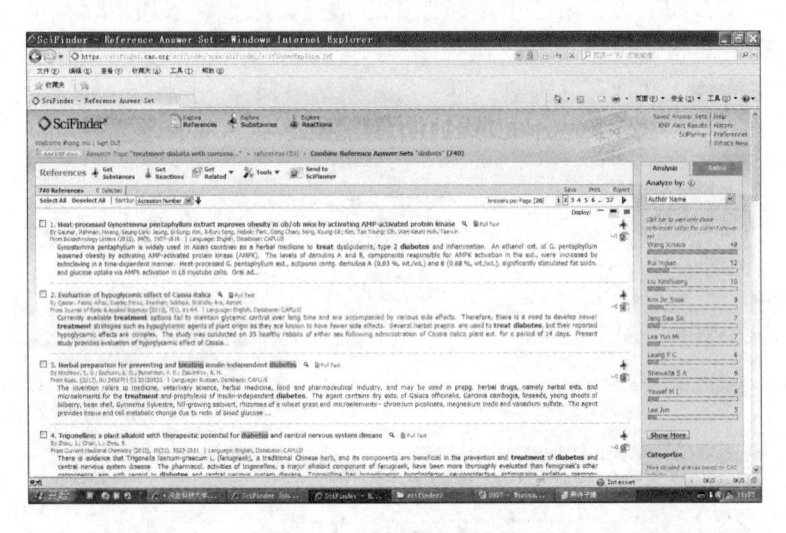

图7-52　二次检索结果

第十步：选择感兴趣的记录，点击文献标题，得到文献详细信息。点击"放大镜"按钮，快速浏览文献的详细文摘。点击文献标题后面的"全文链接"，可阅读全文。见图7-53、图7-54、图7-55。

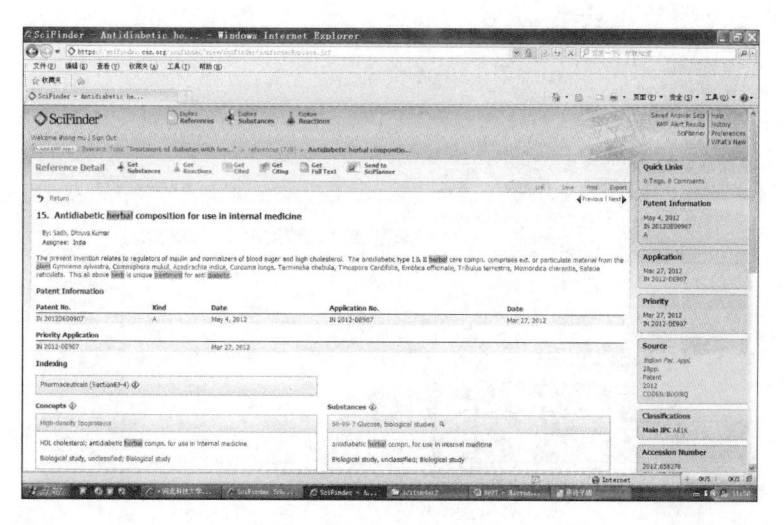

图 7-53 文献信息

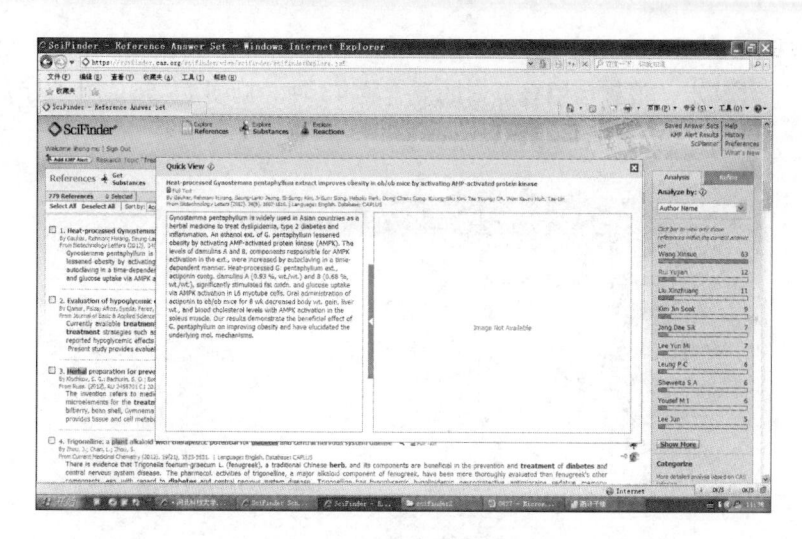

图 7-54 快速浏览文摘

2. 检索实例二（分子式检索）

检索羟甲香豆素是否存在着其他混合物及是否可以通过修饰结构来获得更多的应用。

第一步：选择"Explore Substances"检索方式，在"Chemical Structure"方式下，双击绘图板。

181

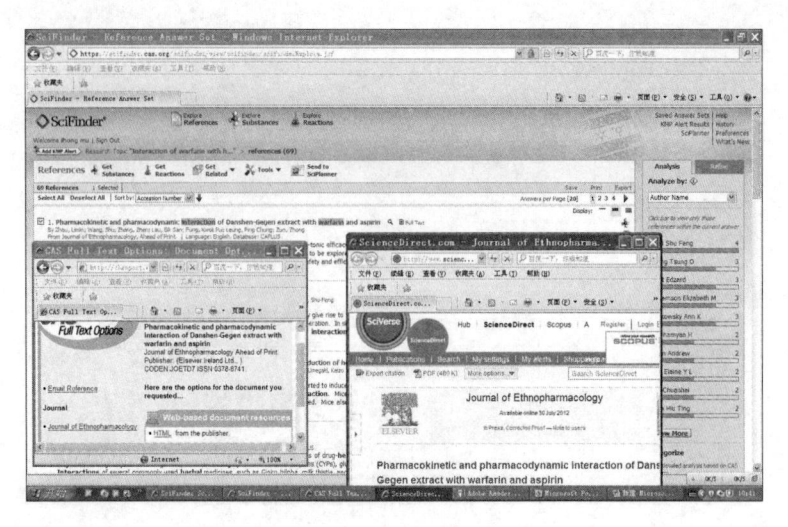

图 7-55　全文阅读

第二步：利用绘图工具，画出羟甲香豆素的分子式结构，选择"Exact Search"并确定，得到羟甲香豆素的混合物 43 种。见图 7-56、图 7-57。

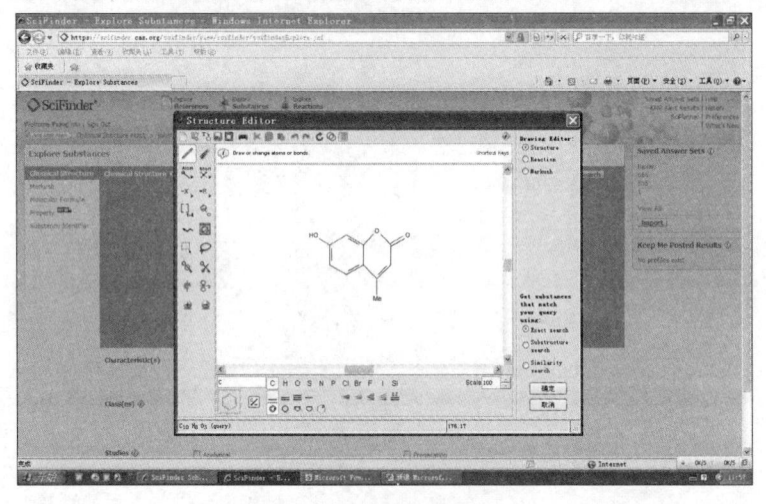

图 7-56　绘制分子式结构页面

第三步：返回第二步，选择"Substructure Search"并限定检索结果为"single component"，得到羟甲香豆素的修饰物质。见图 7-58、图 7-59。

第四步：利用"Analyze"下拉框，将检索结果中"Substance Role"限定为"Preparation"。得到羟甲香豆素的修饰物质的制备。见图 7-60。

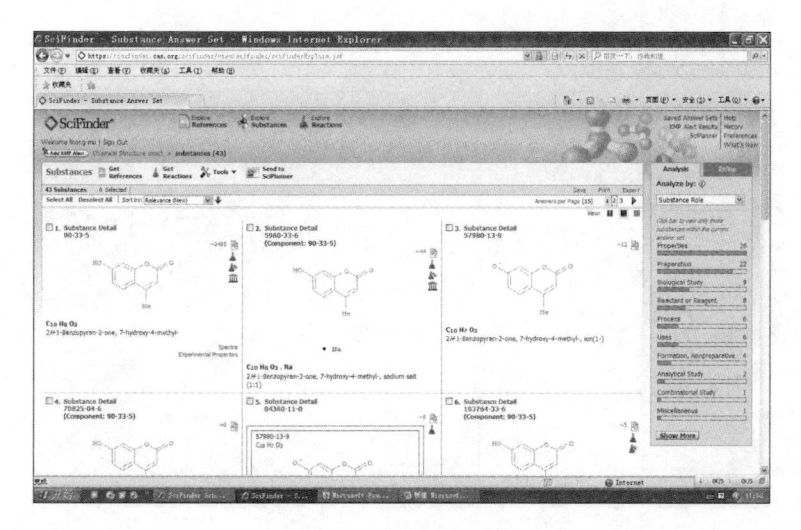

图7-57 精确检索结果

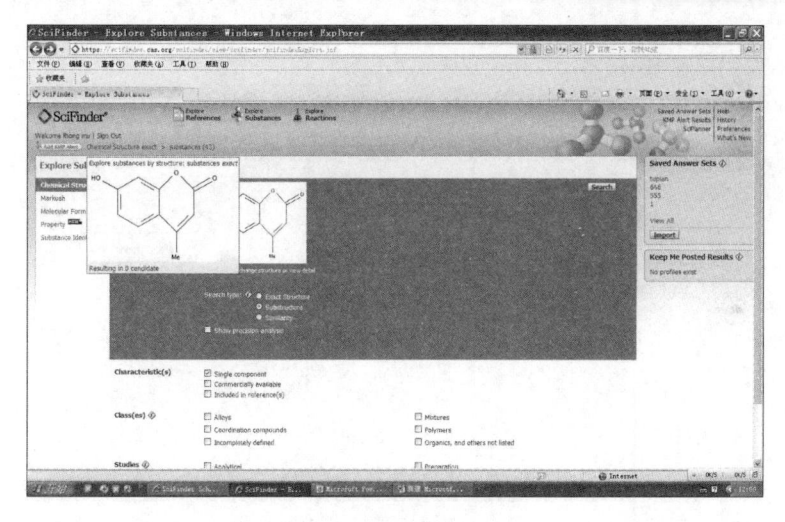

图7-58 亚结构检索

第五步：点击"Refine"下拉框，因为更关心某一位置的可能原子及机率，因此选择"Real_ atom attachment"作为分析项。见图7-61。

第六步：选择某一位置，得到该位置所有的修饰原子及数量。见图7-62。

第七步：选择取代原子为氮，得到该位置为氮的化学物质。在检索出的物质中，查询的亚结构以红色高亮显示，轻易找到亚结构中的取代结构。检

183

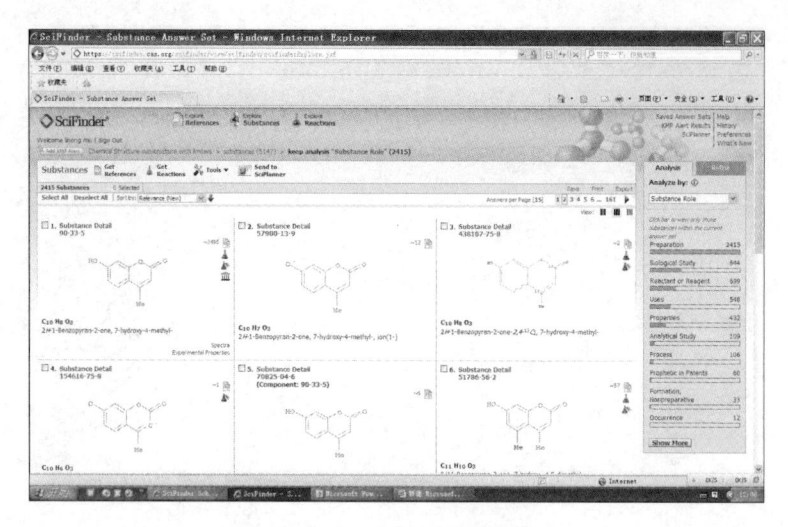

图 7-59 亚结构检索结果

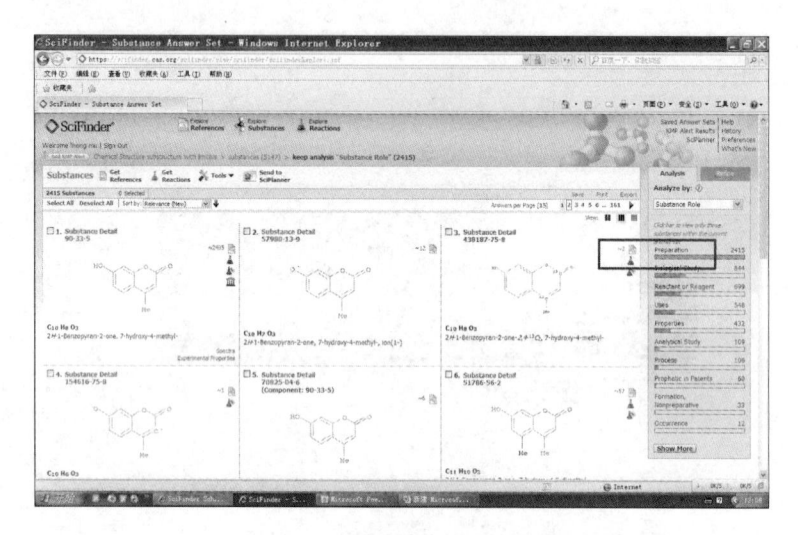

图 7-60 有关物质制备的亚结构检索结果

索结果中每一物质链接参考文献、反应、商业信息。见图 7-63。

对于检索结果可利用"Sort By"功能,按自己的需要对检索结果从制备步骤、反应产率等方面进行排序。点击页码页查看其他页。也可以利用"Analyze"、"Refine"功能从反应的结构式、反应的产率、反应的步骤等方面按自己的需要进行分析限定。

第八步:选择感兴趣的物质,点击"Substances Detail",得到该物质的分

184

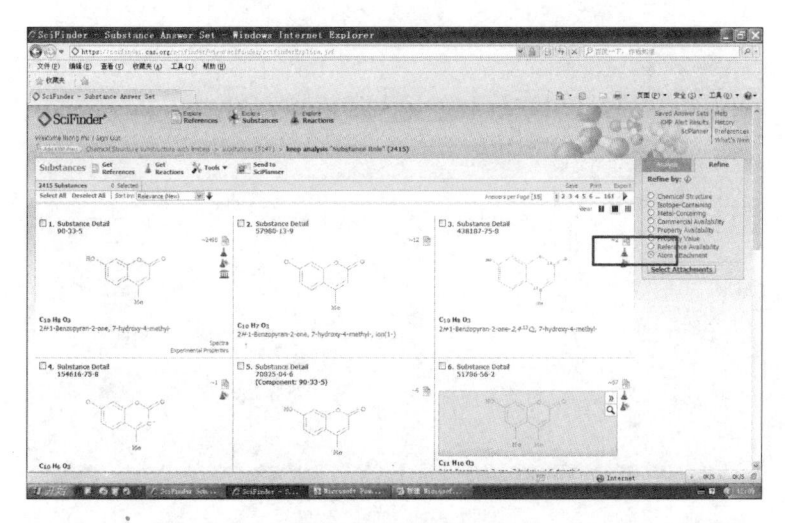

图 7-61 亚结构分析

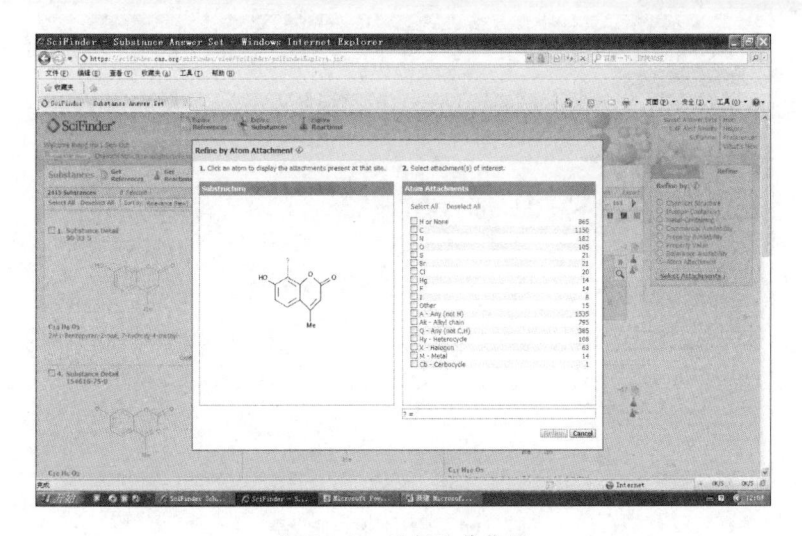

图 7-62 选择取代位置

子式、CA 名称、异名、相关文献的分布及分类、生物性质、化学性质、光谱性质、实验性质等。见图 7-64。

相关文献的分布及分类中的专利文献是需要药物研发人员特别关注的,点击"对钩",获得相关文献。

第九步：选择感兴趣的物质，将鼠标放在该结构上，该结构将高亮显示，对该结构进行目标选择的选项出现。左侧"级联菜单"按钮，可以从不同的

185

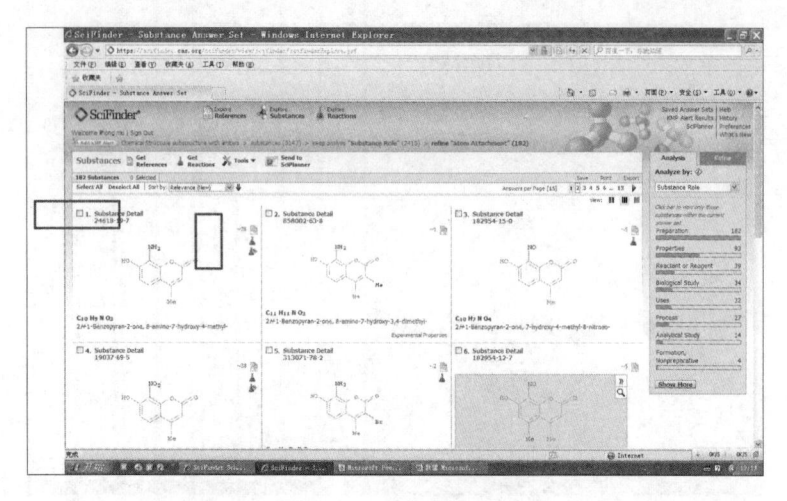

图 7 – 63　取代结果

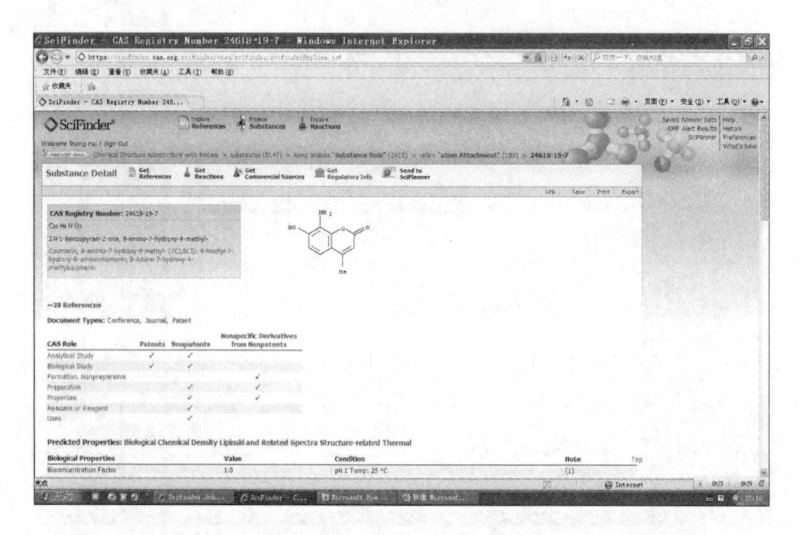

图 7 – 64　物质的详细信息

角度获得该物质的信息。左侧"放大镜"按钮，可快速浏览该物质的 CA 名称、异名等概要信息。见图 7 – 65。

第十步：选择反应目标为产品，得到该物质不同方式的制备信息。见图 7 – 66。

第十一步：如果选定了一种制备方式，想了解反应物的供货厂家，可将鼠标放在反应物结构式上，通过"级联菜单"获得商业信息。见图 7 – 67。

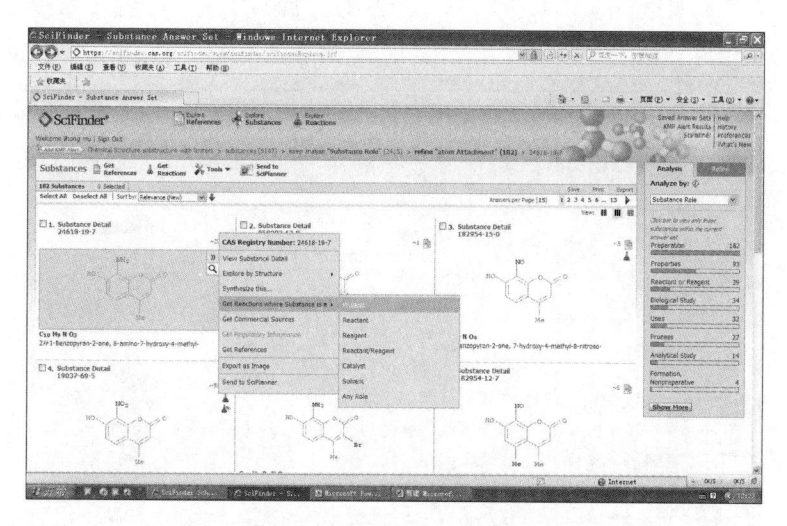

图7-65 多角度物质信息选项

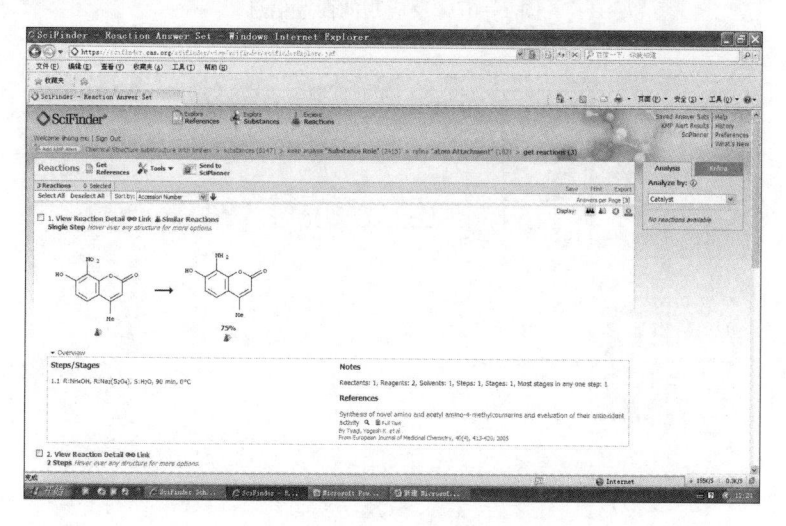

图7-66 不同的制备方式

第十二步：点击"Export"按钮，将有价值的商业信息按自己需要的格式进行保存。见图7-68。

3. 检索实例三（物质登记号检索）

从物质登记号角度进行非布索坦（非布司他）的反应检索

第一步：选择"Explore Reactions"检索方式，双击绘图板，点击绘图板

187

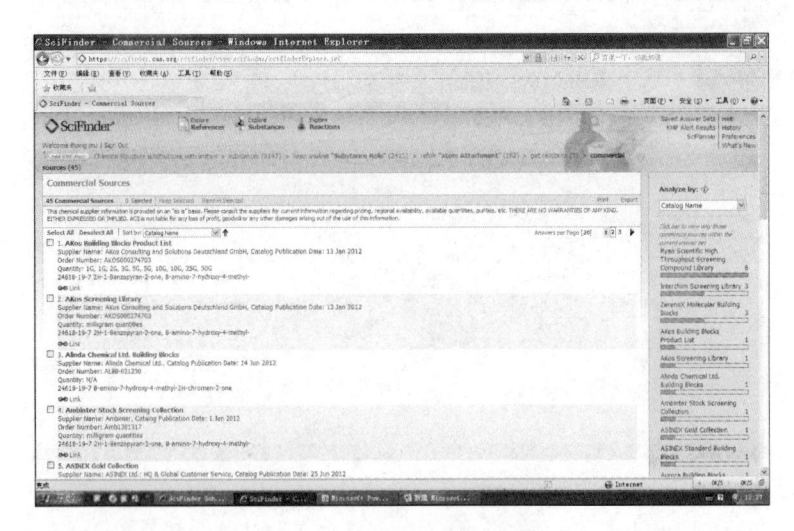

图7-67 反应物的商业信息

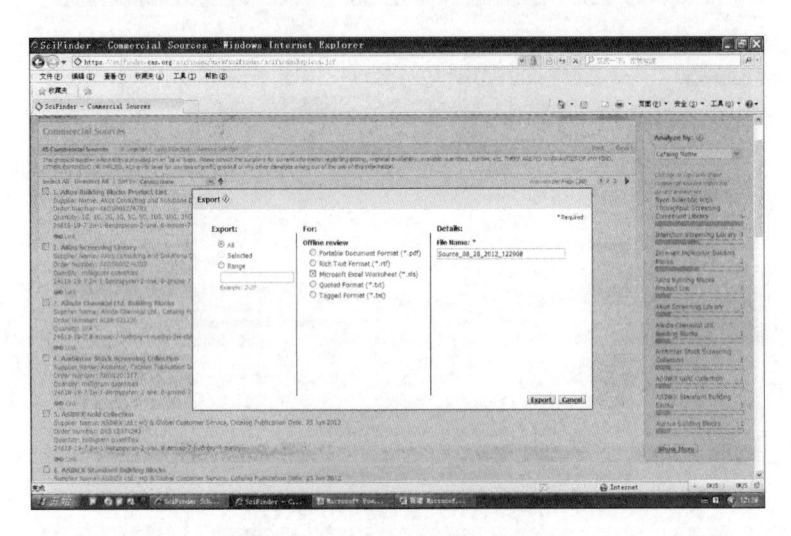

图7-68 商业信息输出格式选择

上的 T₃，在新窗口输入物质登记号并确定，得到非布索坦的化学结构式。见图7-69、图7-70。

第二步：利用绘图板左侧的"反应箭头"按钮，将结构式限定为产物，并限定为精确反应，得到非布索坦的相关反应。见图7-71、图7-72。

对于检索结果，可利用"Sort By"功能，按自己的需要对检索结果从制

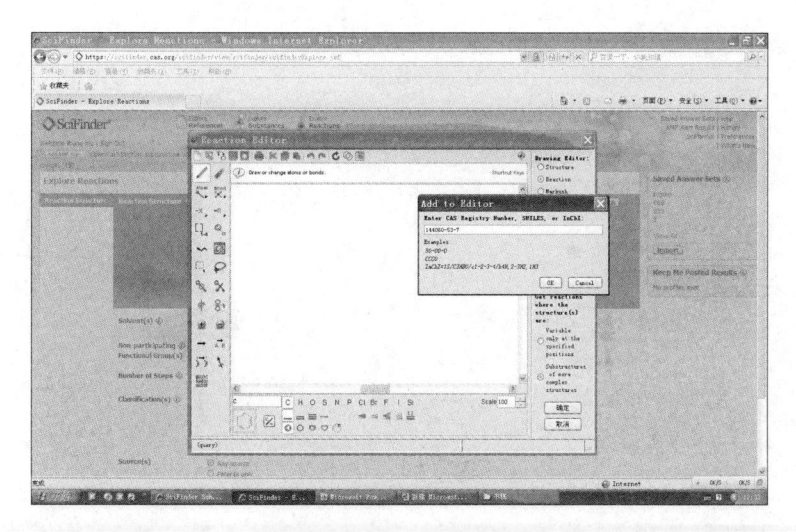

图 7-69 输入物质登记号

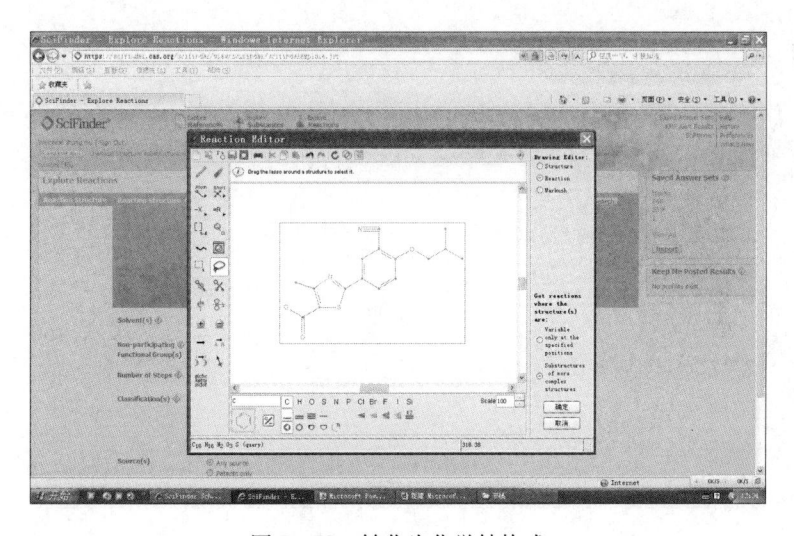

图 7-70 转化为化学结构式

备步骤、实验过程、反应产率、出版年等方面进行排序。可点击页码页查看其他页。也可以利用"Analyze"、"Refine"功能从反应的催化剂、反应的结构式、反应的产率、反应的步骤等方面按自己的需要进行分析限定。利用反应记录显示方式 按钮,将一条反应记录限定在一篇文献内。

第三步:对于多步骤反应,可点击"View Reaction Detail",查看反应的

189

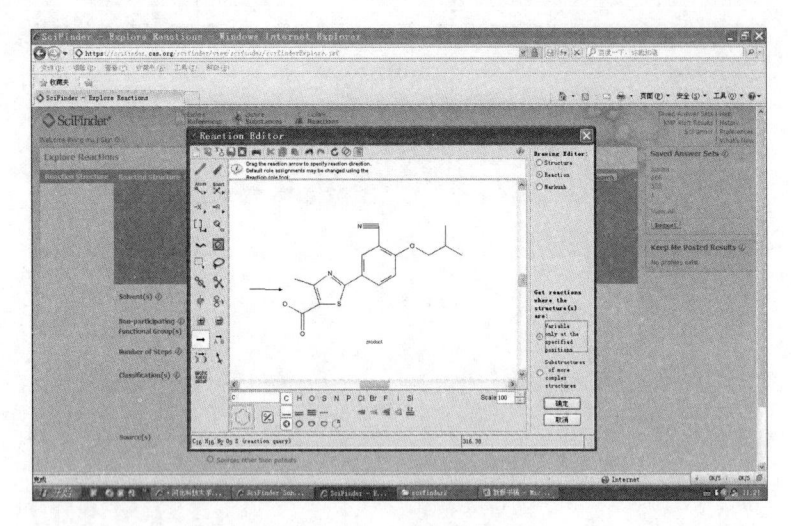

图7-71 限定为产物

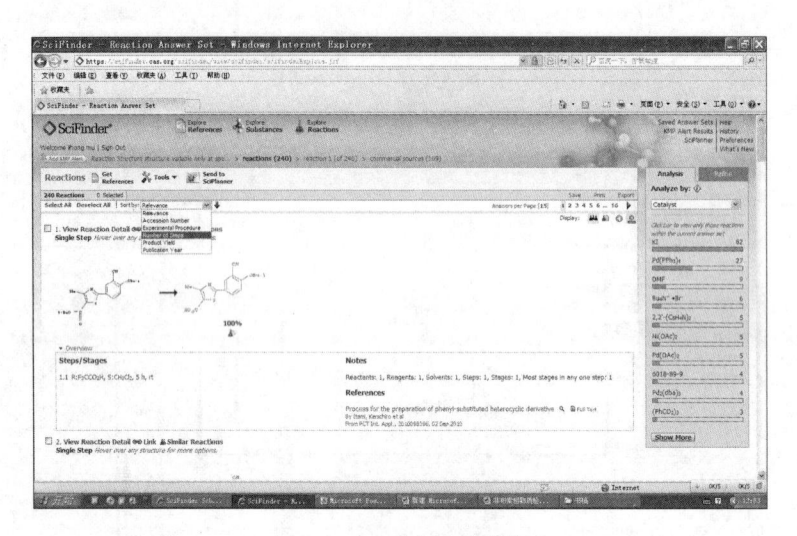

图7-72 反应检索结果

详细步骤。见图7-73。

七、检索技巧

主题检索中一般输入2-3个关键词最佳；关键词之间使用介词而不用布尔运算符；支持同义词、近义词、单复数、过去式等；不支持截词符、通配

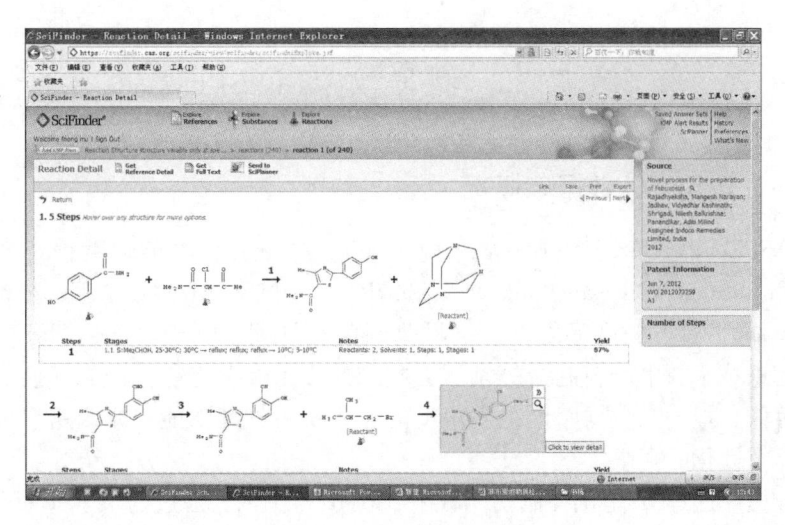

图 7-73　反应详细步骤

符；可以使用括号，括号内为前一个词的同义词；不支持右键弹出（剪切、复制、粘贴），请使用菜单。

　　作者姓名检索时，不区分大小写。但由于作者名字书写不规范，既有全称也有缩写，名字中间有的有空格，有的没有空格等等情况，因此，一定要考虑名字的各种写法，免得漏检。如检索李志刚老师的论文。首先，要在三个输入框中分别输入 li 、zhi 、gang 进行检索；然后，要在前两个输入框中分别输入 li 、zhigang 进行检索最后，对这两次检索结果中的全称和缩写形式中的文献都要进行挑选，这样才能检索齐全作者的文章。

　　公司或机构名称既可以输入全称也可以输入缩写形式，系统会自动识别。

　　化学物质名称或化学物质登记号，注意一行只能输入一个化学物质名称或登记号，有多个化学物质名称或登记号时，分多行输入，最多可输入 25 条，每个条目不要超过 200 个字符，可以有空格，不区分大小。如果是多组分的物质如聚合物、盐类等，则各个组分之间以英文的句号"."隔开，聚合物则输入单体组成以括号加 X。

　　充分利用"Sort By"、"Analyze"、"Refine"功能，筛选或缩小检索结果。当然不同检索页面下，上述三种功能提供的内容不同。

　　有效利用反应定义工具，明确检索要求，减少检索时间。

第四节 科学文摘 INSPEC

一、INSPEC 数据库概况

INSPEC 数据库即英国科学文摘 Science Abstract，由英国工程技术学会（The Institution of Engineering & Technology）出版，现为汤森路透 Web of Knowledge 平台下的产品之一。学科范围覆盖物理、电子电气、计算机与控制、信息技术、生产与制造等领域。收录的文献类型有科技期刊、会议论文集、著作、报告。数据库提供多角度的分析及后处理功能。注册用户可以设置自己个性化的需求。

数据库通过 IP 范围控制访问权限，在 IP 范围内，通过登录 Web of knowledge 平台，点击 INSPEC 链接进行访问。

二、检索方式

数据库为用户提供检索（Search）、高级检索（Advanced Search）两种检索方式，并提供作者、出版物名称、受控词、非受控词、分类代码的辅助浏览。登录后，系统默认为检索页面。

1. 检索（Search）

提供研究主题、标题、作者、作者标识符、编者、出版物名称、出版年、地址、受控索引、受控与非受控索引、分类、数值数据、化学数据、天文学对象、会议信息、识别码、语种、文献类型、处理类型、入藏号等检索字段。当需要多个检索字段时，可以点击 添加另一字段 >>，来增加检索字段。其检索页面见图 7-74。

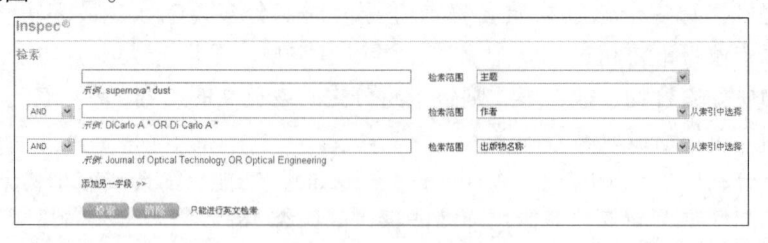

图 7-74 检索页面

其中"数值数据"是用于检索数值、数据的控制词索引，适用于 1987 年以后的文献。"化学数据"是用于检索化合物或分子式的控制词索引,适用于1987年以后的文献。"处理类型"是用于说明文献的研究方法及所探讨主题的类型,分为 Applications、Biographical、Economic、Experimental、General Review、New developments、Practical、Product review、Theoretical。

支持截词符(?、*)进行截词检索及逻辑算符(AND、OR、NOT、NEAR、ONEAR)连接单词或短语检索。其中?为中间截断,代表一个字符;*为后截断,代表无限个字符。

2. 高级检索(Advanced Search)

高级检索提供两种检索方式,一是运用逻辑运算符、字段标识符、括号来构建检索式进行检索;二是通过对该检索页面下的检索历史进行逻辑运算。并提供语种、文献类型、处理类型、出版年限定,来细化检索结果。其检索页面见图7-75。

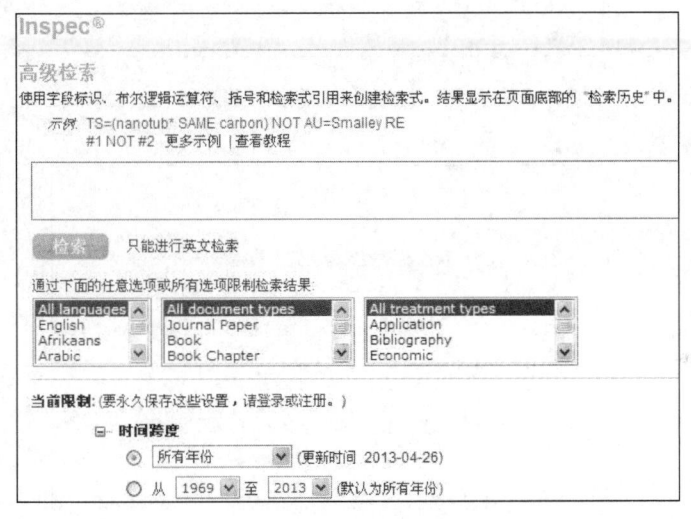

图7-75 高级检索页面

三、检索实例

过渡金属自旋磁矩研究(利用叙词表)

1. 受控索引检索

在普通检索页面,选择检索字段为"受控索引",点击"从索引中选择",进入叙词检索页面,见图7-76。在该页面输入检索词"spin magnetic moments",点击"查找",得到相匹配的叙词,结果不仅包含和所输入单词字面相关的叙

193

词，同时包含与所输入单词有关联的叙词。见图 7-77。选择叙词 magnetic moments，点击 T，查看该叙词的相关同义词、下一级叙词、上一级叙词、相关叙词、顶级叙词、分类代码等信息，以此来判断是否是自己所需的检索词。如果是，点击 添加，所选叙词出现在下方的检索框内，见图 7-78。然后点击"确定"，所选叙词出现在检索首页的检索框内。同样的步骤选择"transition metal"的受控词，点击"确定"，两次选择的叙词都出现在检索首页的检索框内，见图 7-79。

进一步限定文献类型为"journal paper"，点击"检索"，得到检索结果，见图 7-80。

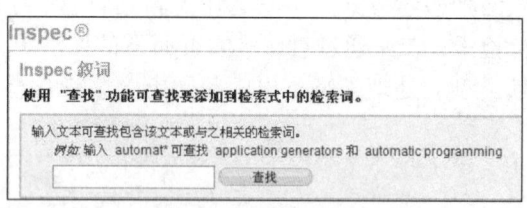

图 7-76 叙词查找页面

图 7-77 叙词检索结果

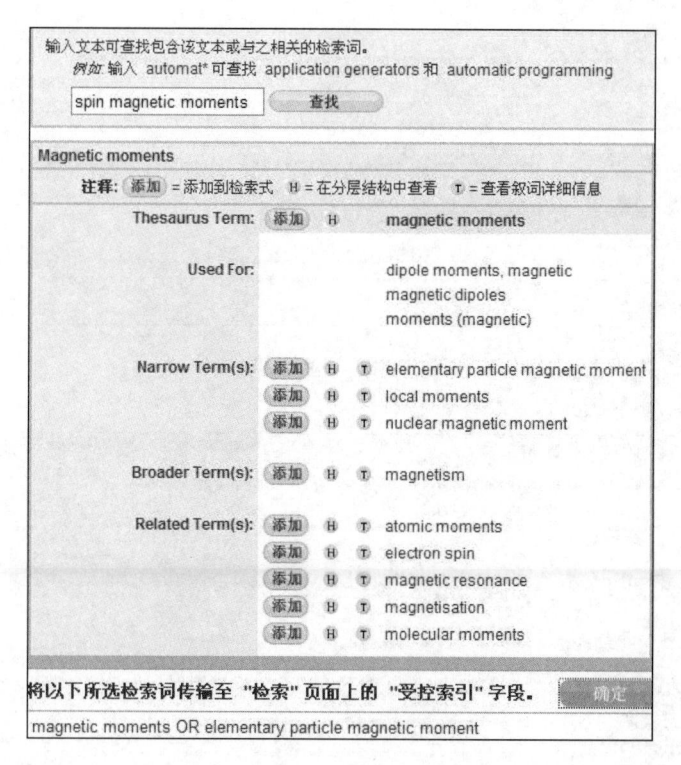

图 7-78　叙词详细信息及添加检索词

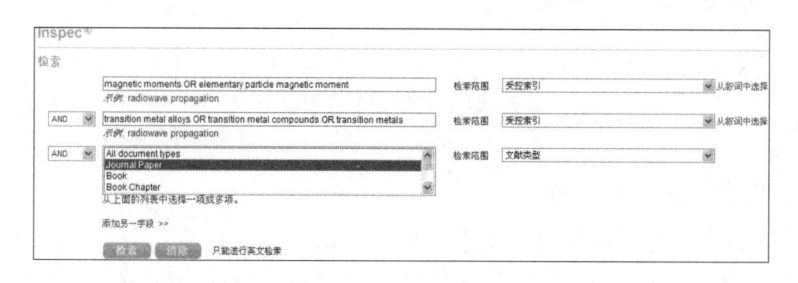

图 7-79　叙词检索

2. 检索结果的浏览

在检索结果页面，点击每条记录下面的"查看摘要"，显示该记录的文摘；点击"全文"，获得原文链接；点击文献标题，显示该记录的详细信息，见图 7-81。

195

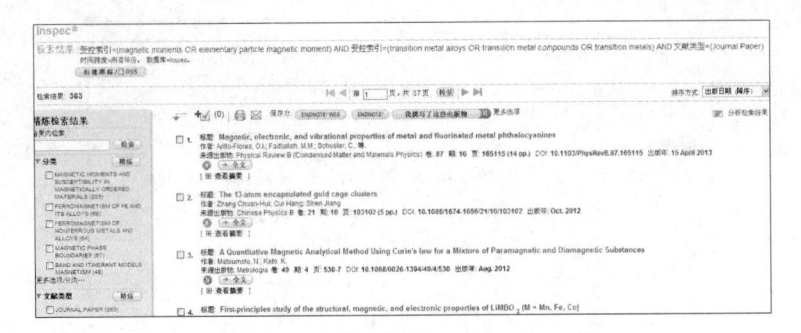

图 7-80　检索结果

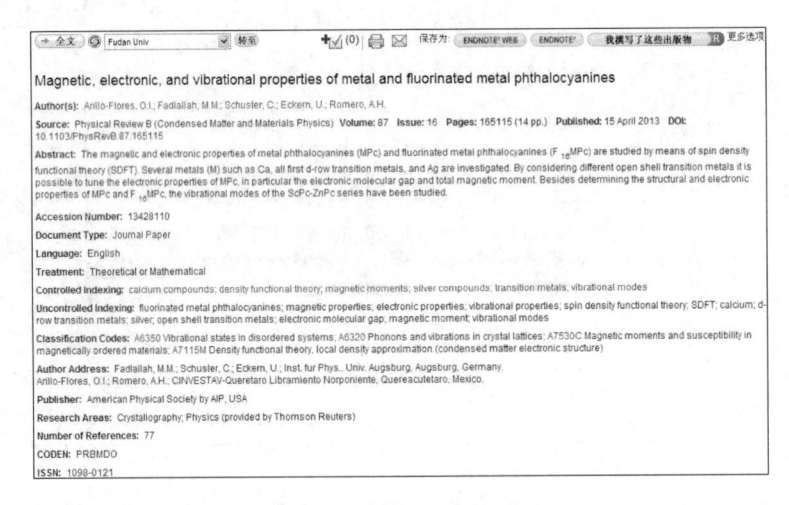

图 7-81　文献记录详细信息

3. 检索的精炼与分析

检索结果支持二次检索、检索结果的精炼、检索结果的分析。因 INSPEC 数据库与 Web of Science 数据库，均在 Web of knowledge 平台下，因此两个数据库的精炼与分析功能相同，请参见本章第一节 4.1 部分。

第五节　Science Diret

一、Science Diret 数据库概况

Science Diret 是 Elsevier 公司的综合性全文数据库，收录 2500 多种经同行

评议的期刊及 11 000 多种图书手册。学科范围覆盖化学工程、计算机科学、能源、材料科学、数学、物理与天文、农业与生物科学、生物化学、生命科学、工程技术、社会科学等领域。提供 Top – 25 Articles 链接，直接阅读各学科下载量最高文献。

注册用户可以设置自己个性化的需求，如保存检索历史、设置 Email 提示、期刊内容推送等。

二、检索方式

数据库提供浏览和检索两种界面，每种界面都支持快速检索和文献类型选择（期刊或图书或全部）。注册用户可直接链接到自己的设置，减少检索时间。系统首页见图 7 – 82。

图 7 – 82　Science Direct 首页

1. 浏览方式

数据库首页，点击"Publications"，进入期刊浏览页面，提供按字母顺序、学科主题分类两种浏览方式。直接点击首页左侧的字母顺序或学科主题分类，也可以进行期刊浏览。其中 ⚷，表示可全文阅读的期刊。浏览找到所需期刊，点击期刊名，进入期刊浏览，显示最新一期文献，见图 7 – 83。点击左侧卷、期目录，可以阅读其他卷、期的文献。点击 About this Journal，链接了期刊的出版编辑信息，提供作者投稿指南、作者稿件追踪、期刊影响因子等，见图 7 – 84。

注册的用户还可以直接点击自己设置的 Favorite Journals/Books，进行期刊浏览。

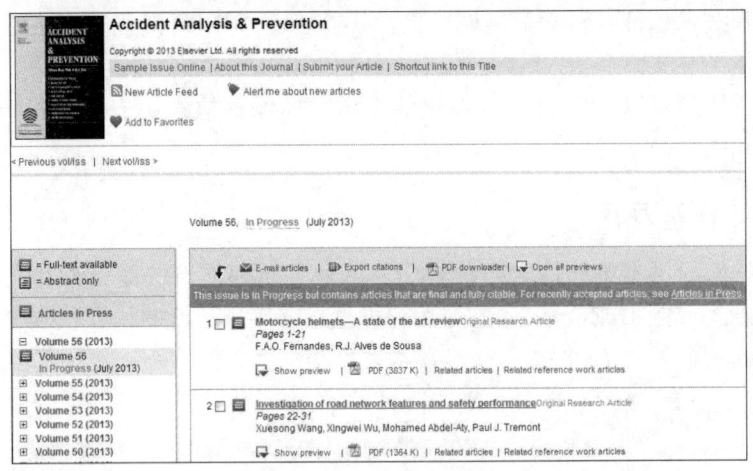

图 7-83　期刊浏览

图 7-84　期刊信息

2. 高级检索

数据库首页，点击"Search"，进入高级检索页面，见图 7-85。提供 All Fields、Abstract/Title/Keywords、Authors、Source Title、Title、ISSN、ISBN、

Affiliation 等检索入口。提供文献类型、文献来源、文献主题、出版年限定 4 种限定方式。

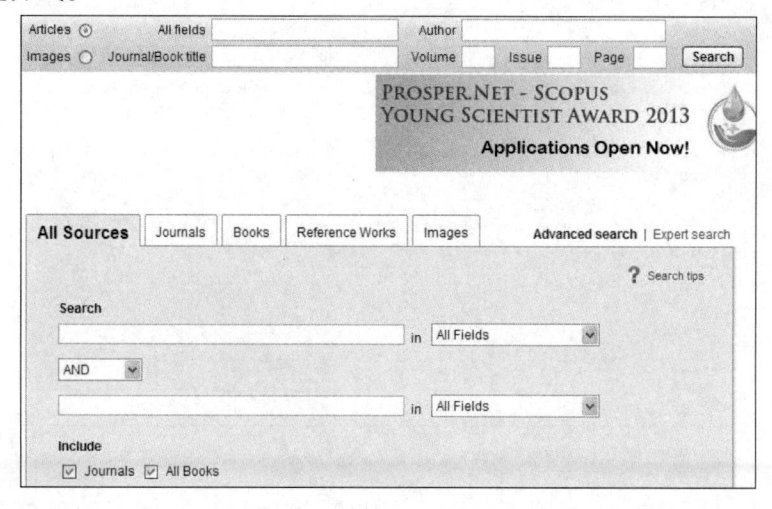

图 7-85　高级检索页面

3. 专业检索

在高级检索页面，点击"Expert search"，进入专业检索页面，见图 7-86。"Expert search"需要由逻辑算符、位置算符、通配符、字段标识符、括号来构建检索式进行检索。

位置算符 W/n，表示两词相隔不超过 n 个词，词序不定；位置算符 PRE/n，两词相隔不超过 n 个词，词序一定。

精确短语检索""，所有符号、禁用词都将被作为检索词进行严格匹配。如" science and technology"，是将"science and technology"作为一个精确短语，进行严格匹配。宽松短语检索，标点符号、连字符、停用字等会被自动忽略。如" heart - attack"，检索结果包含有检索词"heart attack"。

4. Top-25 Articles

在数据库主页，点击 top25.sciencedirect.com，进入 Top-25 Articles 浏览页面，显示最新时段全学科下载量最高的 25 篇文献，见图 7-87。可以选择自己需要的学科及文献类型。

三、检索实例

去除饮用水中铅或痕量金属

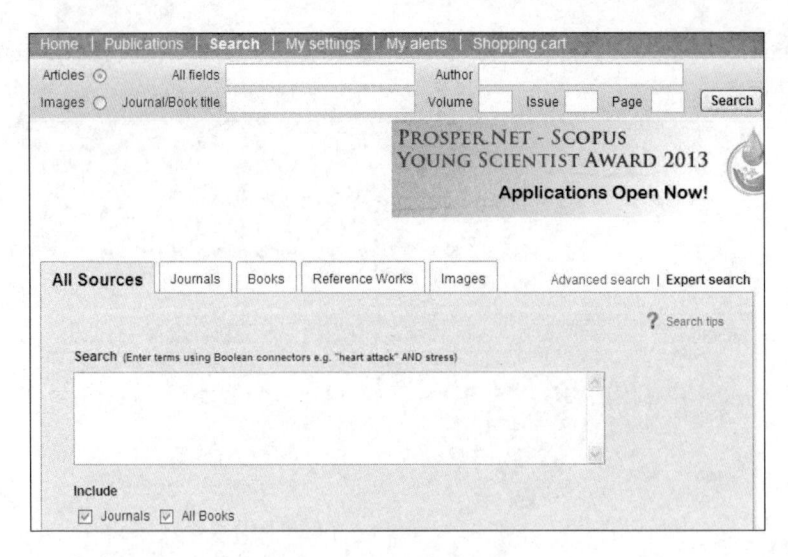

图 7 - 86 专业检索页面

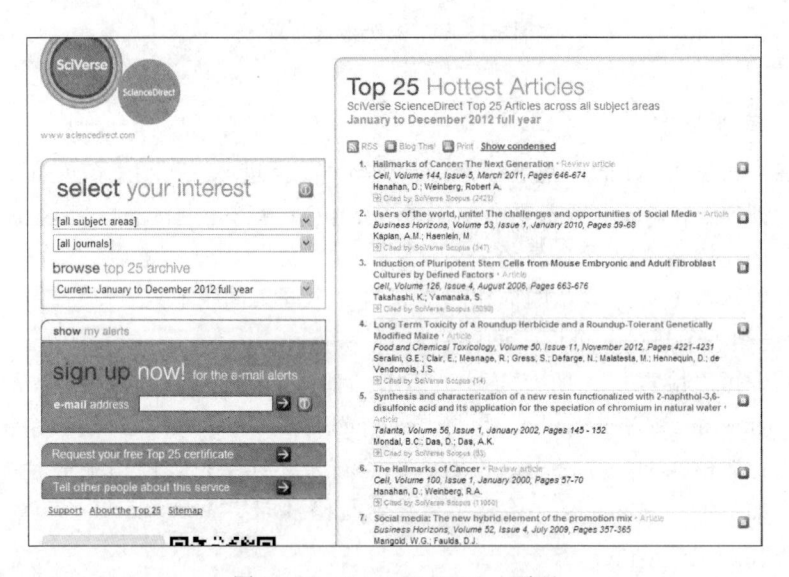

图 7 - 87 Top - 25 Articles 页面

1. 文献检索

（1）输入检索词

在高级检索页面，选择检索项为 Abstract/title/keywords，分别输入检索词 "lead or " trace metal" "、"drink * water"，限定检索词之间的关系为 AND、

200

文献类型为 journals。点击 Search，得到检索结果，检索条件显示在页面上方。见图 7-88。

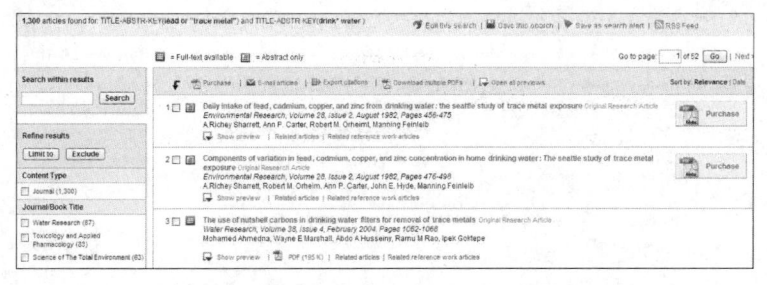

图 7-88 一次检索结果

（2）二次检索

在二次检索框内输入"Remov*"，点击 Search，得到二次检索结果，检索条件显示在页面上方，见图 7-89。可以看出二次检索时，检索词是在 all fields 字段中检索。

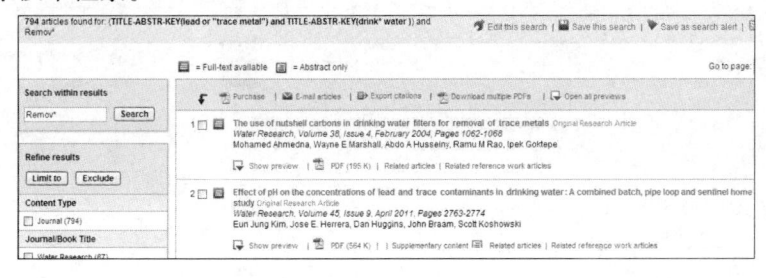

图 7-89 二次检索结果

2. 检索结果的浏览

系统默认为列表格式，点击 Open all previews，显示文摘及标题结构，见图 7-90。

当检索结果较多时，以文摘格式显示，将需要处理时间。可以通过点击文献标题下面 Show preview，显示该篇文献的文摘及标题结构。并提供文内图表、参考文献的快速链接。

3. 检索结果的在线阅读

点击文献标题，以网页的格式显示全文，见图 7-91。点击 Cited by in Scopus (54)，可以查看该文献在 Scopus 中的引用情况，见图 7-92。

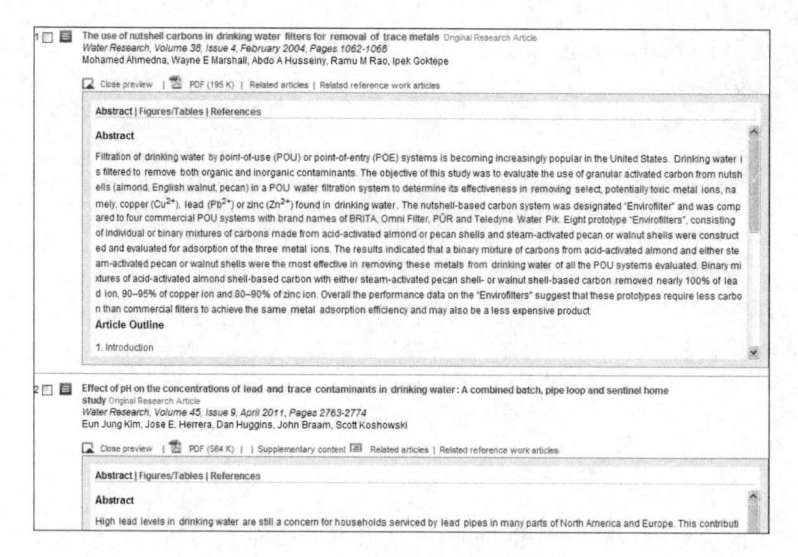

图 7-90　摘要显示方式

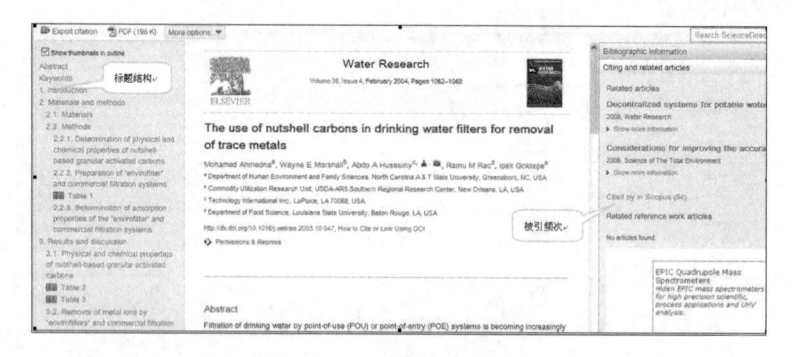

图 7-91　在线全文阅读

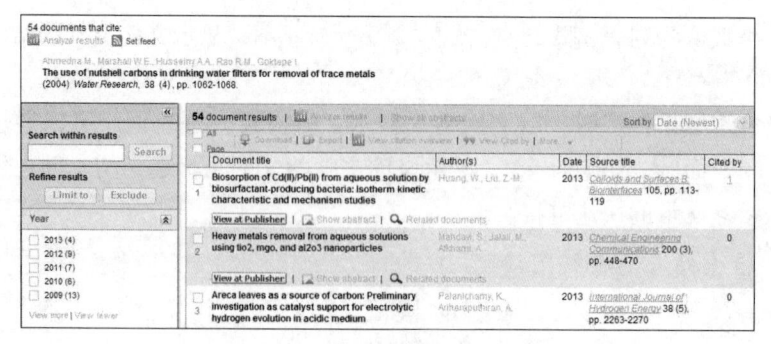

图 7-92　文献的引用

4. 检索结果的全文下载

数据库提供单篇文献及多篇文献的全文下载，前提是该文献必须是有全文阅读权限的文献，需要购买的文献，则不能全文下载。

（1）单篇文献下载

单篇文献的全文下载，可直接在检索结果页面或网页全文页面，点击 PDF (195 K) 进行全文下载。

（2）多篇文献下载

多篇文献下载，首先需要点击文献标题前的□，选中文献。然后点击 Download multiple PDFs，在新页面选择文件名及下载路径见图 7 - 93，点击 Begin Download，对多篇文献进行下载。

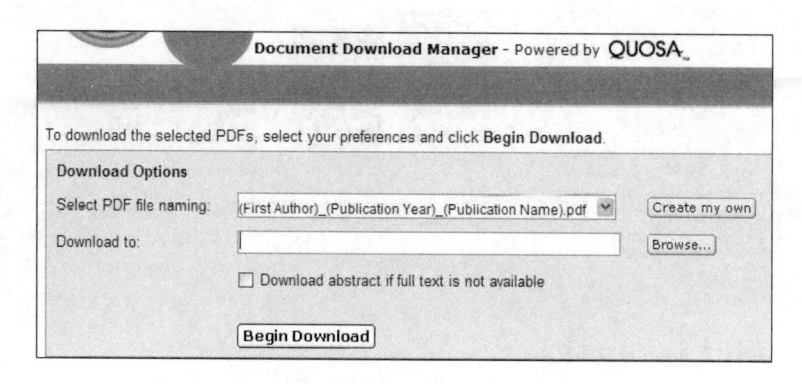

图 7 - 93　多篇文献下载路径选择

第六节　Springer Link

一、Springer link 数据库概况

Springer link 数据库是德国 Springer 出版公司为研究人员提供的在线数字资源。资源类型有期刊、图书、连续出版物、参考工具书等，其中 50% 以上的期刊被 SCI 和 SSCI 收录；学科范围覆盖自然科学、技术、工程、医学、法律、行为科学、经济学、生物学和医学等 11 个学科。

二、检索方式

数据库提供期刊浏览、快速检索、高级检索三种方式。三种检索方式均不支持二次检索,但可以从文献类型、出版时间等方面,对检索结果进行限定。系统首页见图 7 – 94。

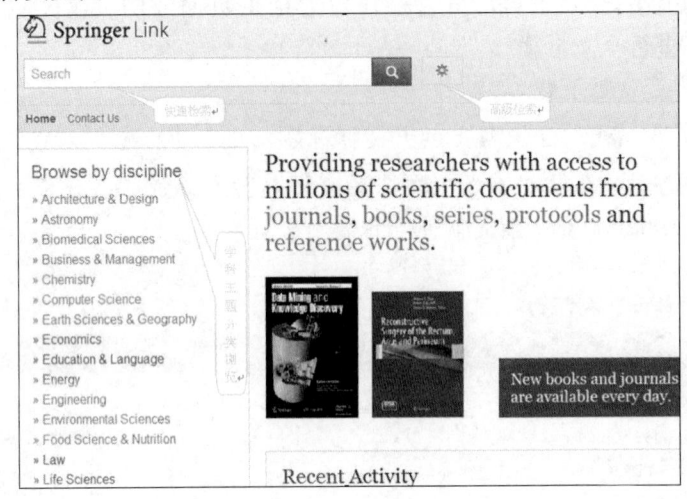

图 7 – 94　Springer link 主页

1. 学科主题分类浏览

在数据库首页,提供学科主题分类浏览,点击所关注的学科分类,显示该学科主题的所有相关资源,见图 7 – 95。还可以从文献类型、研究主题、出版物、出版语言方面对检索结果进行精炼。

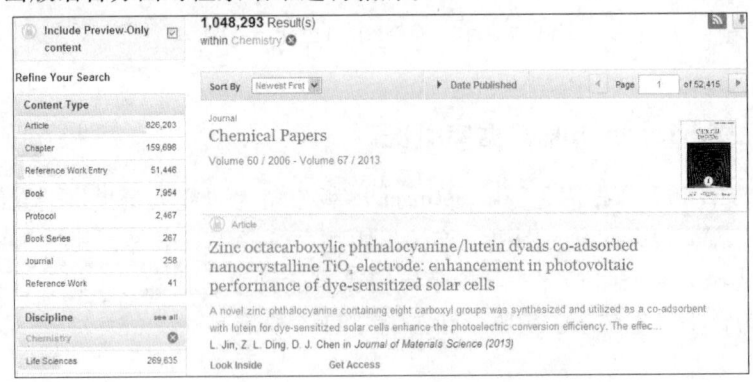

图 7 – 95　主题分类浏览结果

2. 快速检索

快速检索支持逻辑算符、位置算符、通配符、括号构建的检索式进行检索。不支持字段标识符。逻辑算符的优先顺序为 not > or > and |，不支持减号、加号。位置算符 ONEAR/n 为前后两词顺序固定，前后间隔不超过 n 个单词；NEAR/n 为前后两词顺序可以改变，前后间隔不超过 n 个单词。后截词符 * 代表多个字母，截词符？代表一个字母。短语检索用双引号""。系统还支持词根检索，当输入 operation 时，会自动检出 operate、operational、operating。

3. 高级检索

在数据库首页，点击 ，选择 Advanced Search，进入高级检索页面，见图 7-96。提供了作者、精确短语、出版时间等检索字段，但检索字段位置固定。当选中"Include Preview-only content"时，检索结果包含不能全文阅读的文献。

图 7-96 高级检索页面

三、检索实例

1. 检索实例一（文献检索）

锂离子电池阴极非锰材料的合成

（1）输入检索词

在快速检索框内输入检索式"（" li * ion battery" and cathode and Synthesis）not manganese"，点击 🔍 ，得到检索结果，其中文献题名前有 🔒 ，表示该文献不能阅读全文，见图7-97。

检索结果默认按相关度排序，还可以选择出版时间升序、出版时间降序来排序。可以点击"Date Published"，限定检索结果的出版时间。还可以点击"Include Preview – only content"，排除不能全文阅读的文献，见图7-98。

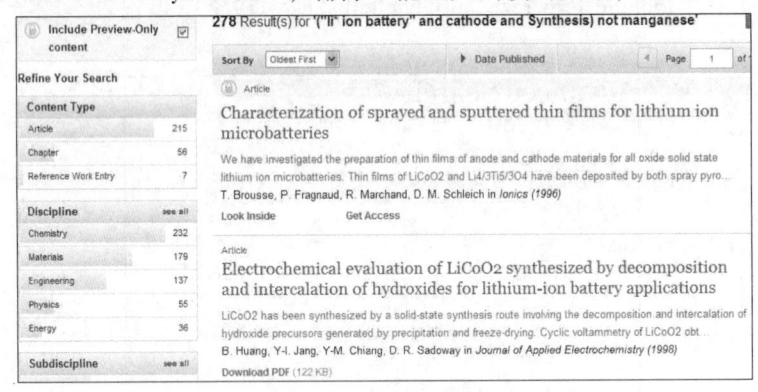

图7-97　快速检索结果

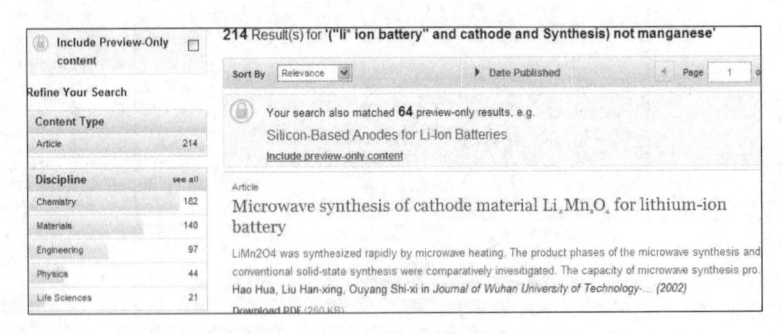

图7-98　排除非全文阅读文献

（2）文献浏览及下载

点击文献题名，显示文献文摘，如果是不能全文阅读的文献，还将显示所需费用，见图7-99。不能阅读全文的文献，可以点击 Look Inside，免费阅读前2页。可以阅读全文的文献，点击 View Article，在线阅读网页格式全文，点击 Download PDF，下载 PDF 格式全文。

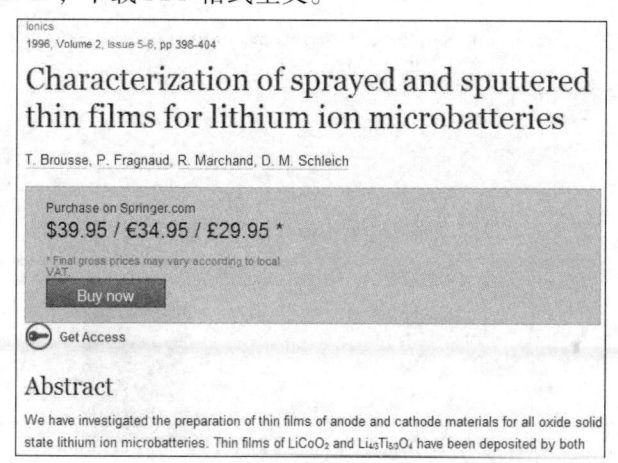

图7-99 浏览文摘

2. 检索实例二（目标期刊浏览）

浏览期刊 journal of materials science

（1）输入期刊名

在快速检索框内输入""journal of materials science""，点击 🔍，得到检索结果，检索结果显示所有出现 journal of materials science 的文献标题、期刊、图书。见图7-100。

（2）浏览期刊

当所需期刊显示在首页时，直接点击期刊名，进入期刊浏览页面。当所需期刊不在检索首页时，则需点击 Content Type 基选项下的"journal"来精炼检索结果，然后点击期刊名，进入期刊页面，显示最新文献，见图7-101。如果想浏览其他卷、期文献，点击 Browse Volumes & Issues，显示该期刊可供浏览的卷、期，见图7-102。点击卷、期，对该期文献进行浏览，见图7-103。

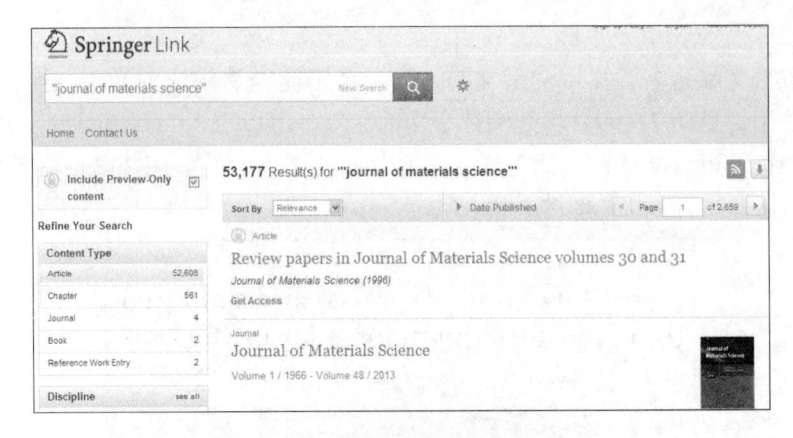

图7-100　检索结果页面

图7-101　期刊页面

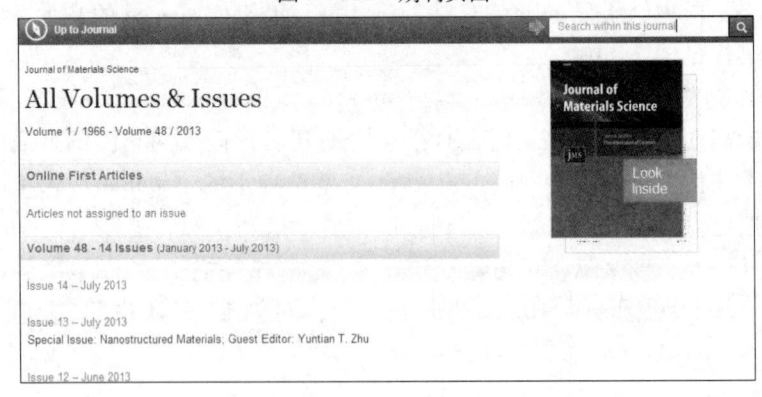

图7-102　可供浏览的卷、期

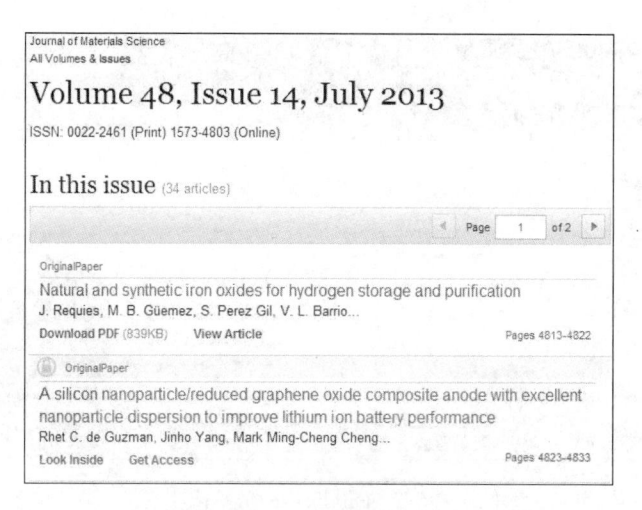

图 7 – 103　期刊文献浏览

第七节　WorldSciNet

一、WorldSciNet 数据库概况

WorldSciNet 数据库是新加坡世界科技出版公司（World Scientific Publishing Company）专门为科研人员提供的期刊在线服务。期刊种类达 120 多种，学科范围覆盖计算机科学、物理学、数学、医学和生命科学、工程学、化学、经济学、企业管理、材料科学等学科领域。

二、检索方式

数据库提供期刊浏览、快速检索、高级检索三种方式。系统首页见图 7 – 104。

1. 期刊浏览

在数据库首页，提供期刊学科主题分类浏览，点击所关注的学科分类，显示该学科主题的相关期刊列表，及期刊字母顺序浏览功能，见图 7 – 105。

其中 , 表示可全文阅读的期刊。浏览找到所需期刊，点击期刊名，进入期刊浏览，系统默认显示最新一期文献，见图 7 – 106。点击 Most Read , 显示高阅读频次的文献；点击 Most Cited , 显示高下载频次的文献；点击文献标题下方的 PDF , 可在线阅读或下载文献全文，见图 7 –

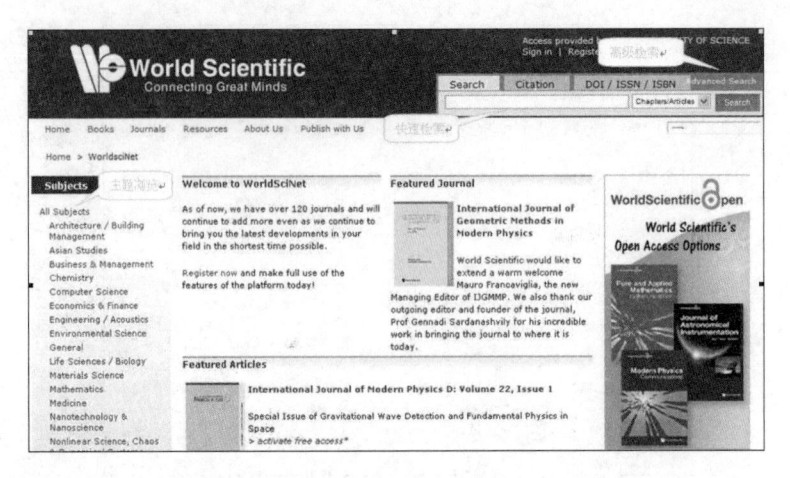

图 7-104　WorldSciNet 数据库主页

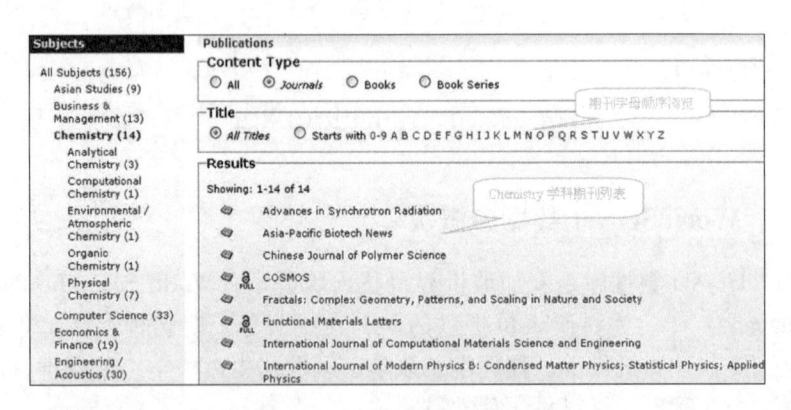

图 7-105　期刊学科分类浏览

107；点击 Prev. ，浏览上一期文献；点击 Available Issues ，显示期刊提供浏览的所有卷、期，见图 7-108。

2. 快速检索

快速检索提供 Chapters/Articles、journal Titles、Book Titles 三种检索字段，也可以切换到 DOI 号或 ISSN 或 ISBN 检索，见图 7-109。其中 Chapters/Articles 字段是在文献的全文中进行检索。

3. 高级检索

在系统首页，点击"Advanced Search"，进入高级检索页面，见图 7-110。与快速检索相比，增加了作者检索、学科主题及出版时间限制。与其他

210

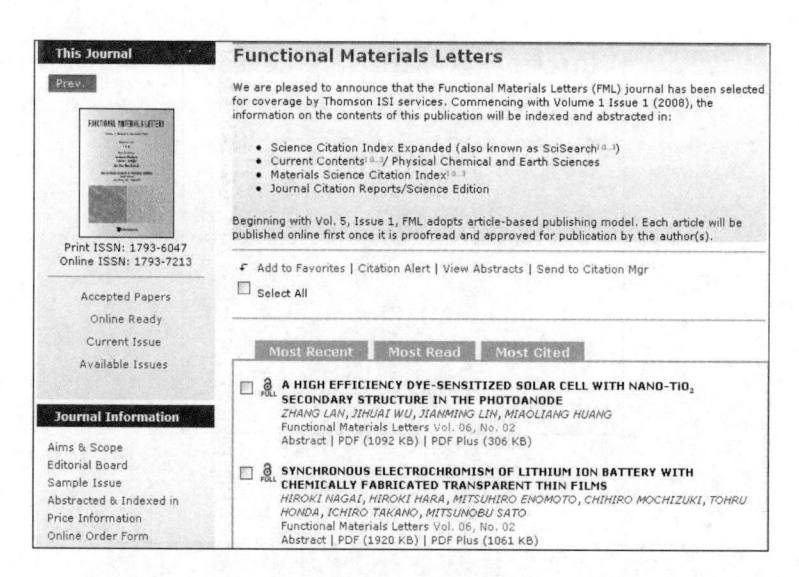

图7-106　期刊浏览

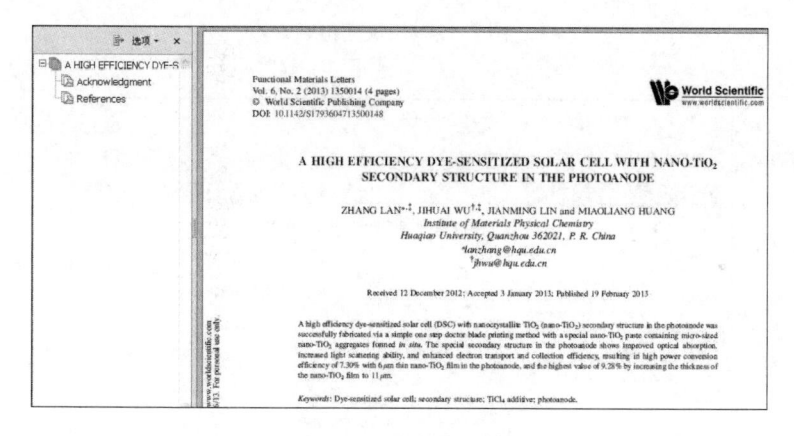

图7-107　全文阅读

大型数据库不同，该资源服务平台，高级检索功能相对简单。如果想比较准确的查找主题相关文献，可选择检索字段"Abstract"。例如：查找锂离子电池的相关文献，在"Abstract"检索字段，输入"lithium ion battery"，点击"Search"，得到检索结果，见图7-111。检索结果不支持二次检索。

211

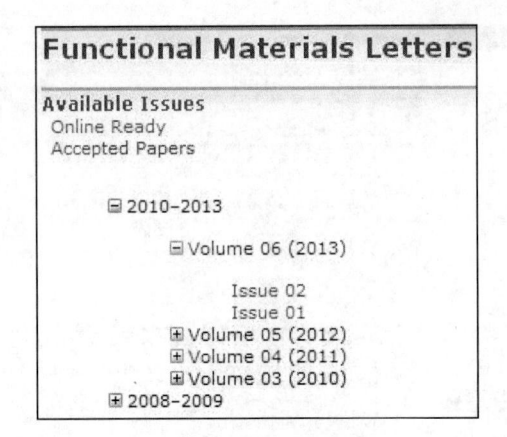

图 7–108　期刊提供浏览的卷、期

图 7–109　快速检索

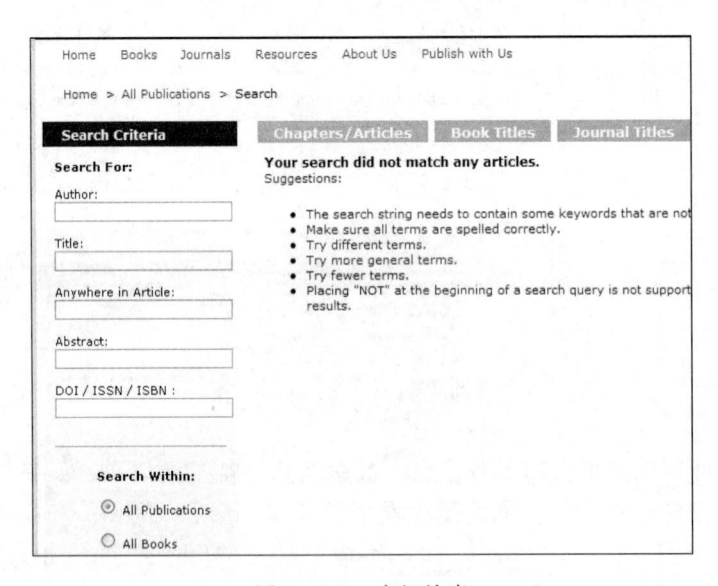

图 7–110　高级检索

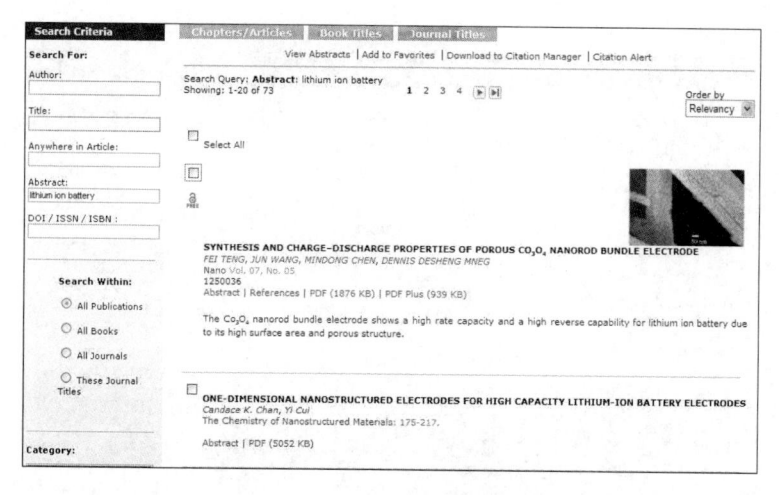

图7-111　高级检索结果

第八节　其他外文网络资源

一、Taylor & Francis

Taylor & Francis 数据库来自于英国 Taylor & Francis 出版集团，包括包括来自社会科学与人文科学先驱出版社 Routledge 以及声誉卓越的 Psychology Press 的期刊。期刊数据库提供1000多种经专家评审的期刊，大部分期刊被汤森路透科学引文索引收录。数据库采用四级学科分类体系，一级学科覆盖人类学与考古学、艺术与人文、行为科学、商务、管理与经济、犯罪学与法学、教育学、地理、规划、城市与环境、图书馆与信息科学、媒体、文化与传播研究、政治、国际关系与区域研究、公共卫生与社会保健、社会学及其相关学科、体育、休闲与旅游、战略、防御与安全研究、物理科学、食品科学与技术、工程技术、计算机科学、生物科学、环境与农业等。

提供学科分类及刊名字母顺序浏览、快速检索、高级检索三种检索途径，主页见图7-112。在高级检索页面还提供引文文献检索，见图7-113。

二、ProQuest Biology Journals

ProQuest Biology Journals 数据库收录430多种出版物，包括学术期刊、行业杂志、会议论文，其中325多种提供文本全文。学科题覆盖生物化学、生

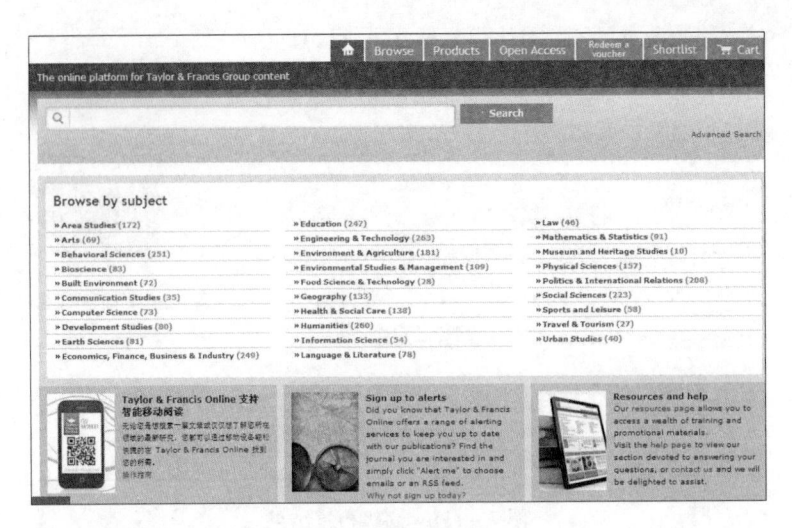

图 7-112 Taylor & Francis 主页

图 7-113 Taylor & Francis 高级检索

物物理学、植物学、细胞学和组织学、环境研究、微生物学、显微镜学、动物学等。对于国内用户，提供中文检索页面，见图 7-114。

提供出版物浏览、快速检索、高级检索三种检索方式。

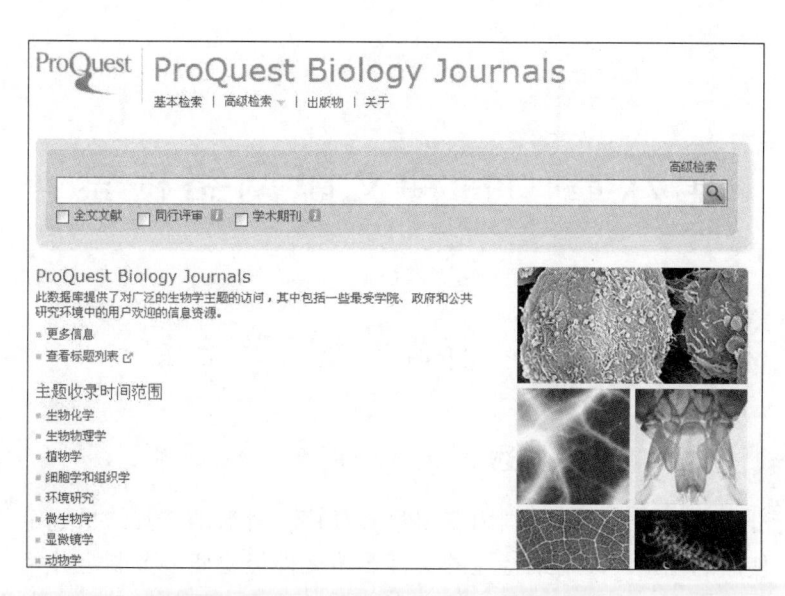

图 7-114　ProQuest Biology Journals 主页

第八章 特种文献网络检索

第一节 标准文献网络检索

一、标准文献信息概述

标准指为了在一定的范围内获得最佳秩序,对活动或其结果规定共同的和重复使用的规则、导则或特性的文件。该文件经协商一致制定并经一个公认机构的批准。标准应以科学、技术和经验的综合成果为基础,以促进最佳社会效益为目的而制定的文件。

标准文献又称"标准化文献",是指与标准化活动有关的一切文献,是人们进行科学研究、技术交流和贸易往来时共同遵守的技术准则,其中主要是指与技术标准、生产组织标准和管理标准有关的文献。

1. 标准文献的特点

标准文献是科技文献的重要组成部分,但因其具有法规性质,又不同于一般的科技文献,除了具有科技文献的共性之外,还具有多学科的综合性和法规性两个特点。具体地说,有以下几点。

(1) 标准文献有统一的产生过程

不论是什么标准,其产生过程都一样,共有三个阶段,即标准的征求意见阶段、送审阶段和报批阶段,每个阶段均有严格的质量控制。

(2) 标准文献有统一的格式

所有的标准文献都有统一的格式、统一的编号和统一的文体,且措辞准确、逻辑严谨。因为标准都是数以百计专家的知识和经验的高度概括和综合,是集体劳动的结晶,所以一旦批准即付诸实施。

(3) 标准文献有完整配套的标准体系

新制定发布的标准不允许与现行相关标准相互矛盾,技术上应协调一致。同样,也不能就个别对象孤立地制定标准,必须考虑纵向和横向在技术与管理上的内在联系,形成一个完整配套的标准体系。

标准文献与一般的科技文献有所不同，表现在几个方面：一个是发表的方式不同，它由各级主管标准化工作的权威机构主持制订颁布，通常以单行本形式发行，一项标准 1 册；（年度形成目录与汇编）。另外一个是分类体系不同，标准一般采用专门的技术分类体系。还有一个是性质不同，标准是一种具有法律性质或约束力的文献，有生效、未生效、试行、失败等状态之分，未生效和失效过时的标准没有任何作用价值，（一般每 5 年修订一次）。

（4）标准文献有很强的时效性

标准文献更新换代很快。因为每个标准有一定的有效时间，它随着技术水平的不断发展而不断地弃旧更新，因此作为标准载体的标准文献也是及时更新。国际标准化组织规定每 5 年中新审定一次所有标准，个别情况下可以提前修订，以保证标准的先进性。所以，标准文献对于一个国家的工业发展情况和科学技术发展有很大的参考价值。

（5）标准文献有法律效力

标准文献是一种公开颁发、法律性强的文献，由于其技术成熟度高，且又作为一种依据和规范提出，因此它一方面描述的内容详尽、完整和可靠；另一方面具有一定的法律性约束力，使产品生产和工程建设有据可依。

（6）标准文献单独出版、自成体系

标准文献无论是从编写格式、语言描写、内容结构上还是审批程序、管理办法以及代号系统等都独自成为一套体系。标准文献的一个最特殊的标志就是每件标准对应一个标准号，即使一件标准仅有寥寥数页也单独成册出版，一般一个标准只解决一个问题。

（7）标准文献交叉重复、相互引用

我们知道，标准是有级别的，与之相应的标准文献也是分级的。但是从企业标准到行业标准到国际标准之间并不意味着级别依次上升，在制定标准时它们经常是相互引用或者交叉重复。因此，判断标准的水平不能以使用范围大小来盲目评价，而应视具体的技术参数和具体内容为依据。

例如，有的企业在制定其企业标准时引用了许多国际标准或发达国家的标准作为自己的标准，从而在许多产品的标准指标上都高于现行的国家标准和部颁标准。

（8）标准文献具有很强的效益性

标准文献作为一种特殊的科技文献，是人们从事科研、生产、设计和检验所使用的重要技术依据，是记录和传播标准信息的重要载体，也是开展标准化工作和科技信息工作的物质基础。及时掌握和充分利用标准资料，对于科学技术的发展、提高产品质量、改进生产、促进贸易和提高经济效益有着重要的作用。合理地使用和借鉴国外的标准文献，对于促进本国标准化工作，提高标准化工作效率和管理水平，更是不可缺少的。

（9）标准文献实行动态管理

标准文献来源于标准化活动，并且在标准化活动中随着社会的进步和科技的发展，一方面吸收信息，充实和修正自己；另一方面又向标准化人员提供信息。对标准文献不断地修订、补充、完善及更新，使标准的有效期限缩短，即标龄减短。我国标准原则上3年进行复查和修订，IC一般每年修订的标准数将占总数的20%，5年标准全部修订一遍。标准文献的"弃旧用新"决定了标准文献的管理是动态管理。这一切要求标准文献管理人员在标准载体上反映出来，从形式上来讲管理的是标准文献载体，而实际上管理的是信息资源。从某种意义上来说，标准文献管理人员就是信息处理员。因此，标准文献应是始终处于最佳状态下的标准信息。

2. 标准文献的类型

标准按类型可分为基础标准、产品标准、方法标准、安全与环境保护标准、原材料标准、辅助产品标准；按使用范围可分为国际标准、国家标准、行业标准和专业标准、企业标准、地方标准；按标准的成熟度可分为法定标准、推荐标准、试行标准。

3. 标准文献的编号

标准文献的内容一般包括标准级别、名称、分类号、编号、审批与实施日期等。一般来说，标准文献均单独编号，独立成册，所以标准编号是用户获取标准文献原文的唯一依据。

（1）我国标准编号

我国标准编号格式为"标准代号+顺序号+年代"。

目前我国的4种标准代号为：

国家标准代号：强制性国家标准代号"GB"，推荐性国家标准代号"GB/T"，国家标准化指导性技术文件"GB/Z"。

行业标准代号：由两个汉语拼音字母组成。不同行业有不同的代号：如卫生WS、医药YY、电力DL、煤炭MT等。推荐性行业标准的代号是在强制性行业标准代号后面加"/T"，如卫生行业的推荐性行业标准代号为WS/T。行业标准是指没有国家标准，而又需要在全国某个行业范围内统一的技术要求。行业标准是对国家标准的补充，是专业性、技术性较强的标准。

地方标准代号：地方标准代号由"DB"和省、自治区、直辖市行政区划代码前两位数组成（DBXX），推荐性地方标准代号同样是在强制性行业标准代号后面加"/T"。

企业标准代号：企业标准代号为"Q"加斜线再加企业代号组成（Q/XXX）。

(2) 国外及国际标准编号

国际标准号不尽相同，但基本结构为"标准代号＋专业类号＋顺序号＋年代号"。如：ISO 标准编号为"ISO 9000 – 1：1994"；IEC 标准编号为"IEC 60034 – 11 – 2004"；ANSI 标准编号为"ANSI/ASME B30.3 – 1990"。

部分国外及国际标准代号，见表 8 – 1。专业类号因其所采用的分类方法不同而各异，有字母、数字、字母数字混合式三种形式。

表 8 – 1　国际标准代号

代号	含义	代号	含义
API	美国石油协会	ASTM	美国材料与实验协会
BISFA	国际人造纤维标准化局标准	ISO	国际标准化组织标准
CAC	食品法典委员会标准	ITU	国际电信联盟标准
CIE	国际照明委员会标准	OIML	国际法制计量组织标准
CISPR	国际无线电干扰特别委员会标准	OIV	国际葡萄与葡萄酒局标准
IAEA	国际原子能机构标准	UIC	国际铁路联盟标准
ICRU	国际辐射防护委员会标准	UNESCO	联合国教科文组织标准
IDF	国际乳制品联合会标准	WHO	世界卫生组织标准
IEC	国际电工委员会标准	WIPO	世界知识产权组织标准

4. 标准文献分类法

(1) 中国标准文献分类法

我国国家标准的年限一般为 5 年。中国标准文献分类法（Chinese Classification for Standards），简称 CCS。它的类目设置以专业划分为主，适当结合了科学分类。序列采取从总到分，从一般到具体的逻辑系统。该分类法采用二级分类，一级分类的设置主要以专业划分为主，二级类目设置采取非严格等级制的列类方法；一级分类由 24 个大类组成，每个大类由单个拉丁字母组成，见表 8 – 2；每个大类有 100 个二级类目，二级分类由双数字组成。例如：

A 综合

00/09　标准化管理与一般规定

10/19　经济、文化

20/39　基础标准
40/49　基础学科
50/64　计量
65/74　标准物质
75/79　测绘
80/89　标志、包装、运输、贮存
90/94　社会公共安全

表 8-2　中国标准分类法中的一级分类

A 综合	N 仪器、仪表
B 农业、林业	P 工程建设
C 医药、卫生、劳动保护	Q 建材
D 矿业	R 公路、水路运输
E 石油	S 铁路
F 能源、核技术	T 车辆
G 化工	U 传播
H 冶金	V 航空、航天
J 机械	W 纺织
K 电工	X 食品
L 电子元器件与信息技术	Y 轻工、文化与生活用品
M 通信、广播	Z 环境保护

（2）国际标准分类法

ISO 标准，即由国际标准化组织（International Organization for Standardization，简称 ISO）制定的标准，该组织是世界上最大的国际标准化机构，负责制定和批准除电工与电子技术领域以外的各种国际技术标准。ISO 下设 146 个技术委员会（简称 TC），分别负责研究制定某一类标准。它的检索工具为《国际标准化组织目录》，年刊，收录上一年的全部现行国际标准。ISO 目录现采用国际标准分类表编排，包括五个部分，即主题分类目录、字顺索引、标准号索引、技术委员会序号（即 TC 号）索引和废弃目录。国际标准分类中的一级类目，见表 8-3。

表8-3　国际标准分类法中的一级分类

01 综合、术语学、标准化、文献	49 航空器和航天器工程
02 社会学、服务、公司（企业）的组织和管理、行政、运输	53 材料运输设备
07 数学、自然科学	55 货物的包装和调运
11 医药卫生技术	59 纺织和皮革技术
13 环保和保健、安全	61 服装工业
17 计量学和测量、物理现象	65 农业
19 实验	67 食品技术
21 机械系统和通用部件	71 化工技术
23 流体系统和通用部件	73 采矿和矿产品
25 机械制造	75 石油及相关技术
27 能源和热传导工程	77 冶金
29 电气工程	79 木材技术
31 电子学	81 玻璃和陶瓷工业
33 电信	83 橡胶和塑料工业
35 信息技术、办公设备	85 造纸技术
37 成像技术	87 涂料和颜料工业
39 精密机械、珠宝	91 建筑材料和建筑物
43 道路车辆工程	93 土木工程
45 铁路工程	95 军事工程
47 造船和海上建筑物	97 服务业、文娱、体育

二、中国标准文献网络检索

1. 国家标准文献共享服务平台

网址：http://www.cssn.net.cn/，首页见图8-1。

国家标准文献共享服务平台是世界标准服务网的中国站点，是国家级的标准信息服务门户。该网站依托国家标准馆的资源优势和中国标准化研究院的专业技术优势为用户提供标准文献查询（查阅）、查新、有效性确认、咨询研究、信息加工、文献翻译、销售代理、专业培训以及其他专题性服务。

收录国内外各类标准文献97万余件，包括齐全的中国国家标准和66个行业标准，60多个国家、70多个国际和区域性标准化组织、450多个专业协

（学）会的成套标准，160多种国内外标准化期刊及标准化专著。

　　提供简单检索、高级检索、专业检索、分类检索四种方式。检索字段提供标准号、关键词、国际标准分类、中国标准分类等。标准概要信息提供该标准的关联标准，便于了解该标准的历史脉络。见图8-2。

图8-1　国家标准文献共享服务平台首页

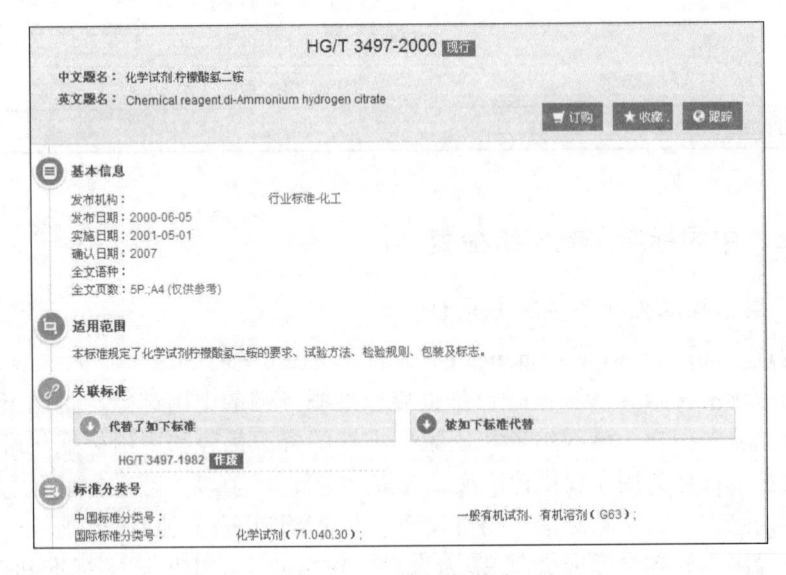

图8-2　标准概要信息

2. 中国标准咨询网

网址：http://www.chinastandard.com.cn/，首页见图8-3。

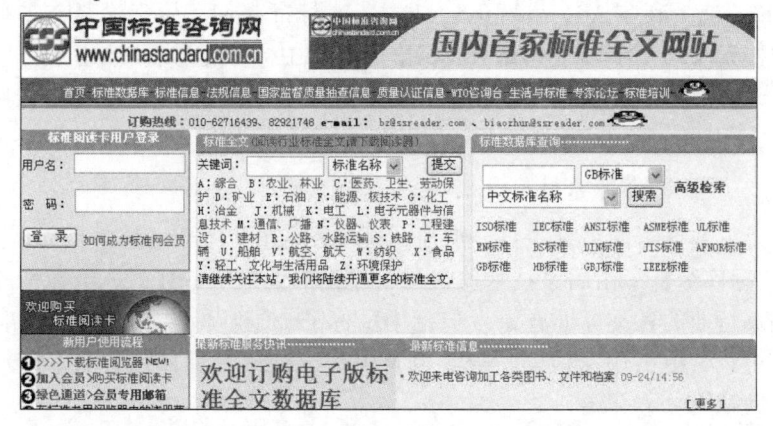

图8-3 国家标准咨询网首页

该网站是由北京中工技术开发公司/北京世纪超星电子有限公司和北京新标方圆在线软件技术有限公司等单位联合建立。

网站提供国内外标准信息、质量认证信息、WTO咨询台、生活与标准等服务。还提供ISO标准、IEC标准、ANSI标准、ASME标准等14个国外标准数据库的题录查询。检索途径有简单检索、高级检索、分类检索三种方式。用户需要注册、付费并且下载该网站专用标准阅览器，才能阅读标准全文。

3. 中国标准在线服务网

网址：http://www.gb168.cn/std/indexpage/index.jsp，首页见图8-4。

图8-4 中国标准在线服务网首页

223

中国标准在线服务网是中国质检出版社授权北京标科网络技术有限公司建立的标准信息服务网站。提供中国国家标准、中国行业标准、美国 ANSI、英国 BSI、澳大利亚 AS、韩国 KS、日本 JIS 标准查询，检索途径有普通检索和高级检索。检索字段有标准号、标准名称、中标分类号、ICS 分类号、采用标准号、标准技术委员会等。用户需要注册、付费并且下载该网站专用客户端插件，才能阅读标准全文。

4. 万方数据资源系统——标准

在万方数据资源系统主页，点击"标准"，进入标准文献数据库，见图 8 -5。数据库综合了由国家技术监督局、建设部情报所、建材研究院等单位提供的相关行业的各类标准题录。包括中国标准、国际标准以及各国标准等 29 万多条记录。提供快速检索、分类浏览、高级检索三种检索方式。使用方法详见第六章第二节介绍。

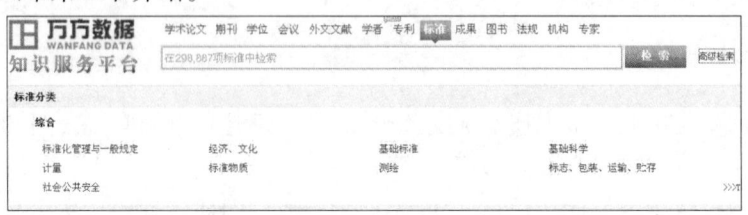

图 8 -5　万方标准检索首页

三、国外标准文献网络检索

1. 国际标准化组织

网址：http://www.iso.org/iso/home.html，首页见图 8 -6。

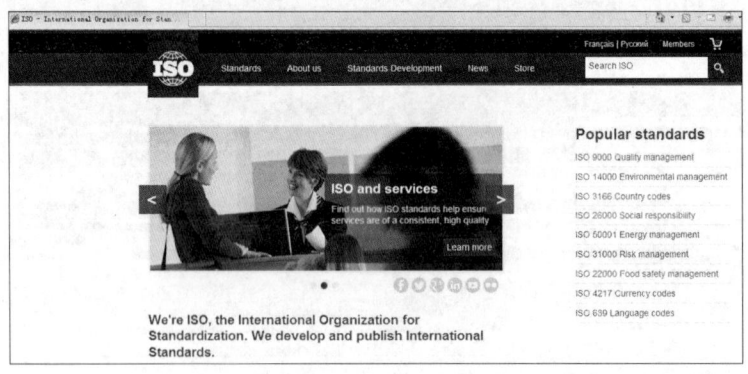

图 8 -6　ISO 首页

(1) 简介

国际标准化组织（International Organization for Standerdization，ISO）是世界上最大的非政府性标准化专门机构，它的主要活动是制定国际标准，协调全世界的标准化工作，组织成员国间的情报交流及合作，促进标准化工作的进行。

(2) 检索方式

直接点击 🔍，则进入简单检索页面，见图 8-7。简单检索提供一框式检索，检索结果提供 Relevance、ISO number、TC、ICS、Date、Stage code 六种排序方式。检索结果类型提供 Published、Under development、Withdrawn 三种限定方式。

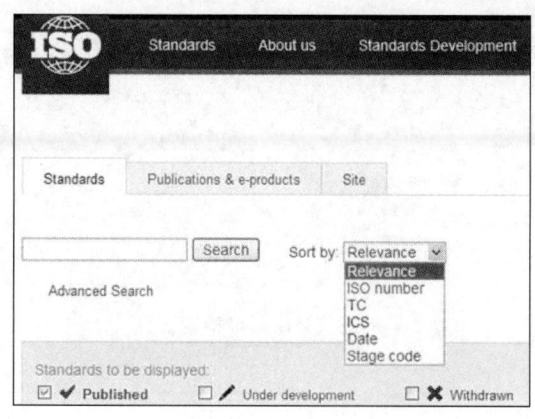

图 8-7　ISO 普通检索页面

在普通检索页面，点击 Advanced Search，则进入高级检索页面，见图 8-8。检索字段有关键词或词组（可限定在题名、文摘、全文中查找）、标准号、阶段码、时间范围、技术委员会、分委会编号等。可查询单个标准，也可查询某一范围内的多个标准。

(3) 检索结果

在普通检索方式下，在检索框内输入检索词"emission and pollutants and vehicle"，来检索车辆污染物排放标准，点击"Search"，得到检索结果，见图 8-9。检索结果不仅包括标准，还包括出版物、网页资源。点击 ISO 号，显示该标准文献类型及所需费用，见图 8-10。

2. 国际电工协会

网址：http://www.iec.ch/，首页见图 8-11。

225

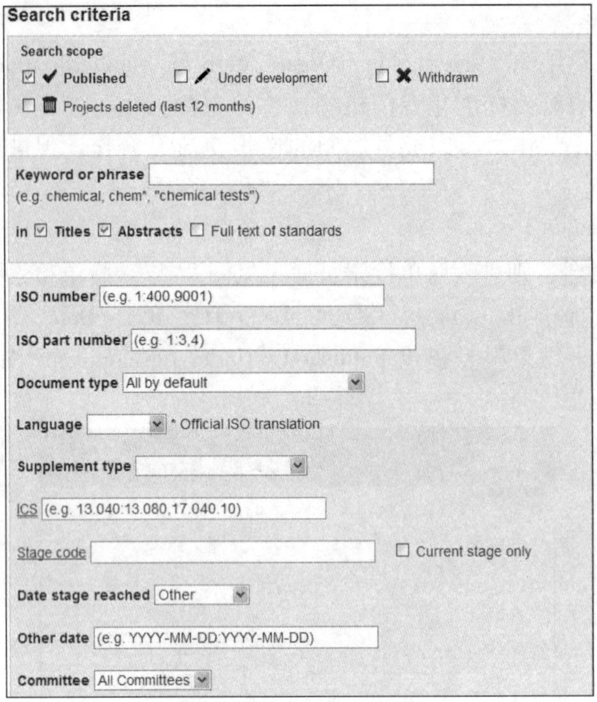

图 8-8 ISO 高级检索页面

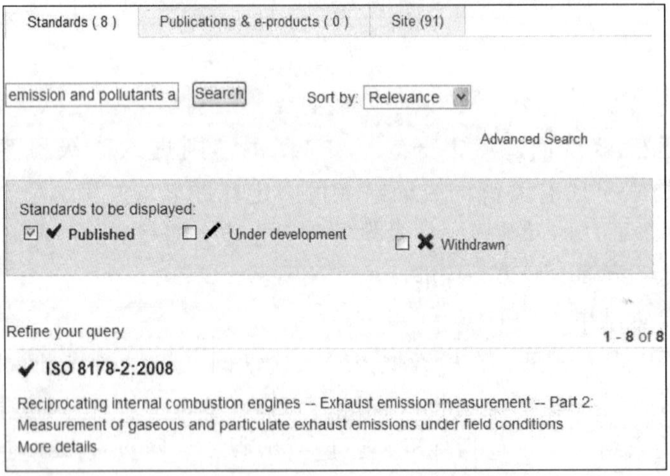

图 8-9 检索结果

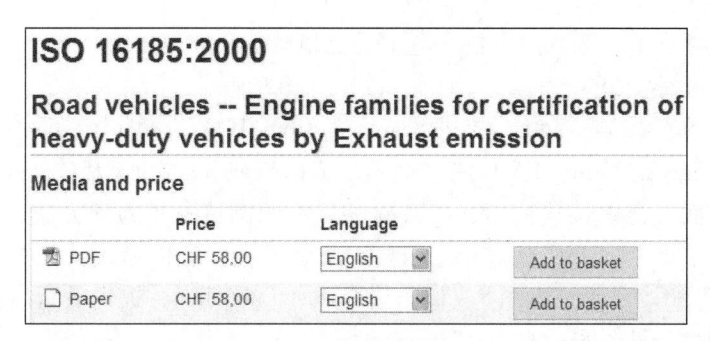

图 8-10　资源类型及费用

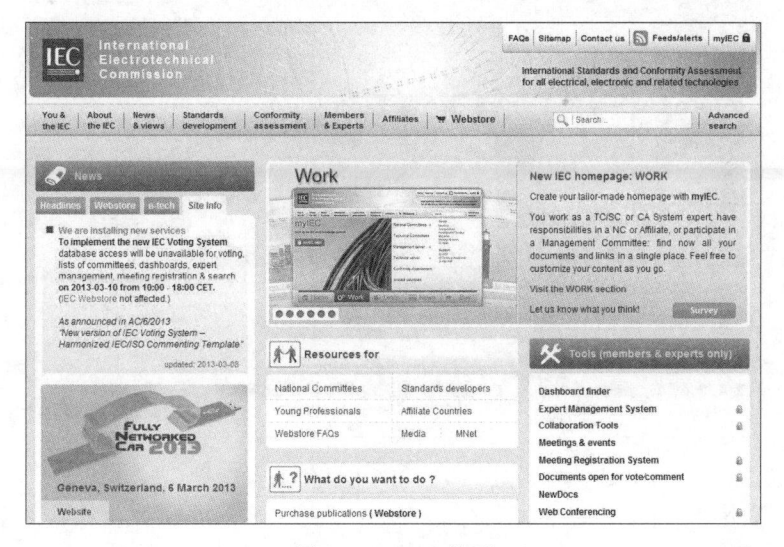

图 8-11　IEC 首页

(1) 简介

国际电工协会（International Electro Technical Commission，IEC）正式成立于 1906 年，主要负责电气和电子领域中标准化组织和协调工作，制定电子、电力、微电子及其应用、通讯、视听、机器人、信息技术、新型医疗器械和核仪表等电工技术的各个方面的国际标准。由于 ISO 制定的标准所涉及的专业范围，不包括这些内容。这些领域的世界标准完全由 IEC 负责制定。所以 IEC 标准可以说是国际标准的组成部分。

IEC 标准按专业划分为八类：第一类基础标准，第二类原材料标准，第三类一般安全、安装和操作标准，第四类测量、控制和一般测试标准，第五类电力的产生和利用标准，第六类电力的传输和分配标准，第七类电信和电子元件及组件标准，第八类电信、电子系统和设备及信息技术标准。

（2）检索方式

点击首页 Webstore，提供 Search and buy IEC Standards、Just Published、Customer Service Centre FAQs 三个选项，选择 Search and buy IEC Standards，进入检索页面，提供快速检索、高级检索、主题浏览三种检索方式，见图 8-12。检索结果显示 IEC 标准号、题名、出版日期、载体形式及格式、所需费用、文摘、ICS 号等，见图 8-13。选择 Just Published，提供最新出版的标准按主题浏览，见图 8-14。

图 8-12　IEC 检索页面

3. 美国国家标准化组织

网址：http://www.ansi.org/，首页见图 8-15。

（1）简介

美国国家标准化组织（American National Standards Institute，ANSI）成立于 1918 年，是非赢利性质的民间标准化团体，但它实际上已成为美国国家标准化信息中心。协调并指导全国的标准化活动，给标准的制定、研究和使用单位以帮助，提供国内外标准化信息，同时又起着行政管理部门的作用。成员由 200 多个制订标准的专业团体和行业协会以及 1000 余个公司组成。

（2）检索方式

点击首页 Access Standards，提供 eStandards Store、Site Licenses、NSSN（Search Engine for Standards）三个选项，选择 eStandards Store 选项，进

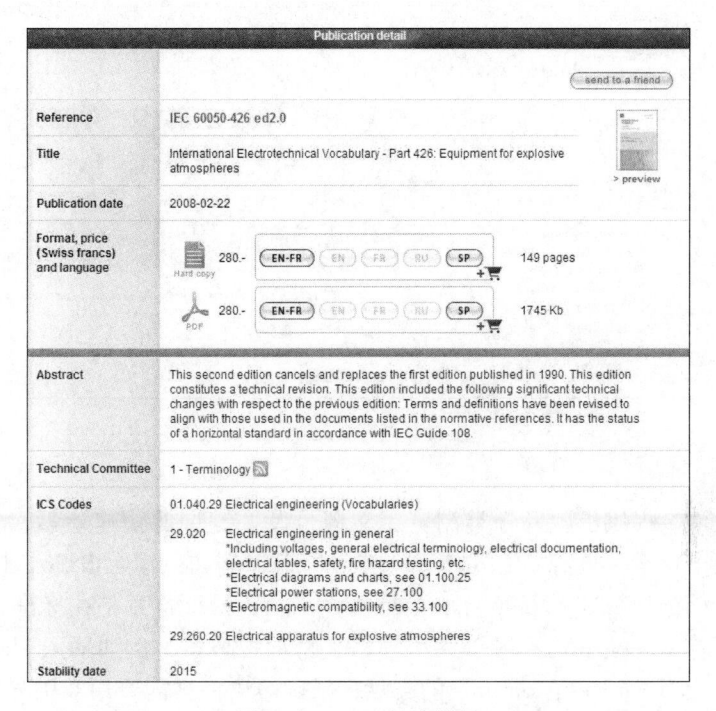

图 8 – 13　IEC 检索结果

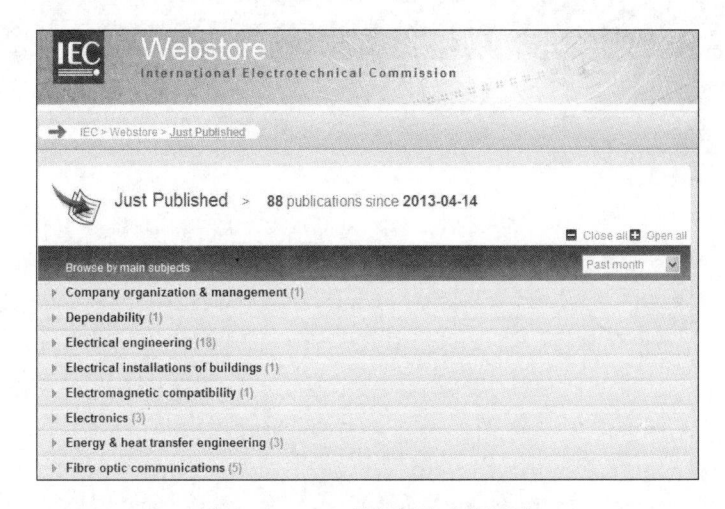

图 8 – 14　IEC 最新标注主题浏览

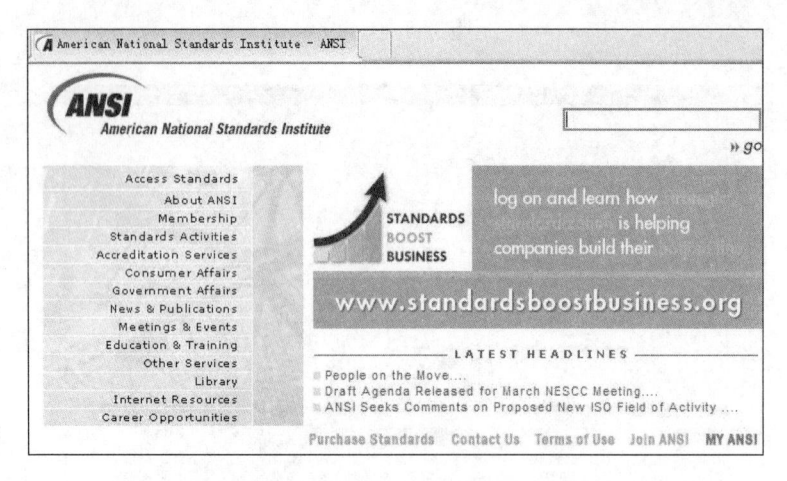

图 8 – 15 ANSI 首页

入检索页面，提供出版者分类浏览、文档号及关键词的快速检索，见图 8 – 16。文档号检索，只需要输入核心文档号即可，例如：输入 B896，即可检索出完整文档号为 ASTM B896 – 99 的标准文献。关键词检索是在标准题名和文摘内进行检索。检索词不区分大小写；支持词根检索，例如输入 Hazard，会检索出包含 Hazardous、Hazards 的文献；精确短语检索需要用双引号""，如"Fire Service Professional"。检索结果显示标准全文首页，见图 8 – 17。

图 8 – 16 ANSI 检索页面

(3) NSSN (Search Engine for Standards)

在 ANSI 首页，点击首页 Access Standards，选择 NSSN，进入标准文献搜索页面，见图 8 – 18。NSSN 为标准文献搜索引擎，提供全球范围内 300

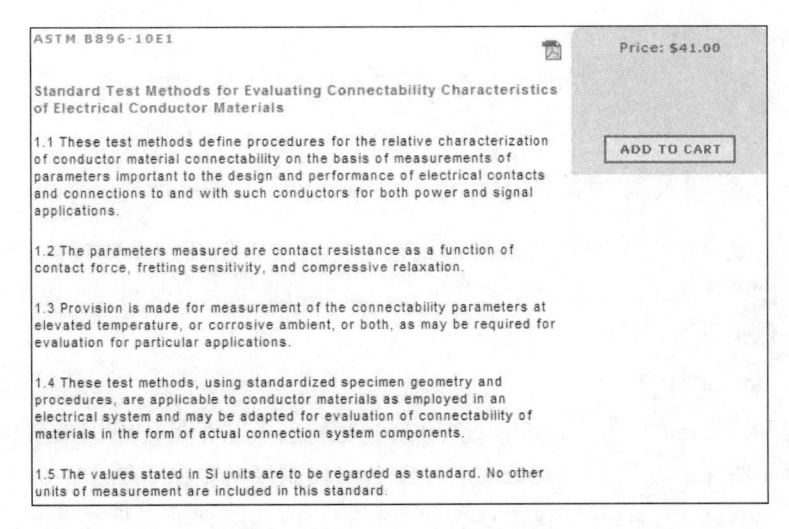

图 8-17　ANSI 检索结果页面

万条标准文献检索。提供简单检索和高级检索两种方式，简单检索提供文档号及关键词检索；高级检索提供多种检索项及检索范围限定以及检索结果输出格式设置，见图 8-19。

图 8-18　NSSN 首页

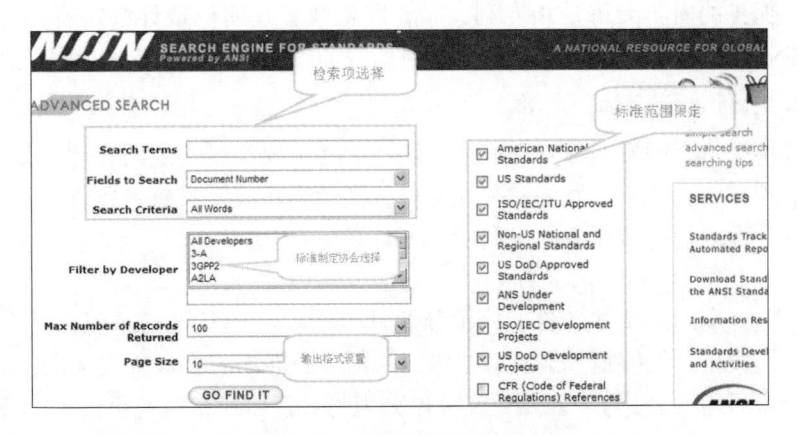

图 8-19　NSSN 高级检索页面

231

第二节 专利文献网络检索

一、专利及其相关知识

专利是科技成果的重要表现形式之一，是技术创新的重要标志和体现，很大程度上代表了国家或企业的竞争力。在市场竞争中，专利在一定范围内，在法律保护下达到技术的垄断。

1. 专利的定义

专利（Patent）由"Letters patent"演变而来，原意是指由国王亲自签署的带有御玺印鉴的独占权利证书。在没有法律制度的社会，国王的命令就是法令，只有国王才能有权授予这种独占权利，因此这种证书具有垄断性。而且这种证书不是密封的，是一种敞开的证书，没有封口，任何人都可以打开看，所以这种证书内容上是公开的。专利因此具有两个特点：垄断性和公开性。

专利从不同的角度叙述有不同的涵义，现代意义上的专利通常包含三个方面的内容：

从法律意义上讲专利就是专利权的简称，是法律认定的一种权利，是指国家专利主管机关依法授予专利申请人独占实施其发明创造的权利，专利权是知识产权的重要组成部分；

从技术意义上讲专利是取得了专利权的发明创造，即指发明创造成果本身，是指享有独占权的专利技术；

从保护的内容上讲是指专利文献，即记载着发明创造详细内容、受法律保护的技术范围的法律文书，我们平时所说的查专利就是指查阅专利文献。

2. 专利的"三性"标准

并不是所有的发明都自动成为专利，它必须要经过一定的程序，如申请、审查、授权等。此外，发明专利和实用新型专利还应该具备新颖性、创造性、实用性，即我们通常所说的专利的"三性"标准。

（1）新颖性

这是专利的最基本条件。所谓新颖性是指在申请日之前未曾向社会公开过，不构成公众能够得知的现有技术的一部分，即不为公众所知（公知），也不为公众所用（公用）。新颖性又可以分为绝对新颖和相对新颖。

绝对新颖性，即世界范围内没有被公知和公用，也就是说不论在世界哪个地方，只要在申请日以前找到相同发明创造在出版物上有过记载，该发明创造即不具有新颖性。这里所说的"出版物"具有广泛的内容，它不仅指一般的书籍、杂志、专利文献、正式公布的会议记录和报告、报纸、产品目录以及样本等，还包括缩微胶片、影片、照片、唱片、磁带、软件、软盘、光盘等其他载体的出版物。对于一些标有"内部资料"字样的期刊，只要能为不特定的人获得，也认为是公开出版物。

相对新颖性即本国或本地区内不被公众所知、不被公众所用。

(2) 创造性

有的国家称之为"先进性"、"非显而易见性"。我国专利法对发明和实用新型的创造性分别做了规定，同申请日以前已有的技术相比，对于发明专利，应具有突出的实质性特点和显著的进步；对于实用新型专利，应具有实质性特点和进步。

所谓突出的实质性特点是指发明与现有技术相比具有明显的本质区别，对于发明所属技术领域的普通技术人员来说是非显而易见的，他不能从现有技术中得出构成该发明全部必要的技术特征，也不能够通过逻辑分析、推理或者试验而得到。"显著的进步"是指从发明的技术效果上看，与现有技术相比具有长足的进步，它表现在发明解决了人民一直渴望解决、但始终未能获得成功的技术难题，或者该发明克服了技术偏见，提出了一种新的研究路线，或者该发明取得了意想不到的技术效果，以及代表某种新技术趋势。

所谓实质性特点和进步是指只要与现有的技术相比有所区别并具有进步即可认为具备创造性。

(3) 实用性

实用性是指该发明或者实用新型能够制造或者使用，并且能够产生积极效果。为此，实用性一般应具备下列条件。

工业实用性

这里的工业是广泛上的概念，它包括农业、矿业、林业、水产业、运输业、交通业等各个行业。一项发明获实用新型只要在任何一个工业部门能够制造或者使用，即具有工业实用性。

重复再现性

这是指所属技术领域的技术人员，根据申请文件公开的内容，能够重复实施专利申请案中的技术内容，这种重复实施，不依赖任何随机因素，并且实施结果是相同的。

有益性

专利技术实施后应能产生积极效果，具有良好的技术、经济和社会效益。

3. 专利申请类型

我国将专利申请分为发明专利、实用新型专利、外观设计专利三种。有的国家不把外观设计列为专利技术，而是作为工业设计的一种新设计或新款式，另外立法保护。

(1) 发明专利

发明专利是指对产品、方法或者其改进所提出的新的技术方案。从发明的定义看，它必须是一种技术方案。对于自然定律的发现、抽象的智力活动规则等不能算作发明。

根据发明的定义，可以将专利发明分为两大类：产品发明和方法发明。

产品发明是指经过人们努力劳动创造出来的各种制成或者产品，如机器、仪表、设备、物质等，未经人工的加工，属于自然状态的东西不能作为产品发明，如天然宝石、矿物质等。产品发明取得专利后称为产品专利，产品专利只保护产品本身，不保护该产品的制造方法。

方法发明是指把一个对象或者某一种物质改变为另一种对象或者物质所利用的手段，以使它们在质量上产生新改变或者成为另一种物质或者物品。所说的方法可以是化学方法、机械方法、通信方法以及工艺规定的顺序来描述的方法。方法发明取得专利后，称为方法专利。

(2) 实用新型专利

实用新型专利是指对产品的形状、构造或者其结合所提出的适于实用的新的技术方案。

实用新型专利应具备以下特征：首先，它必须是一种产品，并且该产品是经过工业方法制造的占据一定空间的实体；其次，它必须是具有一定形状和构造的产品。

目前世界上有实用新型专利的国家不多，我国为了保护科技人员发明创造的积极性，实行实用新型专利制度。

(3) 外观设计专利

外观设计是指对产品的形状、图案、色彩或者其结合所做出的富有美感并适于工业上应用的新设计。

授予专利的条件一般从是否具有新颖性、创造性、实用性三个方面考察，哪些发明创造能获得专利法的保护，全世界各国不尽相同，多数国家的法律只保护发明和外观设计专利，少数国家还保护实用新型专利。其中发明专利是保护的主要对象。我国专利法对三类专利都给予保护。

4. 专利权的特点

专利权属于知识产权,具有知识产权的三个特点:

(1) 专有性

专有性也称独占性、垄断性。即未经专利权人许可,任何人不得使用、制造、销售其专利产品,使用其专利方法。专利权是一种专有权,这种权利具有独占的排他性。由于专利权的客体是无形的,其内容是公开的,很容易传播,故可同时为许多人实际占有和使用,因此其所有权只有通过法律赋予的专有性、垄断性或排他性,才有可能得以保护。否则凡是掌握这一技术的人都可以使用,就无法确认和保护这一无形财产。

(2) 地域性

法律是有国界的,一个国家授予的专利只在一个国家生效,如果要在其他国家享有专利权,必须依照其他国家的法律另行申请。

(3) 时间性

专利制度强调鼓励和保护发明创造,给予专利权人一定期限内对发明创造的垄断权,但同时考虑到技术的进步,便于他人借鉴使用已有的技术做出新的发明,因此规定一个合理的保护期限。正因为有时间的限制,所以专利制度的执行从长远的角度看,并不能产生技术垄断,相反会合理保护发明人的合法权益,刺激和鼓励发明人进一步进行新的发明创造。

专利的时间性可以说是知识产权中最明确最具体的。发明专利的保护期限是 20 年,实用新型、外观设计专利是 10 年,均自申请日算起。各国的专利保护期限,虽有差异,但是差异已经变得越来越小,并逐步朝着同一的方向发展。

专利的时间性主要是对其中的经济财产权利而言得,而专利的人身权利,如荣誉权、署名权,并不会因专利权的到期而消失,是谁发明的,永远不可以改变。这是专利权作为知识产权的一种,具有经济权利与精神权利的双重权利特征所决定的。

5. 专利文献

专利文献不同于一般意义上的科技文献,是一种集技术、经济、法律于一体的文献,是三种情报的载体,是专利制度的产物。从狭义上讲,专利文献是指专利说明书、权利要求书、附图、摘要及专利公报。从广义上讲,专利局的各种审查意见、通知、各种检索工具书、有关专利的报刊等都属于专利文献的范畴,具体包括:专利公报、专利文摘、专利题录、专利分类表等。具有实际应用价值的是狭义上的专利文献,它记载着发明创造的全部技术内容及法律状态。

专利文献具有数量大、范围广；集技术、法律、经济信息于一体；内容新颖，报道迅速；格式统一，形式规范的四大特点。

6. 专利文献分类法

根据1971年签订的《国际专利分类的斯忑拉斯堡协定》，编制的《国际专利分类法》（International Patent Classification，IPC）是目前国际通用的唯一的专利文献分类和检索工具。IPC的核心是IPC分类体系，及由此产生的《国际专利分类表》，每5年修订一次。

IPC按技术主题设立类目，并以等级的形式将技术领域分为5个不同的等级，即部（Section）、大类（Class）、小类（Subclass）、主组（Group）及分组（subgroup）。IPC用英语大写字母A——H将所有专利分为8个大部，即：

A部：人类生活必需品

B部：作业、运输

C部：化学，冶金

D部：纺织、造纸

E部：固定建筑物

F部：机械工程，照明，加热，爆破

G部：物理

H部：电学

7. 专利文献的内容结构

一般的专利文献通常包括三部分：题录、正文、附图。

（1）题录部分

专利说明书的题录是一组有关该发明技术及其法律情报的著录项目，通常包括发明名称、发明人姓名、申请人姓名、地址、申请日期、申请号、分类号、专利号、文摘等项目。这些著录项目的多少及排列顺序因不同国家而异，但大多印刷在说明书的扉页上，并且在每一个著录项目前面，都注明统一的INID代码（专利文献著录项目国际标准代码）。因此即使文字不通，也能依靠这些识别码来分辨某一著录项目的内容。

（2）说明书正文

说明书正文部分是关于发明内容的详细介绍，一般包括序言、发明细节叙述以及权利要求三部分。序言通常是关于发明技术水平及产生背景的报告，其后是对发明的详细描述，并结合实例进行说明。权利要求项一般放在正文的最后一部分，有时也放在正文开始部分。

(3) 附图

一般附图是用来解释说明发明内容或原理，常常放在说明书的最后。

二、中国专利文献网络检索

1. 中国国家知识产权局网专利检索

网址：http：//www.sipo.gov.cn/zljs，首页见图8-20。

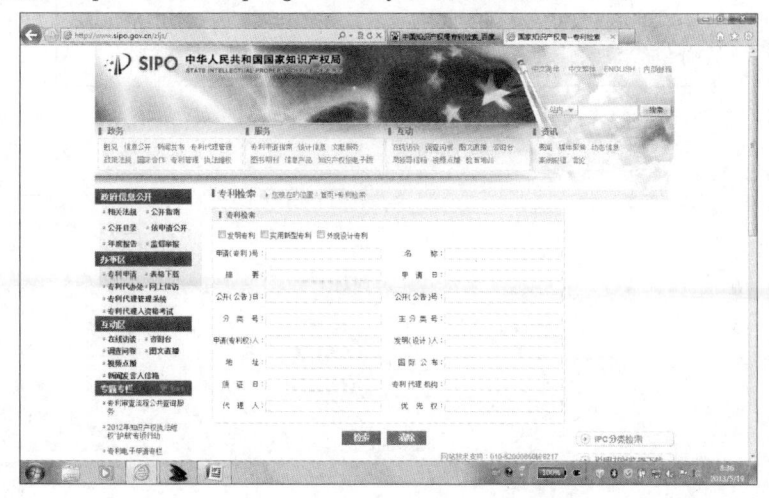

图8-20 检索首页

收录1985年9月10日以来公布的全部中国专利信息，包括发明专利、实用新型和外观设计三种专利。说明书为 TIF 格式文件，安装网站提供的专用浏览器后，可免费浏览说明书全文。

提供16个检索字段：专利号、名称、摘要、申请日、公开日、公开号、分类号、主分类号、申请人、发明人、地址、国际公布、颁证日、专利代理机构、代理人、优先权。该检索系统的检索方法简单，而且有检索帮助，只要将鼠标放在检索字段输入框上，系统就会自动显示该检索词的组词方法和检索示例，见图8-21。例如在"摘要"检索项下，输入检索词"（吸波 or 隐身） and 铁纤维"，点击"检索"，即得到检索结果。检索结果只显示申请号和专利名称，点击专利名称，显示该专利的详细著录项目及文摘，见图8-22。在该页面，点击**申请公开说明书**，可阅读全文。

2. 中国专利信息中心

网址：http：//www.cnpat.com.cn/，首页见图8-23。

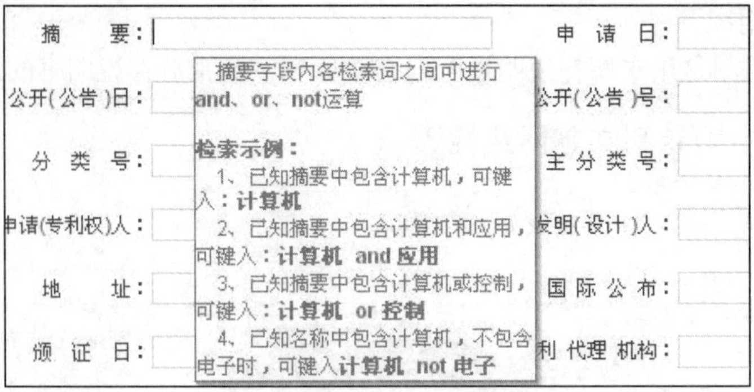

图 8－21　检索帮助

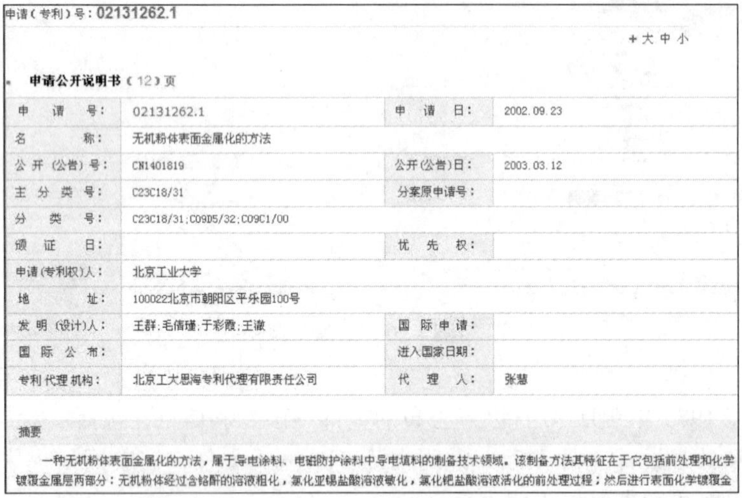

申请（专利）号：02131262.1

+大 中 小

申请公开说明书（12）页

申　请　号：	02131262.1	申　请　日：	2002.09.23
名　　称：	无机粉体表面金属化的方法		
公开（公告）号：	CN1401819	公开(公告)日：	2003.03.12
主 分 类 号：	C23C18/31	分案原申请号：	
分　类　号：	C23C18/31;C09D5/32;C09C1/00		
颁　证　日：		优　先　权：	
申请(专利权)人：	北京工业大学		
地　　址：	100022北京市朝阳区平乐园100号		
发 明（设计)人：	王群;毛倩瑾;于彩霞;王澈	国 际 申 请：	
国 际 公 布：		进入国家日期：	
专利 代理 机构：	北京工大思海专利代理有限责任公司	代　理　人：	张慧

摘要

一种无机粉体表面金属化的方法，属于导电涂料、电磁防护涂料中导电填料的制备技术领域。该制备方法其特征在于它包括前处理和化学镀覆金属层两部分：无机粉体经过含铬酐的溶液粗化，氯化亚锡盐酸溶液敏化，氯化钯盐酸溶液活化的前处理过程；然后进行表面化学镀覆金

图 8－22　详细检索结果

（1）简介

中国专利信息中心始建于 1993 年，依托国家知识产权局赋予信息中心专利数据库的管理权、使用权和综合服务的经营权，及信息中心遍及全国各地的信息收集和服务网络来提供服务，除提供中国专利、世界专利检索外，还提供专利翻译、专利知识、专利法规、项目推广等服务。阅读专利全文需要付费。

（2）检索方式

提供智能检索、表格检索（高级检索）、专家检索三种检索方式。

图 8-23 检索首页

智能检索

首页默认即为智能检索,也可以点击首页 专利检索 ,跳转到专利之星检索页面,见图 8-24。

图 8-24 专利之星检索页面

表格检索(高级检索)

在首页点击"高级检索",或在专利之星检索页面点击"表格检索",即进入表格检索页面,见图 8-25。

239

专家检索

表格检索页面下方的检索框即为专家检索，专家检索需要构建检索式，检索式不支持多检索字段。

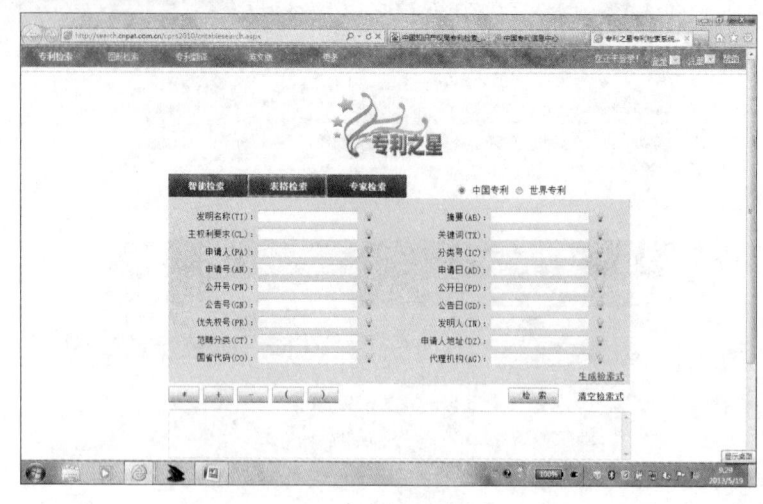

图 8-25 表格检索

三、国外专利文献网络检索

1. 世界知识产权组织 PATENTSCOPE

网址：http://patentscope.wipo.int/search/en/search.jsf，首页见图 8-26。

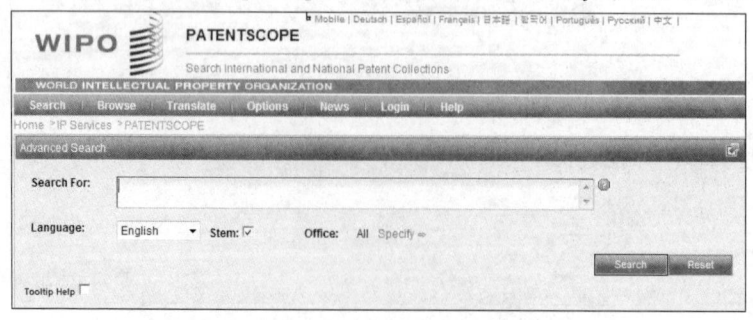

图 8-26 WIPO 检索首页

（1）简介

世界知识产权组织 PATENTSCOPE 提供了一个全面、系统的历史记录，不仅可以从国际申请公布之日起，检索以国际专利申请形式来首次公开的技术信息，并可检索30个国家和地区收藏的专利文件。2013年4月份，世界知识产权组织PATENTSCOPE可检索的专利文件突破2800万份。检索时，可以用多国语言输入关键字、申请人名称及其他检索条件。文件可以免费全文打印或下载，检索结果提供机器翻译功能，方便用户使用其熟悉的语言阅读。

（2）检索方式

提供简单检索、高级检索、表格检索三种检索方式及浏览，选中"Stem"，则支持词根检索。选中 Tooltip Help，则提供检索帮助。支持截词检索及精确检索。

简单检索

首页默认即为简单检索，提供的检索字段有前页、任意字段、全部正文、英文正文、ID号、IPC分类号、作者、日期。

高级检索

点击首页 Search，选择"Advanced Search"，进入高级检索页面，高级检索提供了语言限定，见图8－27。检索式为"检索字段代号：（检索词）"，如ET：(" electric car")。

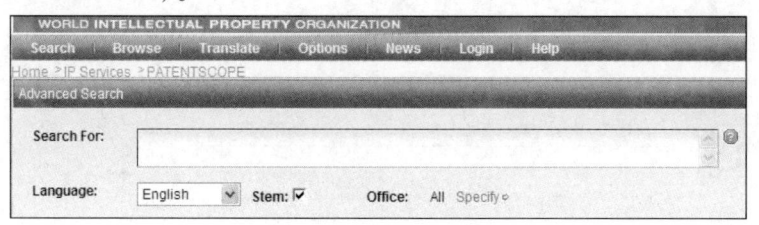

图8－27 高级检索页面

表格检索

点击首页 Search，选择"Field Combination"，进入表格检索页面，高级检索提供更多的检索字段以及语言限定，见图8－28。

（3）浏览方式

提供近期PCT申请专利的每周浏览及列表浏览。每周四发布每周的专利申请文献。

每周浏览

点击首页 Browse，选择"Browse by week"，进入每周浏览页面，见图8－29。点击 Excel Download，则将检索结果保存为Excel格式。点击 IPC Statistics，则对最近几个月所申请的专利，按IPC分类号进行统计，显示数量。点击分类号后边的 ❓，可显示该分类号的专业领域，见图8－30，点

241

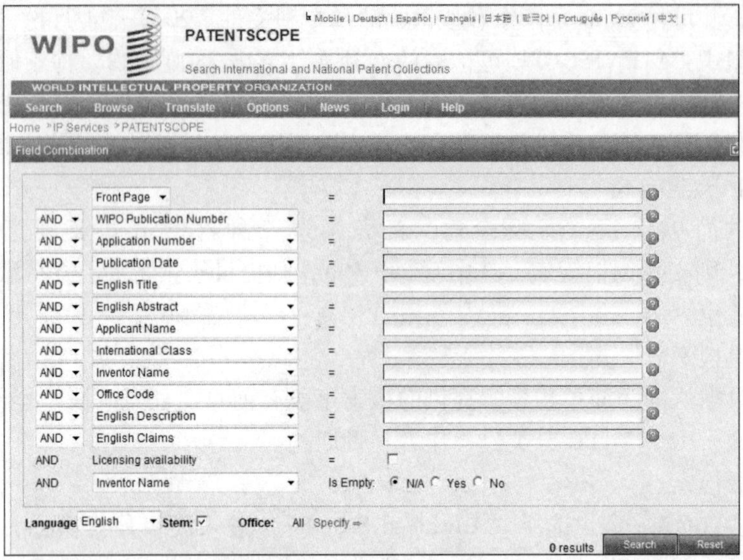

图 8-28 表格检索页面

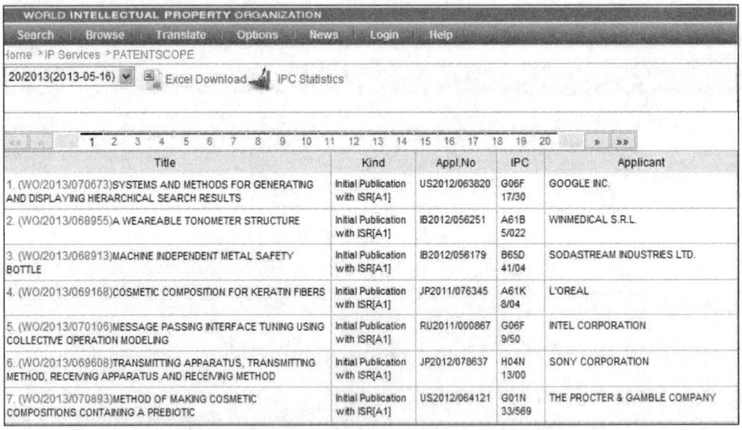

图 8-29 每周 PCT 申请专利浏览

击 "Chart"，则以图表的方式显示，见图 8-31。

列表浏览

点击首页 Browse，选择 "Sequence listing"，进入列表浏览页面，见图 8-32。

（4）检索结果阅读及分析

在简单检索页面，选择检索字段为 "Front page"，输入检索式 "Water and

242

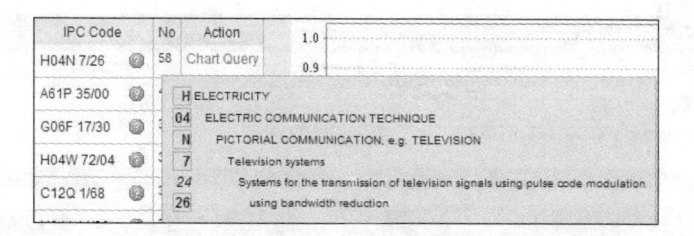

图 8-30　IPC 分类统计

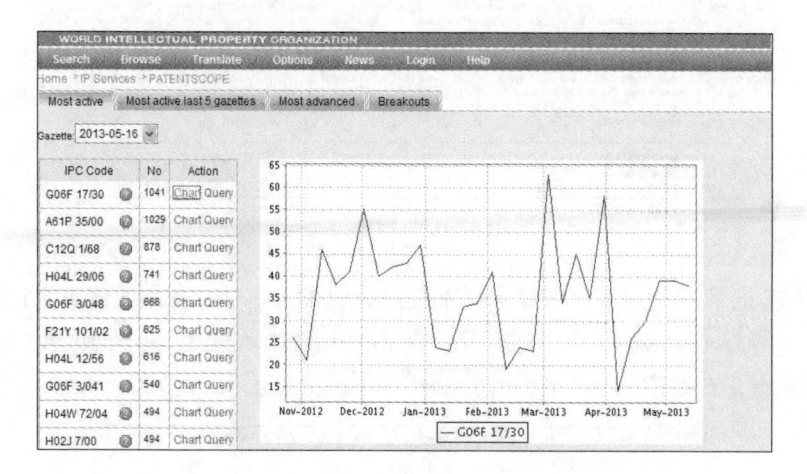

图 8-31　图表统计

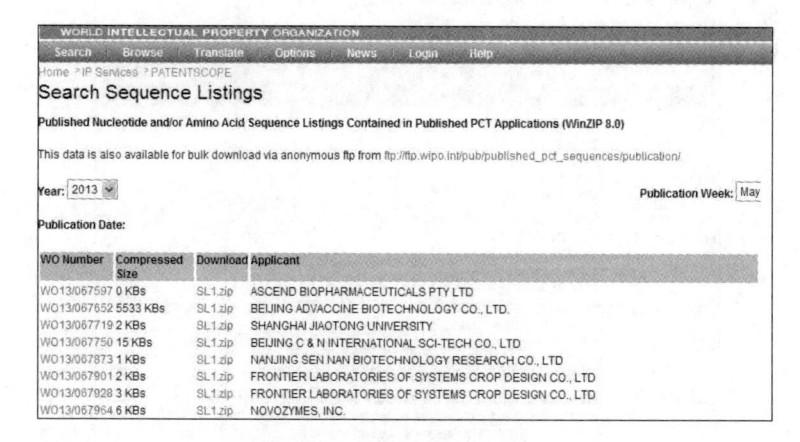

图 8-32　列表浏览页面

absorb??? and fabric?"，来检索有关"吸水织物"。其检索结果见图8-33。

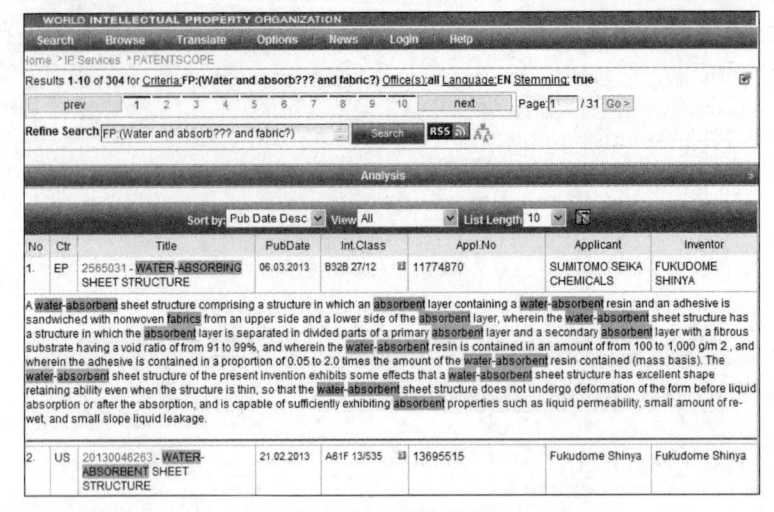

图8-33 检索结果

点击记录中专利号，则显示详细信息，见图8-34。在详细信息页面，点击 Description ，进行全文阅读；点击 Claims ，查看权利要求；点击 Drawings ，查看图片，点击 Documents ，下载文献。

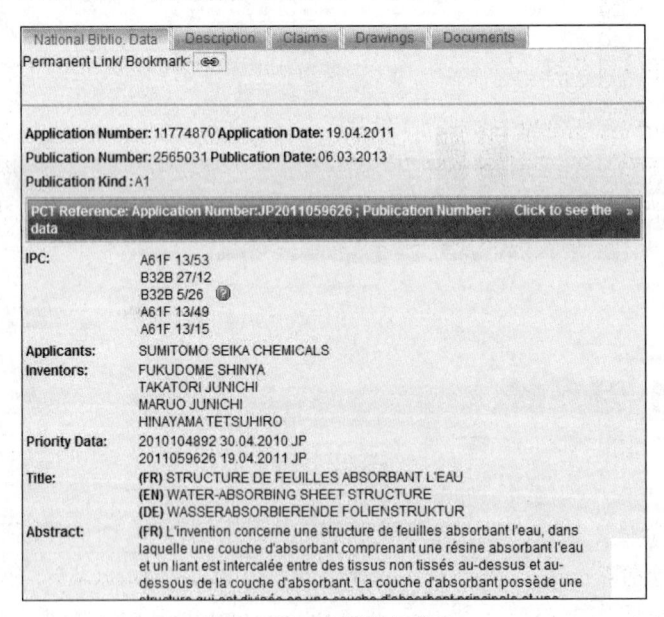

图8-34 专利详细信息

点击结果记录上方的 **Analysis**，以表格的形式对检索结果进行分析，见图8-35。在该页面选择"Graph"，则以图表的形式对检索结果进行分析，见图8-36。

图8-35 检索结果分析-表格形式

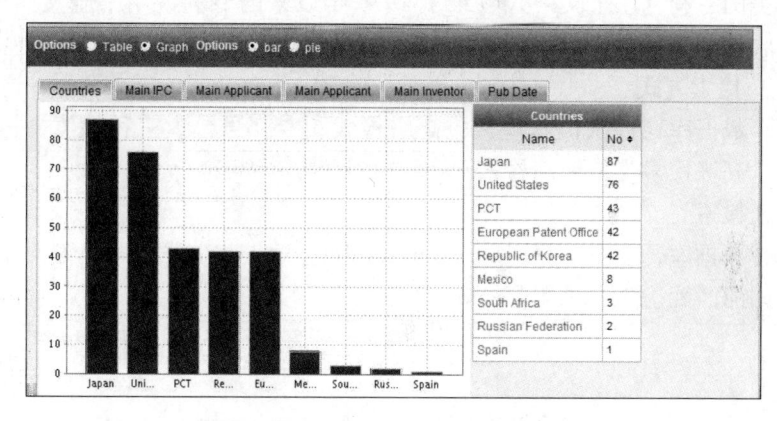

图8-36 检索结果分析-图表形式

2. 美国专利商标局专利检索

网址：http://www.uspto.gov/patents/process/search/index.jsp，首页见图8-37。

（1）简介

美国专利商标局（The USPatent and Trademark Office，USPTO）专利检索提供两个免费的专利全文数据库供选择，一是PatFT数据库，二是AppFT数据库。PatFT数据库以TIFF images格式收录了1790年以来至最近一周的所有

245

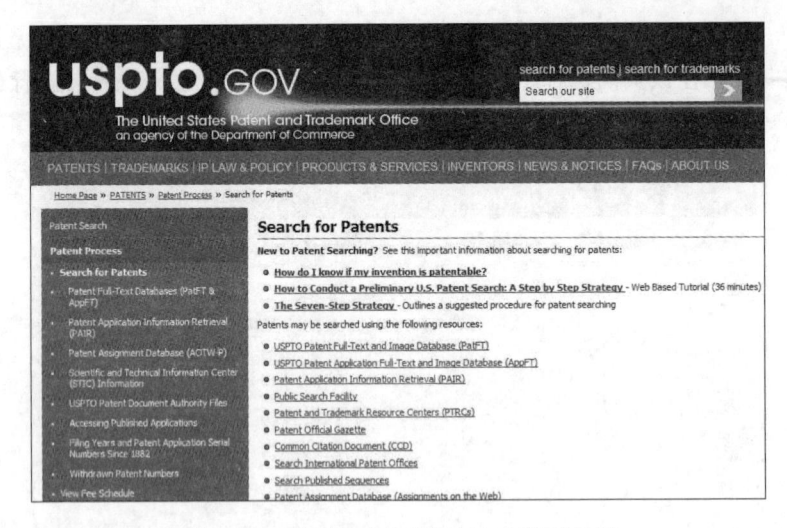

图 8-37　美国专利和商标局专利检索首页

授权的美国专利，以全文格式收录了 1976 年以来的专利说明书全文。AppFT 数据库收录了 2001 年 3 月以来的所有申请的美国专利。

（2）检索方式

两个数据库均提供快速检索、高级检索、专利号检索三种检索方式，快速检索、高级检索支持精确检索。

快速检索

选择数据库，点击"Quick Search"，则进入快速检索页面，为两个检索字段之间的匹配检索，见图 8-38。

图 8-38　快速检索页面

高级检索

选择数据库，点击"Advanced Search"，则进入高级检索页面，见图 8-39。页面下方提供检索字段代码，检索式格式为"检索字段代码/（检索词）"，例如输入 ttl/（Water and absorbing）。检索结果支持二次检索。

246

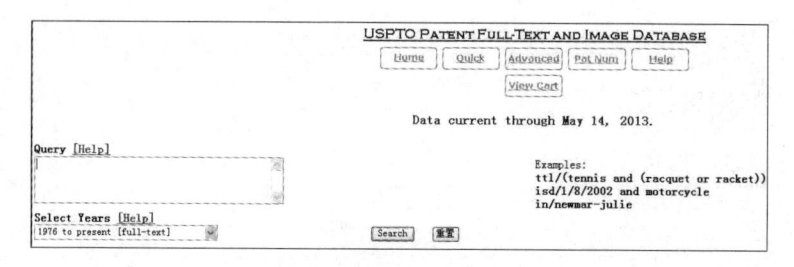

图 8-39　高级检索页面

专利号检索

选择数据库，点击"Patent Number Search"，则进入专利号检索页面，见图 8-40。专利号必须为 7 位数字或字符，如 5146634，RE29183（再申请）。

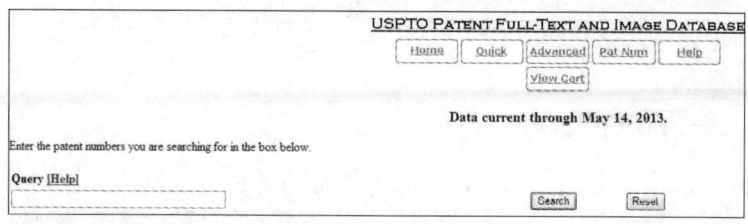

图 8-40　专利号检索页面

(3) 检索结果阅读

选择高级检索方式，在检索框内内输入检索式"ttl/（Water and absorbing）and acn/jp"，点击检索，得到检索结果，检索结果只显示专利号和题名，见图 8-41。点击专利号或题名，阅读全文，见图 8-42。

图 8-41　检索结果

247

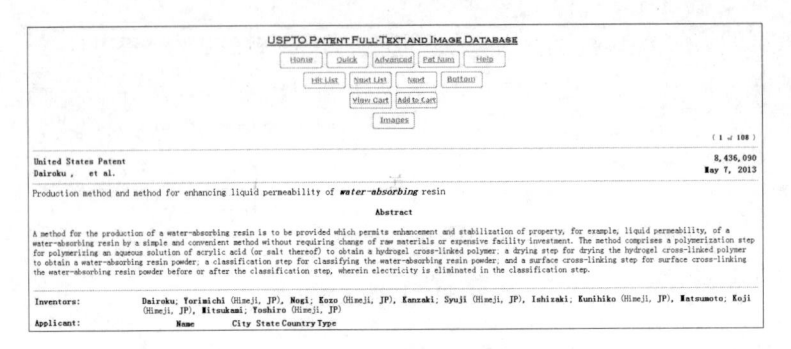

图 8-42　全文阅读

第三节　科技报告文献信息检索

一、美国政府报告

网址：http://www.ntis.gov/search/index.aspx，首页见图 8-43。

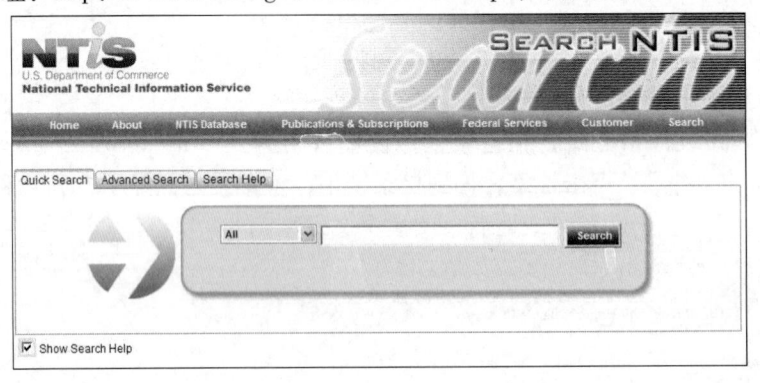

图 8-43　NTIS 首页

1. 简介

美国政府报告通报与索引数据库是美国政府信息资源中心（National Technical Information Service，NTIS）出版，主要收集了 1964 年以来美国国防部、能源部、内务部、宇航局（NASA）、环境保护局、国家标准局等国家、州及地方政府部门立项研究完成的项目报告，及少量其他国家和国际组织的科学研究报告，包括项目进展过程中所做的初期报告、中期报告和最终报告等，能够及时反映科技的最新进展。学科范围包括环境科学、能源、航天、太空科学、物理、化学、材料、生物。数据库为文摘型数据库。

2. 检索方式（Search）

提供快速检索（Quick Search）、高级检索（Advanced Search）两种检索方式。

（1）快速检索

首页默认为快速检索方式，提供产品编号、NTIS 编号、关键词、篇名、摘要、作者 6 种检索字段。如：选择检索字段为"Title"，输入检索词"nuclear incident"，点击"Search"得到检索结果，只提供报告编码、篇名，见图 8-44，点击篇名，显示摘要信息及作者、年份、收集处，见图 8-45。

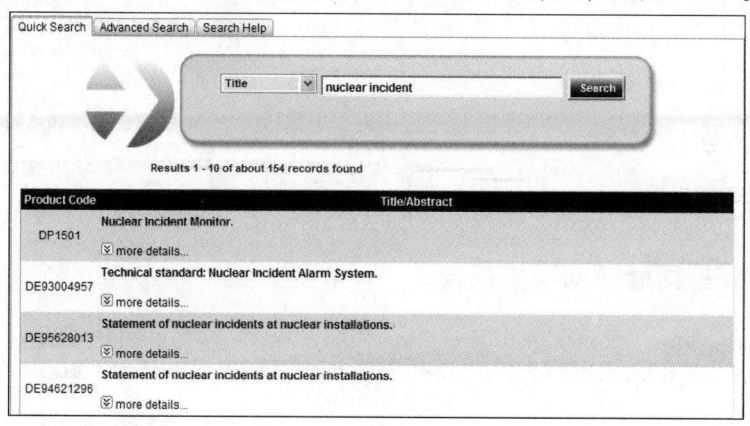

图 8-44　快速检索结果

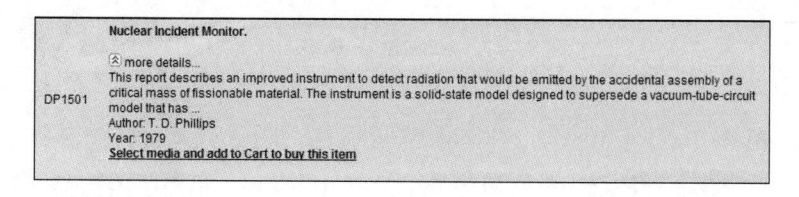

图 8-45　详细信息

（2）高级检索

在快速检索的基础上，增加了结果显示数目设置、出版年限定、检索词的匹配方式、检索结果的排序方式选择、检索结果分类限定、检索结果收集处归属限定。结果显示数目提供 10、50、100、200、500 五种格式。检索词的匹配方式一次只能选择一种，检索页面见图8-46。

图8-46　高级检索页面

二、美国能源部科技报告

网址：http：//www.osti.gov/bridge/index.jsp，首页见图8-47。

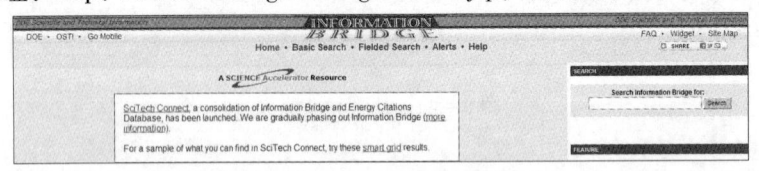

图8-47　Information Bridge 首页

1. 简介

美国能源部科技报告全文服务 Information Bridge，是美国能源部（Department of Energy，DOE）的 Office of Scientific and Technical Information（OSTI）提供的免费科技报告全文服务。可以查阅1991年以来的 DOE 报告。

2. 检索方式

提供基本检索（Basic Search）、表格检索（Fielded Search）两种检索方式。

（1）基本检索

在首页，点击"Basic Search"，进入基本检索页面，见图8-48。支持精

250

确检索。

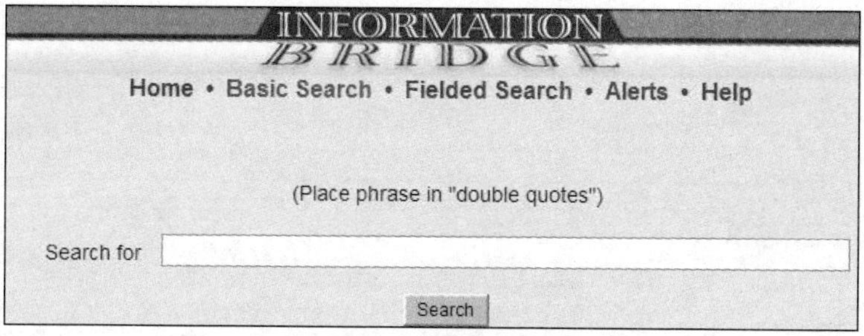

图 8-48 基本检索

(2) 表格检索

在首页，点击"Fieled Search"，进入表格检索页面，见图 8-49。表格检索提供多种检索字段及出版年限定、排序方式限定。

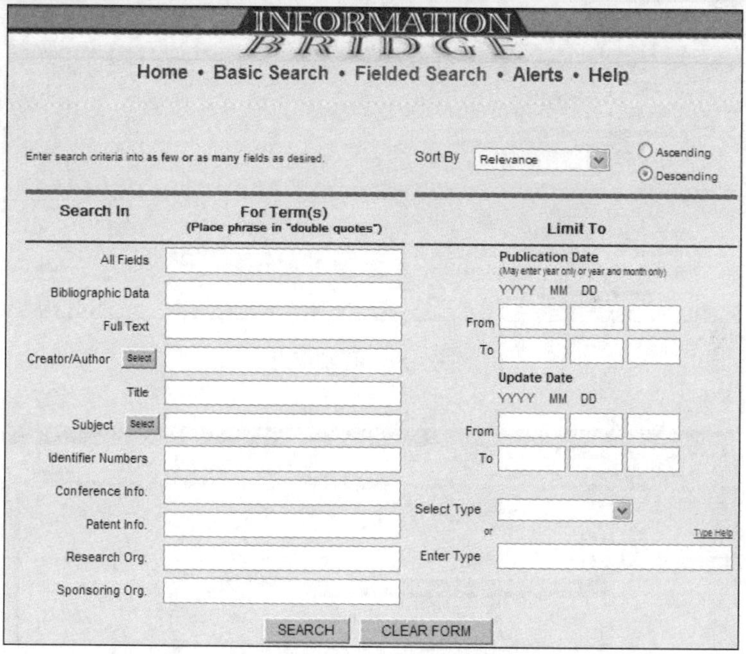

图 8-49 表格检索

(3) 检索结果

在基本检索方式下，在检索框内输入精确检索词"" nuclear incident""，点击"Search"，得到检索结果，见图 8-50。检索结果提供多种排序方式。单

251

击题名,显示详细信息,见图 8-51。点击 ,显示文献全文,见图 8-52。

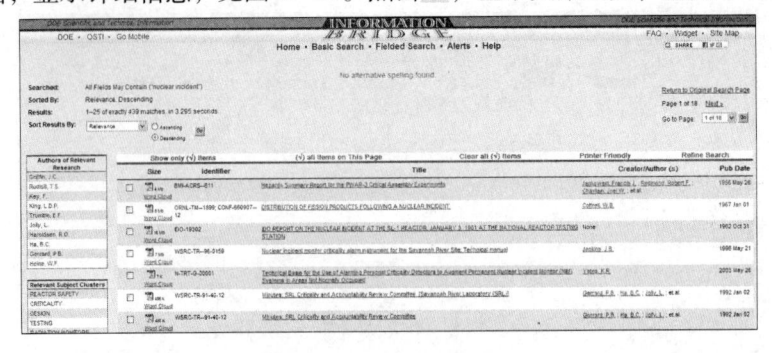

图 8-50 检索结果

图 8-51 详细信息

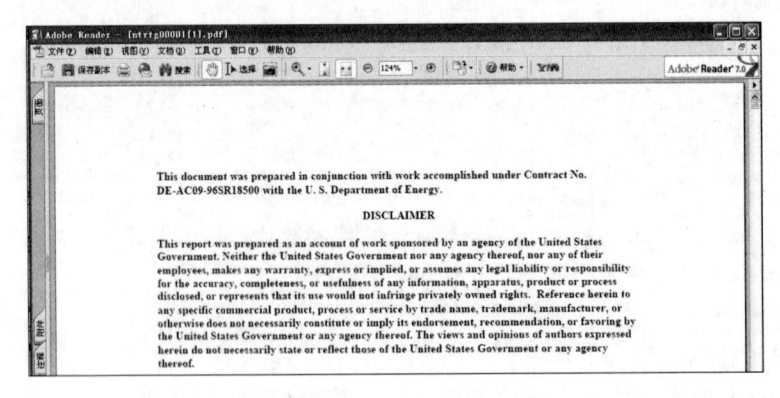

图 8-52 全文阅读

参考文献

[1] 蔡莉静. 现在图书馆特色资源建设 [M]. 北京：海洋出版社，2012.
[2] 蔡莉静. 科技信息检索教程 [M]. 北京：海洋出版社，2005.
[3] 马费成，李刚，查先进. 信息资源管理 [M]. 武汉：武汉大学出版社，2002.
[4] 华薇娜. 网络学术信息资源检索与利用 [M]. 北京：国防工业出版社，2002.
[5] 张怀涛. 网络环境与图书馆信息资源 [M]. 郑州：郑州大学出版社，2002.
[6] 蔡莉静. 图书馆信息服务 [M]. 北京：海洋出版社，2009.
[7] http：//www.ask.com/
[8] http：//www.yahoo.com/
[9] http：//lib.hebust.edu.cn/
[10] http：//www.lib.pku.edu.cn
[11] http：//www.altavista.com
[12] http：//www.hotbot.com
[13] http：//www.sipo.gov/
[14] http：//www.excite.com
[15] http：//www.cas.org.cn/
[16] http：//cx.spsp.gov.cn/
[17] http：//www.standarden.com/
[18] http：//www.cnipr.com/
[19] http：//www.sipo.gov.cn/zljs
[20] http：//www.google.com.tw

253